公民身份研究

第 1 卷

肖 滨 郭忠华

———

主 编

格致出版社 上海人民出版社

出版序言

公民身份发端于古希腊、罗马之世,其绵亘至今已历两千五百余载,期间多吐故纳新,始成今日之义。时下,尽管学人对其仍存不同理解,然其于吐纳中形成之语义轮廓或可勾画,吾人可名之曰"成员身份",曰"权利义务",曰"政治参与",曰"情感德性",曰"教育化性"。迨至现代政治兴起,公民身份蔚然作之基、作之魂、作之德。作之基者,盖现代政治皆以公民为活动主体,舍公民而无政治也;作之魂者,盖现代政治皆以平等、权利、民主、自由为追求,然此亦公民身份之本义也;作之德者,盖现代政治若无归厚之民德,必蜕化为暴民政治、权术政治,然民德亦为公民身份不可或缺之元素也。公民身份之于现代政治,犹空气之于烈焰,河堤之于湍流,阳光之于繁叶,失之则窒,失之则肆,失之则枯。由是观之,公民身份,兹事体大,不可不察也。

公民身份虽非源自吾国,然其在吾国之发展亦有百年,挟吾国近代以来之政治而进退。清季民初,外侮内讧,国祚晦明。忧国之士,思立国格,上下求索。待至洋务偃伏,变法踬踣,立国之志弥坚弥激,思以"国民性"之改造而重振家邦,冀鼓民力以实国基,开民智以倡西学,新民德以更国风。公民身份藉此而东渐中土,为国民更始之凭借。迨至民国新立,公民之说已蔚为大观,社会之变已气势磅礴。民皆以独立为荣,以奴役为耻;以平等为荣,以依附为耻;以事国为荣,以事主为耻;以自强为荣,以懦弱为耻。民心变,五四举,国权兴,公民之力初逞,国纲之绍方始。然此后公民精神之发展却并非顺畅,在军政与训政、统一与分裂、阶级与革命等旋律影响下,公民观念在吾国之发展亦踌躇难前。惟改革以降,省刑政、兴市场、重生息、换观念,与天下为更始,公民之基始沃,公民之义复苏。

吾人处社会建设与国家建设之时势,凡权利义务、政治参与、公民美德、公民教育等公民身份诸义,皆成此伟业之良图也。有衡于斯,此数年来,法治、治理、协商、民主诸端亦跃而为治国之策,冀以社会之有序、权利之保障、政治之信任、国民之合作而成国家之良治。由是匡之,公民身份之责任可谓大矣。

然顾晚近二十余载,学人有关西方公民学说之译、释、考、用虽蔚蔚洪柯,浑浑源泉,其弊漏亦不可谓昭昭。其为一者,共和国之肇建虽早逾甲子,然公民之观念仍甚厥如,公民之权利仍甚薄弱,公民之参与仍甚无序,公民之教育仍多弊象。公民乃立国之基,国基不固,则难保国器为民所有、为民所治、为民所享也。其为二者,本土理论之形成也。国人以西人之理察本土之实,其关切也殷殷焉,其用功亦劳劳焉。然东西毕竟境迁,修足而适履、削头而便冠者,每每见之。其为三者,本土经验之挖掘也。中西虽共拥公民之名,同谋公民之理,然公民之行多分殊而异形。以吾国丰富之公民实践,衡之以寥寥之学理提炼,实难平矣。

存鉴于斯,中山大学政治学研究所酝酿有时,拟辟"公民政治"之研究方向,以彰公民政治之理据,以显本土实践之缤纷。与此同时,拟编《公民身份研究》之学术刊物,以呈研究之成果,以擢学术之交流。本团队将精选年度主题,召开年度会议,邀请学界同仁殚精竭虑,惠呈洞见。凡本刊所载之论文,无分域内域外,先进后学,皆绳之以探究之深度,发现之新颖,章法之严谨。

民为国本,本立而道生。藉本刊以明公民之理,以成公民之道,乃本所同侪不泯之志。略疏短引,愿学界诸君各倾鸿博之才,相谋公民政治之发展。

中山大学政治学研究所谨识

目　　录

引言:公民身份的东西互动及发展前沿

郭忠华*

20世纪后半叶以来,公民身份越来越成为西方社会科学中最重要的研究主题之一。公民身份日益溢出共和主义和自由主义的传统言说范式而衍生出一系列新话题,比如,女性主义公民身份(feminist citizenship)、环境公民身份(environmental citizenship)、多元文化主义公民身份(multi-cultural citizenship)、性公民身份(sexual citizenship)、企业公民身份(corporate citizenship)、世界主义公民身份(cosmopolitan citizenship)、亲密公民身份(intimate citizenship),等等。以前被严格排斥在公民身份言说范围之外的主题和领域,现在正登堂入室成为公民身份概念家族的新成员。新概念的产生和加入既体现了公民身份的生命力和发展转型,也折射出20世纪中后期以来社会的沧桑巨变。

中国公民身份的历史和研究尽管不如西方悠久,但它的兴起和发展却与西方公民身份的复兴相携前行。中国公民观念的创生可以追溯至20世纪初的清末民初时期,但对于公民身份研究的兴起却是在20世纪90年代以后。期间经历过两大步骤:先是对西方理论的翻译和介绍,再是对本土实践的挖掘和总结。时至今日,公民身份亦成为中国学术界的重要研究主题,出现了大批有关西方公民身份理论和本土公民身份实践的研究成果。在中国语境下研究公民身份,研究者肩负着挥之难去的三重责任:一是对于西方公民身份历史和前沿的关注;二是探讨公民身份观念的引入和本土化方式;三是本土公民身份实践的挖掘和现实关怀。承接这些研究责任,本辑《公民身份研究》主要聚焦于前两个方面:一是探讨西方公民身份被引入东方社会的方式及其与本土文化对接的问题,二是探讨西方公民身份研究中的几个前沿主题。

具体而言,本辑共分为四个主题,分别是"东西之间的公民身份"、"文化公民身份"、"公民身份教育"以及"世界主义公民身份"。四个主题大致可以分为两类:一是考察公民身份在东方社会的引入方式及其本土化问题,二是考察西方公民身份的前沿领域。前者由郭忠华教授和王苍龙博

---

* 郭忠华,中山大学政治与公共事务管理学院教授、博士生导师。主要研究领域为吉登斯思想和公民身份理论研究。

士的两篇论文组成,后者则由易林教授、夏瑛副教授、许瑞芳副教授和雅诺斯基教授的四篇论文组成。

郭忠华教授的论文提出,当前学术界有关公民身份起源的研究基本秉持"内生主义"的视角,即把公民身份仅仅看作西方社会内部城市、军事、政治等因素的结果,忽视了作为"外部"因素的东方社会在现代公民身份产生过程中的作用。基于这一问题意识,以马克斯·韦伯和梁启超有关东西方公民身份起源的论述作为基础,作者从"外部"视角考察了公民身份在欧洲和中国的起源方式。在作者看来,在塑造中西方近代公民形象的过程中,韦伯和梁启超都进行了开创性的论述,都对后世公民身份研究产生了巨大的影响。韦伯以双重论证的方式探讨现代公民身份的起源,认为公民身份起源于中世纪晚期西欧的城市共和国,城市自治权的获得、市民阶级的形成和市民武装的建立是现代公民身份兴起的结构性条件。东方社会在历史上尽管也存在大型而繁华的城市,但它们大多建立在帝王武装的基础之上,笼罩在巫术、氏族、种姓等神秘力量的支配下,从而无法孕育出以独立、平等、参与等为特征的市民团体。20 世纪初,梁启超也站在东西对比的角度塑造中国近代的"国民"形象和公民观念。以理想化了的西方公民形象作为参照蓝本,梁启超对中国国民性问题进行系统反思,认为"国也者,积民而成。国之有民,犹身之有四肢、五脏、筋脉、血轮也",因此,"欲其国之安富尊荣,则新民之道不可不讲"[1]。以这种认识前提作为出发点,以"公德"、"国家"、"进取"、"权利"、"自由"、"自治"、"义务"、"合群"、"自尊"、"私德"、"尚武"、"生利分利"等作为分析维度,梁启超在中西国民性之间展开一系列对比,从而系统勾勒出中国所应塑造的国民形象。文章认为,韦伯和梁启超尽管生活的社会背景迥然不同,但两者却都从"东西二元"的认识结构和"东方主义"的立场阐明了现代公民身份的起源方式。正因为如此,作者提出,公民身份不应仅仅被看作西方社会"内部"的产物,它同时也是东西方社会彼此映照的结果,潜藏在这种东方主义话语体系后面的实际上是"力本论"问题。

王苍龙博士的论文则着眼于公民身份与儒家文化的相容性问题。如果说公民身份表征了西方社会的政治与文化,那么,儒家思想则反映了本土的精神与思想。那么,随着近代以来东西方文化不可避免的际遇,两者的碰撞到底将结出何种果实?作者为此首先对公民身份和儒家这两个概念进行了条分缕析,把公民身份划分为深厚公民身份和稀薄公民身份两大类型。前者相当于西方历史上的公民共和主义传统,后者则相当于西方 18 世纪以来的公民自由主义传统;前者以政治共同体、公民德性、公民

---

[1]　梁启超:《新民说》,宋志明选注,辽宁人民出版社 1994 年版,第 1—2 页。

义务等作为核心,后者则以私人领域、公民权利等作为核心。同时,他还将儒家划分为自由儒家和不自由儒家两种类型。前者尊重西方自由主义的精神追求,后者则尊重西方共和主义的追求。在这种条分缕析的基础上,作者得出了他的分析结论,那就是自由儒家与稀薄公民身份可以相容,因为两者都偏重于公民权利和个体自由;不自由儒家与稀薄公民身份之间难以相容,因为两者之间存在旨趣上的差异。同时,不论是自由儒家还是不自由儒家,都可以与深厚公民身份之间形成某种融合。儒家与公民身份之间的相容性问题无疑是公民身份东渐时无法避免的问题,通过对两个概念的翔实分析,作者的研究让我们看到,两者之间并不是简单的排斥与兼容关系,而是取决于公民身份和儒家的思想取向。当然,宏大分析的抱负后面也隐含着诸多有待更详细分析的问题,尤其是将儒家简单划分为自由与不自由两种类型将招致争议,同时,对于公民身份的两分也忽略了20世纪中后期以来公民身份发展的新趋势。

马歇尔主义的公民身份集中于公民身份的政治—制度之维,聚焦于公民身份权利的历史分形及其与社会演进之间的关系,公民身份的文化维度长期被忽视。相对于公民身份政治—制度之维的悠远历史,文化公民身份是一个新的研究主题。文化多样性对公民身份的形成和发展发挥了何种影响?少数民族如何基于文化的差异性而要求平等的权利?多元文化互动如何塑造了公民身份的观念和制度?新媒体文化对公民身份造成了哪些新影响?易林教授和夏瑛副教授的两篇文章对西方文化公民身份的当前研究进行了探讨。易林教授的论文对西方文化公民身份研究的历史发展和最新状况进行了评述。人都是文化的存在,文化公民身份因此必然是存在的,但对文化公民身份的研究却经历了不同的发展阶段。首先,面对千差万别的文化群体而旨在寻求一种能够为所有群体分享的"公共文化",代表了文化公民身份研究的初步尝试。但这种固定而本质主义的文化理解既与历史事实相悖,也与社会变迁不符。在此基础上,文化公民身份研究转向以流动和开放眼光来看待文化公民身份的新阶段。在承认现代公民身份多元性、复杂性和争议性的同时,强调不断通过对话与交流来认识自我以及自我与他人的关系,从而创造并维护一个人人都能兴旺发展并且具有公德的共同体。这种文化民主化的新努力尽管远未成熟和定型,但它使公民身份越来越突破民族国家所划定的政治樊篱而变得全面和动态。文化公民身份尽管目前仍存在不少问题,但它在将公民身份研究引向人本身和文化实践过程方面发挥了不可替代的作用。

夏瑛副教授的论文对多元文化主义的研究情况进行了总结,展示了当代多元文化主义的理论全景。她的论文表明,围绕如何建构一套解决文化多元与群体差异问题的政治理论,以及如何通过一定的制度安排来实践这套理论这两大问题,多元文化主义内部形成多个完全不同甚至针锋相对的论证思路。学者在"差异类型"和"差异解决机制"这两个关键问题上存在分歧。

"差异类型"关心哪类群体可被称为"文化少数群体"的问题。在这一维度,学界存在至少三种不同的理解:(1)土著居民;(2)外来移民;(3)本地"身份"群体(如女性、同性恋、残疾人、美国黑人等)。对文化少数群体的不同理解直接导致多元文化主义内部的各种分歧。简单而言,引导学者对不同类型的文化少数群体给出不同的对待方式,主要依据的是少数文化群体在主观上是否希望成为"多数"社会的成员,分享多数社会的文化交往模式。当少数文化群体希望并主动尝试跻身多数社会而只因资源与能力等方面的局限无法实现这一愿望时,国家就应该给予这些群体以一定的群体权利来补给他们在资源和能力方面的劣势,使他们更加接近"多数"群体;但假若少数文化群体希望与"多数"社会保持距离并保持自身群体独特性的时候,群体权利就应该发挥与前一种情况相反的作用,即帮助少数文化群体免于任何可能令其遭到多数社会"同化"的制度安排。

"差异解决机制"关注应通过怎样的论证逻辑来建构少数群体的权利理论。在这一维度,出现了自由主义、社群主义以及女性主义等理论分析路径。首先,自由主义的主流观点认为,应该对处于弱势地位的文化少数群体给予群体权利的补给,以帮助文化少数群体中的个体充分实现个体自主,并最终达致个体之间的真正平等。其次,社群主义只是强调以社群为单位的平等,并不讨论社群及其个体成员之间的关系。自由主义因此批评社群主义理论:在极端的情况下,即使个体在社群内部遭到集体的压迫,根据社群主义的论证逻辑,这种情况也是无法被质疑的。最后,女性主义试图在自由主义和社群主义有关社会正义的辩论之外找到另外一条专门解决群体差异的道路。其中的典型观点认为,传统的强调共同权利的公民身份观念最初是由身体健康的、持传统两性观念的、白人男子所界定的,因此不能从根本上包容其他群体的需要。女性主义因此要求一种差别对待的公民身份。这种差别对待的公民身份要求从根本上改革公民身份的制度设计——公民身份应以群体而非个体为单位。对个体权利的补给经由群体权利来实现,要给不同群体以不同的群体权利,以此来解决弱势群体的客观劣势问题。

公民教育是公民身份研究领域的重要主题,任何民族国家都希望以自己的方式塑造出理想的公民。如果说传统乃至现代早期的国家都可以在自身范围和以自己的理念来进行公民教育,那么,这种公民教育方式和条件在全球化时代已不复存在。许瑞芳副教授的论文"全球化背景下公民身份与教育述评"为我们展示了全球化时代公民教育所面临的各种挑战和当代转型。她的研究表明,全球化不仅大大开阔了公民的视野,而且还使诸多问题成为全球性问题,同时还催生了众多全球性组织。不论何种情况,公民参与都成为全球化时代的突出现象。公民参与不仅与民族国家的政治自由主义联系在一起,而且还与积极公民的形成和世界主义观念的发展有着紧密关联。因此,论文以公民参与、积极公民、政治自由主义和世界公民四个维度,对全球化时代公民教育的研究现状进行系统评述。她的论文表明,随着全球化时代的来临,民族国家更加重视"参与型公民身份"的培养,希望未来公民更加具有责任意识、更加积极地投身于公共生活,以此形成民族国家与公民社会的良治和合作局面。"积极公民身份"则是全球化时代公民身份教育发展的另一个取向。积极公民身份以共和主义和社群主义的价值作为基础,彰显共同体价值、政治责任和参与伦理。政治自由主义则是全球化背景下公民教育发展的第三个取向,这一取向重视培养公民的自尊、自主以及公共理性等美德。最后,全球化的发展还扩展了世界主义的价值,世界主义在公民教育中也得到了发展。世界主义是一个与国家主义和民族主义相对的理念,强调人应当超越狭隘的文化限制,成为关注人类整体命运和世界共同体的公民。

与前文相承接,托马斯·雅诺斯基教授的论文对世界主义公民身份(cosmopolitan citizenship)进行了专门探讨。世界主义具有悠久的历史,它可以追溯至古希腊、罗马以及伊曼纽尔·康德那里,但社会科学中对于世界主义公民身份的研究仍处于起步阶段。在雅诺斯基看来,并不存在纯粹的所谓世界主义公民身份,世界主义公民身份实质上是世界主义与民族国家的妥协,处于世界与民族国家的中间点上。但是,世界主义的理论和思维方式仍然可以给我们诸多启发,它使我们注意到超民族国家的发展、全球治理结构、公民权的世界性司法裁决、世界性的群体代表权和世界性多元价值等要素。世界主义思潮的兴起得益于便捷的交通、全球性运输尤其是互联网技术的发展,这些因素使全球性要素交互影响,使全球公民社会迅速成长。这些发展趋势给民族国家带来了至关重要的影响,它使人们认识到决策可以发生在除民族国家之外的全球和地方层面。世界主义思潮还促进了全球 NGO 和跨国治理网络的发展,这些因素的发展反过来又促进了全球治理结构的兴起。在公民权利落实层面上,公民权利以前主要通过民族国家得到落实,但伴随着世界主义的兴起,国际组织、跨国网络、政府—私人混合的行政权、以及国际 NGO 组织在落实公民权利方面也发挥着重要的作用。与这些发展趋势相一致,大量国际组织、跨国公司等越来越成为各类群体的代表。文章最后就世界主义对公民身份的影响进行了总结,认为世界主义思潮尽管带来了公民身份的诸多超国家发展趋势,但其表达的权利、义务等还是必须通过民族国家这一强制性机构才能得到落实,完全脱离民族国家的世界主义组织无法予以兑现。世界主义拓展了公民身份的内涵,但仍然需要民族国家的协助。因此,世界主义公民身份并不完全是世界主义的,而是处于世界主义与民族国家的中间地带。

　　本辑尽管只包括为数有限的六篇论文,但却已经展示了当代公民身份研究所隐含的广阔空间。回顾当今公民身份研究,如美国学者史珂拉所言:"再也没有哪一个词汇比'公民身份'这个概念在政治上更为核心,在历史上更加多变,在理论上更具争议了。"[1] 在当下,似乎每一个领域、每一个主题的研究都与公民身份存在关联,都属于公民身份的研究范围,而且也都存在相关的公民身份概念。由此提出的问题是,公民身份是否果真如此大肚能容,具有将当今主要问题纳入分析视野的能力? 如果从东方社会出发探讨公民身份,则将带来更加复杂的问题,比如,公民身份在东方社会的形成,东方社会的公民意识、制度、实践等。这些问题与其在西方的对应概念结合在一起,组成一幅更加驳杂的图景。或许,公民身份的复杂化并非概念本身所使然,而是当今时代发展的表征。随着近代以来社会的沧桑巨变,公民身份的主导范式就曾经历过从共和主义向自由主义范式的转型,曾经主导千年的思维方式不可避免地为新的思维所取代。时下,公民自由主义传统也已绵延数百年,而我们的时代却正在经历着千年未有之变局,这种变局已经反映在了公民身份的研究上。现象的杂多需要我们有穿透繁芜而看到本质的能力,我诚希望,本辑的数篇文章能够为对相关领域公民身份作出实质性理解提供些许帮助。

---

　　[1]　Judith Shklar, *American Citizenship*, Cambridge, Mass: Harvard University Press, 1991, p. 1.

东西之间的公民身份

东方主义视野下公民身份的起源：
从韦伯到梁启超

郭忠华　温　松*

一、核心问题和概念界定

　　公民身份(citizenship)[1]是现代政治的基础,举凡自由、平等、民主、权利等现代政治理念或者制度安排皆以公民身份作为基础(Bellamy,2008:1)。公民身份对于现代政治的重要性自不待言。但纵览西方政治思想的发展脉络,公民身份在绝大部分时候都被看作西方——尤其是西欧——社会独特政治和文化的产物,以中国、印度、伊斯兰等为代表的东方社会不仅与公民、公民身份无缘和难容,相反,这些社会主要被看作孕育压迫、专制和奴役的摇篮(Isin,2002:117—119)。这种思维定势甚至可追溯至两千四百多年前的古希腊思想家亚里士多德那里。他(Aristotle,1995:121)在论述专制政体的时候说道,这种政体常常见于野蛮民族(非希腊民族)各国中,"因为野蛮民族比希腊民族更富于奴性;亚洲民族又比欧洲蛮族更富于奴性,所以他们常常忍受专制统治而不起来叛乱"。亚里士多德对于亚洲民族的定性为后世思想家的东方想象奠定了基础,以他为起点,西方思想家从不同角度论证了东方社会之所以奴性、专制和落后的原因。例如,斯密(1997)和密尔(1982:56—67)等人从农业发展的角度说明东方社会仍处于原始共产和半蒙昧的"亚细亚生产方式"阶段,

---

　　* 郭忠华,政治学博士,中山大学政治与公共事务管理学院教授、博士生导师。主要从事现代西方政治思想、公民身份等主题的研究。温松,中共广东省委党校。
　　[1] 据笔者的搜集和整理,citizenship目前在国内存在大致十种译法,分别是公民身份、公民资格、公民权、公民地位、公民权责、公民美德、公民性、公民、公民地位、公民制度,其中前三种是最主要的译法。本文采用"公民身份"的译法,认为公民身份更能体现citizenship所表达的综合含义,如平等的政治地位、权利、义务、美德等,相对而言,其他译名只是体现citizenship所表达的某种要素。关于citizenship译法的详细探讨,请参阅郭忠华,2012a,2013a,2013b等。

这是人类生产发展的最初和最低阶段[1];孟德斯鸠(1997:128)、魏特夫
(Wittfogel,1957)等人从地理环境和气候的角度解释了东方社会之所以
成为"东方专制主义"社会的缘由;黑格尔从理性演进和人类历史发展阶
段的角度表明,东方社会仍处于人类历史发展的"史前阶段"(黑格尔,
1999:123);[2]其他一些学者(赫尔德,1995;康德,1995;佩雷菲特,1993)
则从种族的角度说明东方社会之所以专制和感性的原因[3]。

　　由是观之,东方社会的奴役、专制、蒙昧等特性很大程度上已成为思
想界的定论,争论的焦点仅在于导致这些特性的原因到底是什么:是由于
生产力不发达所导致,抑或由于地理、气候或者种族所使然,还是压根就
是被历史所先验地决定了的。诚如克拉克(Clarke,1997:4)所言,在西方
思想家那里,"东方常常或被视为多姿多彩和迷人之地,一言以蔽之曰'异
国情调';或被看作邪恶而充满威胁的,被冠以'黄祸'、'亚洲游牧部落'、
'东方专制'之类的词语"。不论是多姿多彩的异国情调还是充满威胁感
的东方专制,总而言之,东方都是作为迥异于西方的对立面而存在的。如
果说西方在思想家的笔下被刻画为自由、平等、民主、理性、勇敢等形象的
话,东方则是这些形象的消极补充和反衬,即相对于西方而言,东方是一
种劣等而邪恶的衬托,东方是奴役、压迫、专制、感性和怯懦的代名词。

　　公民身份通常被看作西方政治文化的独特产物(Riesenberg,1992;
Heater,2004),因此,西方思想家所持的东西二元立场及其对于东方社会
的理解很大程度也反映在他们对于公民身份的理解上。在接下来的篇幅
里,本文将以韦伯和梁启超有关公民身份或者国民思想的论述作为基础,
探讨现代公民身份的形成方式。围绕这一问题,本文接下来将依次探讨
四个问题:一是作为分析方法的"东方主义",说明东方主义的认知方式,
为全文奠定方法论基础;二是从东方主义的视角探讨韦伯有关近代西欧
公民身份起源的论述;三是以同样的视角探讨梁启超有关中国国民思想
的论述;最后是结论部分,将总结"东西二元"认知结构下公民身份的产生
方式,从而对话当前有关公民身份起源的内生性视角,同时说明早发现代
性国家与殖民地国家公民身份产生方式的差异,解析东方主义思维方式

---

　　[1]　在"亚细亚生产方式"的论述方面,马克思的观点实际上更加典型。他在《〈政治经济
学批判〉序言》中说道:"大体说来,亚细亚的、古代的、封建的和现代资产阶级的生产方式可以看
作是经济的社会形态演进的几个时代。资产阶级的生产关系是社会生产过程的最后一个对抗
形式……"(见马克思、恩格斯,1995:33)。

　　[2]　例如,黑格尔在谈到中国、印度和其他亚洲民族时说道:"中国和印度可以说还在世界
历史的局外,而只是预期着、等待着若干因素的结合,然后才能够得到活泼生动的进步","其他
亚细亚人民虽然也有远古的传说,但是没有真正的'历史'"(黑格尔,1999:123)。

　　[3]　例如,赫尔德说道,中国民族由于天生"眼睛小、鼻梁矮、额头低、胡须稀、耳朵大、肚子
大"而不可能产生出希腊人和罗马人(赫尔德,1995:85)。

后面隐含的"力本论"本质。但在具体展开这些分析之前,厘清作为本文核心概念之一的公民身份的内涵,为后文的分析打下基础,这一点非常必要。

　　尽管公民身份在中国学术研究和政治实践领域仍是新兴的主题,但其在西方的实践和研究却已绵亘两千余年。公民身份在西方尽管已公认成为学术界的重要研究主题,但对于其内涵的理解却充满分歧和争论。大致说来,关于公民身份的定义主要集中在以下几个方面:一是成员或者资格公民身份论,即把公民身份看作个体在政治共同体中拥有的正式成员资格(membership)。这种成员资格一方面建立起个体在政治共同体内的普遍平等地位,另一方面则建立起个体与国家之间的契约关系,即通过公民身份,个体能够向国家要求提供并保障其各种权利,同时他也必须向国家履行相应的义务。作为成员资格的公民身份在大部分情况下被等同于国籍(Torpey,2000;米勒、波格丹诺,2002:122)。二是权利公民身份论。这种界说与资格论紧密关联,但将重点放在由成员资格所带来的各种权利上。T. H. 马歇尔是权利公民身份的最早集大成者,他明确将公民身份权利划分为民事权利(civil right)、政治权利(political right)和社会权利(social right)三种类型,并论证了三种权利在历史中的依次演进关系及其对应的国家机构的成长(Marshall,1950:10—11)。在马歇尔的基础上,雅诺斯基(Janoski,1998)进一步将公民身份权利划分为法律权利(legal rights)、政治权利、社会权利和参与权利四种,并在这四种权利与个体活动的四个领域(私人领域、国家领域、公共领域、市场领域)建立起对应关系。20世纪中后期兴起的形形色色的后现代公民身份理论则将公民身份权利进一步拓展到性(Pateman,1988)、情感(Plumer,2003)、性别(Lister,1997)、自然(Dobson,2004)、移民(Isin,2013)、少数民族(Kymlicka,1996)等其他领域,公民身份权利的范围和内涵从而得到进一步拓展。三是规范公民身份论,主要从情感和美德的角度来界定公民身份,强调公民对政治共同体的认同感、责任感和归属感,重视形成公民个体之间兄弟般的感情,"好公民"是规范公民身份论者的核心主题(Oldfield,1990;Dagger,1997;Schudson,1998)。早期共和主义和当代社群主义的公民身份理论大多持此种立场。四是行动公民身份论。它反对将公民身份看作一种静态和制度化的地位或权利,强调参与、抗争等行动在塑造和实践公民身份过程中的重要性。阿伦特对于公民行动的强调(Arendt,1958)、哈贝马斯(2004)对于交往的重视以及当代公民身份研究专家艾辛等人(Isin,2009;Isin & Nielsen,2008)对于行动主义公民(activist citizen)的反复述说和广泛调查,体现了行动公民身份论的核心观点。

　　上述有关公民身份的界定尽管彼此差异甚迥,但通过对它们的类型划分和含义清理，我们仍然可以勾画出公民身份概念所表达的核心内涵。它们体现在：以平等成员资格为基础而形成的"平等"含义、以平等公民身份为基础而形成的权利与义务含义、以对共同体和同行公民的情感依附为基础形成的美德含义，以及以权利和义务的履行为基础形成的参与含义。也就是说，平等、权利、义务、美德、参与等构成了现代公民身份概念的核心要素（Bellamy，2008：16—17；Janoski，1998：9；郭忠华，2012b）。这些要素构成了现代政治的理念基础，在西方现代性发展的过程中，它们也成为西方思想家想象西方或者东方社会的主要凭借和棱镜。在接下来的篇幅里，本文将以东方主义所代表的二元认知结构作为分析视角，探讨中外思想家是如何塑造公民身份这些内涵的。

二、作为研究方法的东方主义

在具体探讨现代公民身份的起源之前之所以还要先行阐释作为分析视角的东方主义（Orientalism）[1]，主要因为不论是西方公民身份的起源还是其在东方的产生，都深刻浸淫着东方主义的认知方式。在东西方现代公民身份观念形成的过程中，东方主义作为一种思维方式、话语体系和权力装置（萨达尔，2005：15；Clarke，1997；萨义德，1999），不仅帮助西方塑造出积极公民的形象，而且还帮助东方完成了消极国民形象的塑造。东西二元的认识论结构是现代公民身份的发生装置，正因为如此，东方主义的思维范式不能不谈。

东方主义作为一种思维方式在西方尽管已历千年，但真正被学术界所系统认识和理论化却非常晚近。1978年爱德华·萨义德出版《东方主义》（Orientalism）一书[2]，标志着学术界对于东方主义认识的理论化和系统化。嗣后，东方主义与依附理论、批判理论等一起成为反思西方现代性发展模式和问题的三棱镜。如果说批判理论的棱镜主要为西方知识分子映照自身社会时所使用的话，东方主义和依附理论则更为东方社会和拉丁美洲国家的知识分子所使用，它们更着眼于从跨越地理意义上的南方

---

[1] Orientalism在国内有时被译作"东方学"（萨义德，1999），有时则被译作"东方主义"（萨达尔，2005）。但大部分情况下被译作"东方主义"。显然，两种译法之间存在含义差别。前者侧重于orientalism内容的系统性和完备性，具有学科上的意义。后者侧重于orientalism的思维方式，具有方法论上的意义。鉴于这种含义差别以及本文对该词的使用方式，这里采用"东方主义"的译法。

[2] 国内学者王宇根将其译作《东方学》，生活·读书·新知三联书店1999年版。国内有关东方主义的介绍性著作则可见齐亚乌丁·萨达尔的《东方主义》，吉林人民出版社2005年版。

与北方或者东方与西方[1]的角度来发微依附性世界体系之所以形成或者东方社会之所以落后的原因。从历史发展的角度来看，东方主义大致经历了三个发展时期：一是19世纪之前的模糊发展时期。从古典时期的古希腊、罗马一直延伸到中世纪后期和欧洲绝对主义时期，其间欧洲与东方之间形成过或贬抑或尊崇的关系。据东方学研究者的考察，早在荷马时代就已经存在很清晰的东方与西方的区分，在荷马的《伊利亚特》、埃斯库罗斯的《波斯人》、欧里庇得斯的《酒神的女祭司》等叙事史诗或者戏剧里，东方被描述成绝望、失败和灾难之地，欧洲则代表了胜利和希望之所（Aeschylus，1970：73—74）。当然，事情也存在另外一面，以1250年前后作为起点，西方历史上也先后出现过一系列美化东方，尤其是中国的现象。有关东方富庶、强大、文明、神秘等的传说曾激起过西方传教士、探险家和学者的无限遐想，[2]他们从物质、制度再到观念，把以中国、印度等为代表的东方社会描绘成西方现代性社会所期望的理想国（周宁，2011：26）。二是从19世纪早期到第二次世界大战结束以英法为主导的东方主义时期。其时，欧洲的现代性转型已经完成并开始扬帆起航，以资本主义和工业主义为主导的现代生产模式渴望获得源源不断的原材料供给和不断扩大的产品销售市场。在这种情况下，东西方关系再次发生逆转，东方被重新刻画为野蛮、奴役、幼稚、堕落、感性等"有罪"的形象，从而为西方的军事入侵和殖民统治提供了道义和学理支持。三是第二次世界大战后美国主导的东方主义时期。这一时期，西方现代性的总体轨迹没有改变，东西方之间的思维方式和关系格式也没有改变，发生改变的不过是东方主义这套话语机制的主导权，美国取代英法成为该话语机制的操纵者。

　　东方主义之所以可以作为研究公民身份的方法，主要在于它有别于主流"内生性"视角，使我们可以从一种"跨文化"的视角看到作为"他者"的东方在近代公民身份兴起中所扮演的角色，从而以更宏大的视野来研究公民身份的起源。东方主义的研究方法可以使我们认识到，公民身份不仅仅是西方社会的"内部"产物，同时也是东方社会的"外部"产物。东

---

　　[1]　当然，时至今日，也出现不少泛化"东方主义"内涵的情形，认为其指涉的关系不仅仅是欧洲社会与亚洲社会的关系，而且包括发达国家与非洲、拉丁美洲等所有后发展国家的关系，甚至包括东方社会内部国家之间或者某一国家的主流群体与其他边缘群体之间的关系。例如，艾辛提出的"新东方主义"（Isin，2002）、周宁（2011）提出的"俄罗斯式的东方主义"含有这种意思，但这种含义扩展已经超出东方主义的本来意思。

　　[2]　比如，莱布尼茨（1995：4—5）把中国人说成是地球上最有教养的民族："然而谁人过去曾经想到过，地球上还存在这么一个民族，它比我们这个自以为在所有方面都教养有素的民族更加具有道德修养？自从我们认识中国人之后，便在他们身上发现了这点。"莱克文把中国政治描述成人类历史上绝无仅有的好政治："在中国，三亿两千万人民在世界上最权威也最公正的政府管理下，在世界上最富有、最强大、最人道也最仁慈的王朝统治下，过着明智、幸福、自由的生活，这是人类历史上绝无仅有的。"（Reichwein，1925：92）

方与西方之间的相互建构和反向促进,共同铸造了近代公民身份概念。具体地说,东方主义的研究方法主要包括以下因素:

第一,"东西二元"的认识论前提。也就是说,对于自身的身份确认只有以对象的存在和通过对对象的刻画才能完成。具体到东方主义上来,从字面上看,"东方主义"所指涉的似乎只有"东方"(the Orient),但隐含其后的出发点和归宿实际上是"西方"(the Occident),东方不过是西方在东方寻求自我身份确认的媒介和"他者"(Halbfass,1988:369)。东方主义的"东方"并非东方社会对于自身的身份确认,更不是一种自然的地理存在,而是西方社会(更准确地说是盎格鲁—撒克逊社会)对于东方社会的人为建构和综合想象(萨义德,1999:4)。在东方主义的思维模式中,"东方"与"西方"总是相携出场、相互反向印证,双方通过一系列话语互动而形塑出截然对比的形象。

第二,一套关于"他者"的话语体系。在东西二元划分的基础上,东方成为西方的"他者"和"对象",西方开始在政治学、美学、经济学、社会学、历史学、伦理学、哲学等诸领域系统地生产有关东方的文本,形成有关东方的经济、政治、语言、历史、心理、自然、社会、道德、文化等学说。这种有关东方的文本构建是"单维的"和"君临式的",它不仅很少依赖于"真实"的东方,而且通常还必须将这种真实排除在外,令其位移或者变得多余。东方主义所表达的真实意义更多来源于西方而非东方,是西方现代性在洗净自身和纵深发展过程中树立的反面镜像。在这一过程中,东方扮演了一种"垃圾箱"的角色(萨义德,1999:133),西方对于传统、专制、奴役、等级、停滞、感性、野蛮、堕落等价值的憎恨可以一股脑儿地倒进这个"垃圾箱",而将权利、科学、民主、平等、自由、理性、文明等价值留给自己。作为结果,东方主义的话语体系越完备,西方现代性的面目就越清晰,东西方之间的差距也就越遥远。

第三,以这一话语体系为基础的权力与支配关系。东方主义表面上表现为西方对于东方的一套完备话语,但西方对于东方的权力和支配则是贯穿其中的不变旋律。当然,这种权力关系既不像马克斯·韦伯所描述的那样具有直接的压迫性,他认为,"权力意味着在一种社会关系里哪怕是遇到反对也能贯彻自己意志的机会"(韦伯,1998:81),也不像吉登斯(1998:375)所乐观地认为的那样不与冲突和压迫联系在一起,认为权力是实现自由和解放的手段。相反,它更体现为福柯在《知识考古学》《规训与惩罚》等著作中揭示的通过"文本"和"话语"而形成的规训和支配关系。通过对东方进行编码和符号化,并将它们贯穿在宣传、教育、内政、外交、殖民等各个环节,西方的优势地位得以确立,东方则成为其驯化的主体。在这种通过东方主义符号体系而形成的野蛮与文明、堕落与进步、原罪与救赎、前历史与历史的发展序列中,所有针对东方的殖民、征服、教化等都成为合理和正当的，都是出于拯救东方的目的和需要。诚如萨达尔（2005：15）所言："权力是东方主义的一个本质因素……东方主义正是在于证明其（指西方，引者注）对亚洲人民的剥削以及政治征服是合理正当的。"

东方主义的研究方法为后文的分析奠定了基础。在接下来的两部分，本文将致力于分析韦伯和梁启超各自阐述的公民身份思想。诚然，韦伯和梁启超所生活的时代尽管大致相同，但彼此的差异却远大于相似之处。韦伯所针对的主要是西欧尤其是德国的政治和社会背景，其理论兴趣主要集中在经济史、法律社会学、宗教社会学等领域。梁启超基本未涉足这些领域，其所面对的主要是中国传统文化的背景。但尽管如此，两者之间也存在着重要的交合之处，那就是都致力于现代性主题的探索。韦伯侧重于反思西方现代性的产生方式及其导致的问题，同时，德国民族国家的建构也构成其政治思考的核心主题（Giddens，1971）。梁启超生活在"国将不国"的救亡时代，中国的现代性转型和中国民族国家的建构也成为其学术研究和政治实践的核心主题（张灏，1995：141—163）。在探索现代性和各自民族国家建构的过程中，韦伯和梁启超都对公民身份问题进行了开创性的论述，而且都秉持了大致相同的立场。正是这些共同之处为本文的论述提供了基础。

三、西方现代公民身份的起源：韦伯的论述

公民身份起源于西欧，然后才扩展到整个世界，这一点在学术界似乎并不存在多大的争议。雷森伯格在《西方传统中的公民身份》的开篇便以一种不容置疑的口吻说道："古希腊城邦世界为什么创造出西方独特的公民身份制度，这一点非常清楚。"（Riesenberg，1992：3）仿佛有关这一问题的研究不再存在任何争议。同样的观点也体现在其他一些学者那里。例如，福克斯（2009：12）指出："公民身份的制度性实践最早见之于希腊城邦，尤其是公元前5世纪到公元前4世纪时期的雅典。"J. G. A. 波考克说道："正是雅典人和罗马人为我们表达了'公民身份的理念'。"（Pocock，1998：31）以古希腊雅典、斯巴达城邦作为起点，历经罗马共和国和罗马帝国、中世纪欧洲城市共和国，然后发展成为现代民族国家的公民身份形态，这代表了西方公民身份的发展轨迹。但如果我们把思考的问题转向更深层次，探讨究竟何种因素催生了公民身份时，学术界的回答则不那么一致。有些学者把它归结为古希腊独特的城邦制度安排（Collins，2009），有些学者把它看作西欧公民军队的结果（Riesenberg，1992：9—11），有些则把它论证为西欧独特的城市文化的结晶（Dagger，1981），等等。无论这些观点在表面上存在多大的差异，它们都仅将注意力集中于西欧社会内

部,从"内生"的角度论证公民身份的起源,而很少注意到作为"他者"的"东方"在其中所扮演的角色。

作为与马克思、涂尔干齐名的经典社会学家,韦伯所关注的问题主要集中在"资本主义企业的性质和资本主义特有的特征"(Giddens,1971:121)上,公民身份是他赖以思考西欧资本主义特征的重要线索。有关公民身份的论述尽管在韦伯庞大的思想体系中并不占据重要比例,但即便如此,其对于这一主题的论述仍然充满原创性,并且对后世公民身份研究产生了重大的影响。巴巴利特指出,仔细审视韦伯庞大的理论体系,公民身份构成了其比较宗教社会学、现代资本主义兴起和德国民族国家建构等显性主题后面的隐匿线索(Barbalet,2010)。布赖恩·特纳(2007:4—5)也认为,韦伯不仅清晰地提出了有关公民身份起源的观点,而且还指明了公民身份与基督教信仰和资本主义兴起之间的关系。韦伯对于公民身份的研究同时立基于历史和当代,从两个层次对公民身份进行了开创性论述:一是更加普遍意义上的有关公民身份的历史起源论述,它们主要体现在《城市》、《经济通史》等著作中;二是从更加特定意义上的以 20 世纪早期德国民族国家为基础的论述,它们主要体现在《德国的选举权与民主》、《新政治秩序下的德国议会与政府》等小册子中。前者体现为对"城市公民"(citizen of the city)的分析,后者则表现为对"国家公民"(citizen of the state)的研究。由于本文的目标在于讨论现代公民身份的起源问题,出于论题的相关性,本文将把关注的焦点主要放在前一个方面。正是在这一方面,当代著名公民身份研究专家恩靳·艾辛认为,韦伯比任何学者都更加一致和清晰地阐明了这样一种思想:公民身份不仅是西方制度的独特结晶,而且还把它与东方社会的"一系列缺失"进行比较和对照,从而为这样一种根本结论奠定基础:资本主义和现代性只能产生于西方而不是东方(Isin,2002;2013:110)。

与许多西方公民身份研究者(Dagger,1997;Heater,2004;Riesenberg,1992)一样,韦伯也把现代公民身份的起源追溯到中世纪星星点点的城市共和国,认为正是城市共和国的独特性质催生了现代公民身份。但与他们不同的是,韦伯不仅从中世纪城市内部寻找现代公民身份的源头,而且还将视野转向东方,从东西二元对比的角度连带论证东方社会的性质。韦伯对现代公民身份起源的分析建立在其城市类型学的基础之上。在他看来,公民身份起源于中世纪城市中具有"特殊资格的市民"(韦伯,2005:27,重点为原文所加)。但是,并非所有的城市居民都可称作市民,也并非所有城市都能产生出公民身份,这是由城市的不同性质所使然。城市本质上是"一个巨大的住居密集的聚落",按照功能的标准,它可以被分为"消费城市"、"生产城市"、"商人城市"、"要塞城市"、"君侯城市"等诸多不同的类型。但所有这些类型都无法孕育出现代公民身份,因为它们仅仅履行了某种单一的功能，如生产功能、消费功能、防御功能或者管理功能。当然，有些城市可能同时承载了多种功能，但这并不能改变城市的性质。在韦伯看来，真正能够孕育出现代公民身份的城市类型只有一种，那就是"共同体"（commune）性质的城市。因为这种城市除了具有"生产"、"防御"、"市场"等功能之外，还具有其他城市类型所不具备的一些性格，那就是"自己的法庭以及——至少部分的——自己的法律"、"团体的性格"（Verbands character）以及与此相关的"至少得有部分的自律性与自主性"（韦伯，2005：23）。在韦伯看来，共同体性质的城市只有在西方才大量出现过，在近东只是偶然存在过，而在其他地方则至多只有某些雏形。

　　由此提出的一个问题是，为什么只有共同体类型的城市才能孕育出现代公民身份的观念和实践呢？援引前文已经阐明的公民身份定义，这是因为，城市的特性与现代公民身份的要求相吻合。具体体现在：第一，城市是一个自由而平等的共同体。在这种共同体中，市民阶层已经瓦解了贵族、领主等的支配权而将其转移到自己手中。城市支配权的转移不仅使领主等不再成为城市的政治中心，而且还消除了城市居民的身份差别，使所有市民都成为拥有自治权和过着平稳生活的"自由人"。"城市的空气使人自由"，通常来说，一个奴隶或者农奴移居到城市，在经过一段时期后（通常是一年零一天），其主人便自然丧失了对他的支配权，他从而享受到与其他城市居民平等的地位。二是市民权的出现和"兄弟盟约"的形成。城市居民的平等和自治使城市成为一个"城市自治体"，在这种自治体中，市民制定自己的法律，建立自己的法庭，并使自己置于这种法律制度的约束之下。城市因此成为一个具有法律自主性的"身份团体"，法律制度和组织保障了市民的权利。更为重要的是，城市"共同体"的发展还使之演化成为"兄弟盟约"的团体，即在市民团体内部发展出某些具有"宗教性质"的象征和实践，比如，只有市民才能崇拜的城市神祇或者圣徒、只有市民才能定期参加的城市圣餐会、加入市民阶层的宣誓、只有市民才能葬身其中的卫城等（韦伯，2006：201）。兄弟盟约的发展使城市共同体得到进一步巩固。第三，军事自主性。从军事的角度来看，城市成为一个由市民武装组成的防卫集团。城市实行自行装备的原则，即个人必须自备武器参加军队。在韦伯看来，军事上基于市民自行装备还是基于大领主装备，将导致结果上的本质差别。自治武装使城市朝着更加自治的方向发展，而由领主来提供武装则将实质性地妨碍城市自治的发展。

　　至此，韦伯的论述给我们展示了西方现代公民身份产生的各种结构性条件，它们体现在经济、政治和文化诸方面。经济方面，现代公民身份产生的前提在于：所有城市居民都必须独立地通过市场和以和平的方式来谋取利益，而不是像古代城市那样或者依赖于君主和领主，或者依赖于军事手段以及其他非理性手段来获得利益。市民在人身上摆脱了对君主或者领主的依附而成为"自由人",在精神上摆脱了对氏族、宗教等的依附而以追求经济利益作为排他性取向。韦伯对于中世纪市民形象的塑造反映了早期自由资本主义的某种特征,即市民阶级的自由权和独立的经济追求。政治方面的条件则体现在内外两个维度上。在对外维度上,现代公民身份产生于君主、领主等政治势力缺乏程式性地支配城市政治的条件下,城市尽管为领主的封地所环绕,但城市在与上一级政治势力的博弈中总是能处于主导地位。这种权力结构保证了城市拥有较高的独立性。对内方面,这些平等而独立的市民能够彼此妥协和合作,通过参与城市议事会和城市法庭等机构,以和平的方式维护自身的利益。文化方面的条件则体现在巫术等神秘力量的隐退和世俗化的发展上。城市远离了巫术、氏族等神秘力量的支配,并且在平等、自由的基础上发展出新型的、具有宗教性质的盟约,但这种盟约不仅不会导致思想上的蒙昧和束缚,反而会增强城市的协作与和谐。

中世纪自治城市的自由、平等、自治、参与等氛围为现代公民身份的成长提供了肥沃的土壤,但这仅代表了韦伯论述现代公民身份起源的一副面孔,我们同时还必须看到其论述的另一面——东方社会在其中所扮演的角色。东方社会能否形成类似于西方的公民身份?韦伯在一系列著作中重申了其否定性的回答。在他看来,公民身份观念只能是西方的产物,这种观念"越往东越少;在以色列、印度和中国的疆域中,这种国家公民的观念是向所未闻的"(韦伯,2006:198);"亚洲的城市不存在有类似西方可以代表市民的共同体(例如市参政会);真正意义的城市市民以及——更具体些——特殊身份资格的市民,在亚洲城市是不存在的,不管在中国、日本或印度;至于近东,也只有发育不全的萌芽"(韦伯:2005:27)[1]。当然,韦伯并不是武断地给出其答案的,而是提供了相应的理由:东方社会不存在类似于西方的城市"共同体"。诚然,东方社会在历史上也存在过许多大型而繁华的城市,但它们皆非"共同体"类型的城市,东方社会的某些内部因素防止了该种城市类型的产生。

其一,由于缺乏西方类型的市民武装,帝王武装导致东方社会走向人身依附和政治专制。在韦伯看来,东方社会不存在以自行装备为原则的市民武装,相反,它们的装备主要是以帝王提供为原则。由帝王提供武器装备所导致的后果是:形成包括官僚阶级在内所有社会阶级对帝王的依

---

[1]　类似的表述还可见之于《儒教与道教》。在该著作中,作者说道:"和西方根本不同的是,中国城市以及所有的东方城市形态,都不具有城市的政治特性。东方的城市一点儿也不像(西方)古代那样的'城邦'(polis),也没有任何中世纪时那样的'城市法',因为它并不是个自有其政治特权的'共同体'(Gemeinde)。城市里没有西方古代出现的市民阶级——自己武装的军人阶层。"(韦伯,2004:44)

附。按照韦伯的观点，帝王提供装备主要是由"灌溉"所具有的关键地位所决定的。治水问题导致王权官僚制的出现，导致依附阶级的强制性劳役以及从属阶级对帝王和官僚集团的职能依附（韦伯，2005：77；2006：202）。修建大型灌溉工程的需要导致官僚制的出现和权力的集中，而权力的集中又导致军事垄断，从而造成东方社会无法像西方城市那样形成自由、平等、自治和参与等公民实践。在把东方社会之所以"专制"的原因归结为气候干旱和修建大型水利工程的需要方面，韦伯并非前无古人，也并非后无来者，而是代表了西方思想界定位东方社会性质的一条惯常路径。韦伯的独特之处仅在于通过这一路径论证了东方社会之所以缺失公民身份和不能迈向现代的原因。在韦伯之前，孟德斯鸠用专制、腐败、恐怖、残忍、弃婴、贫困、野蛮等词汇勾画了中华帝国，在他看来，所有这些特性主要是由于"气候的物理"原因造成的（孟德斯鸠，1997：127—129）。在韦伯之后，直接以气候干旱和修建大型水利工程的需要来推演"东方专制主义"，大概无人能出魏特夫之右。在他看来，治水的需要和治水的组织对治水国家的极权政治具有决定性的影响（Wittfogel，1957）。但韦伯却在气候、武装、专制与公民身份之间建立起概念联系，以此说明东方社会之所以不能产生现代公民身份的原因。

其二，东方社会不仅缺少现代公民身份产生的制度平台，而且缺乏现代公民身份产生的思想基础：亚洲城市由于深陷于由巫术、氏族、种姓等形成的禁忌中，无法催生能够迈向现代社会的理性思维。韦伯（2005：45）说道："导致地中海城市（不管哪个时代）与亚洲诸城市截然不同的决定性因素之一，是亚洲城市居民深受巫术及泛灵论的种姓与氏族的限制，以及随之而来的禁忌的束缚，至于地中海城市的自由市民则免于这些拘束。"这种禁忌在中国体现为"族外婚与族内分房制的氏族"，在印度则体现为"内婚制与排外性的种姓"。氏族制及其无比重要的祖先崇拜导致中国社会根本不需要类似于西方城市的共同体聚餐仪式，而种姓制则导致印度成为一个无比封闭的社会。所有这些导致的一个总体结果便是，以兄弟盟约为基础的西方城市类型在中国和印度等东方社会根本不可能出现，东方社会从而也就不可能孕育出以自由、平等为特征的市民。总体而言，韦伯对于东方社会精神肖像的刻画与其对更加宏大的现代性主题的论述联系在一起。在腾布鲁克等学者看来，韦伯的毕生论题是"何谓理性"的问题，而实现这一过程的核心是"除魔"（disenchantment）的问题，社会理性化的历史也就是"除魔"的历史（Tenbruck，1989：11，12）。腾布鲁克的论点尽管招致了许多非议，认为将庞大而复杂的韦伯思想仅仅归结为"除魔"的论题未免显得过于简单，但"理性"在韦伯思想中所具有的地位以及他赋予理性在西方现代性发展中的重要性是不容置疑的。如果说新教伦理是韦伯从正面论证理性化与现代资本主义之间的关联的话，其对于儒教、印度教等世界诸宗教的分析则从反面证明了"东方人往往缺乏理性特质"(古迪,2012:38)。具体到东西方城市的比较上来,那就是,西方城市居民已经摆脱了巫术等泛灵论的束缚而生活在已然"除魔"的世界中,从而能够以理性的方式来把握世界。相反,东方社会的城市居民由于仍然笼罩在巫术、氏族等禁忌中,理性(更确切地说,是现代工具理性)的发展从而受到抑制,他们因此只能适应世界,而不是理性地认识和创造世界。当然,这并不是说东方社会就生活在完全蒙昧的非理性世界中,而是说它们缺乏那种能够"导致世界现代化的西方理性",工具理性的发育程度成为东西方社会不同发展阶段的标志。诚如古迪所言:"随着时间的推移,欧洲从巫术伦理逐渐向着法伦理转型,而儒学仍然处在前一阶段。所以,尽管中国人具有理性,但他们所拥有的是一种使其无法实现现代化的理性类型;也就是说,他们无法开创现代性——除了适应它。"(古迪,2012:36)

在公民身份的研究领域,大多数研究者都秉持"内生主义"的视角,仅仅从欧洲内部来分析现代公民身份的起源。韦伯的特殊之处在于,他不仅从欧洲内部分析现代公民身份的起源和西方现代性的创生,同时还求诸"外部",通过对东方社会的反面描绘来证明这些现象只能是"西方"政治文化的结果。通过东方与西方的正反对比,西方城市成为平等、自由、自治、权利、法治、理性等现代政治的表征,与之相对照,东方城市则成为依附、奴役、专制、巫术、感性等前现代政治的典型,公民身份自然而然地变成了西方社会的政治专利。这种东方主义的叙事方式具有一种一箭双雕的效果:在说明现代公民身份的"西方性"的同时,兼带论证了东方社会的"东方性"。"东方"这面形容惭秽的棱镜不仅帮助映照出清晰而高大的西方公民形象,而且还帮助提炼出西方现代性的思想精髓。从表面上看,韦伯回答的是一个现代公民身份缘何只能产生于西方而不是东方的问题,但隐含其后的实际上更是现代资本主义以及更广泛意义的现代性缘何能够率先产生于西方而不是东方的问题。但当他以这种思维定势来解答这一问题的时候,一个东方主义的故事便自然而然产生了。因为这种思维定势不仅使他割裂东西方社会之间可能存在的重要关联,而且使其放大东西方之间存在的某些可能是无关紧要的差异,并从这些差异当中来推演现代公民身份的起源,而将东方社会所取得的其他重大进步和发展视为微不足道的东西加以抹杀(Hobson,2004)。东方主义的叙事方式不仅使韦伯建立起了关于西方和东方的统一而均质的表述,而且还在东方与西方之间建立起了尖锐的对立(Isin,2002:122;Turner,1996:268)。

东方主义的叙事方式尽管不是韦伯的首创,但他是首个明确取道东方主义的路径来分析公民身份的现代起源和说明西方缘何可以率先进入现代化的思想家(Hobson,2009)。在韦伯之前或者之后,有关中国或者其他东方社会国民性的论述尽管俯拾皆是，但他们很少与公民身份等明确现代性的主题联系起来，或者据此来解释西方现代性的兴起。例如，1890年美国传教士明恩溥出版轰动西方世界的《中国人的特性》一书，他（2010：306）在谈到中国人的精神世界时说道："对人的本性中最深刻的精神真理的绝对漠视，是中国人心灵中一个最为可悲的特点，他们随时准备接受一个没有灵魂的肉体，一个没有精神的灵魂，一个没有生命的肉体，一个没有起因的宇宙，一个没有上帝的世界。"作者在其中尽管也体现出明显的东方主义色彩，即把"一个没有上帝的世界"看作导致中国人"最为可悲心灵"的原因，但他只是从基督教中心主义的立场来说明中国人缘何会精神贫乏，并没有把它与现代性等主题联系起来。再比如，在1989年出版的《停滞的帝国：两个世界的撞击》一书中，作者佩雷菲特也以一种直白的方式道破了英国人对于中国人的一贯看法："在我们眼里的中国人的典型形象就是撒谎、奸诈，偷得快，悔过得也快，而且毫不脸红。"（佩雷菲特，1993：105）他也只是说明了西方人对于中国人的一贯成见，没有把它与西方崛起、西方现代化或者历史进步等主题联系起来。

韦伯的东方主义叙事并非没有回声，只是这种明显的回声出现在了其所极力贬低的东方社会内部。在20世纪转折时期的中国，由于变法失败而需再次寻求救国良方的梁启超等人从西方公民观念中看到了中国走向现代的希望，期望通过改造中国的国民性和发展国民的现代公民观念来建立类似于西方的民族国家。在追求这些目标的时候，梁启超等人同样秉持了"东方主义"的立场。但这种东方主义已不再是韦伯"西方中心主义"意义上的东方主义，而是一种"东方化"（Orientalized）了的东方主义或者艾辛等人所说的"新东方主义"（Isin，2002；萨达尔，2005），即东方人自身援引西方中心主义的立场和话语来批判和改造中国。

四、中国现代公民观念的起源：梁启超的论述

中国古汉语词汇库中尽管不缺少"公民"、"人民"、"国民"等词汇，但它们从来没有表述过"现代"的意涵，也从来没有成为国家政治的建立基础。在古代汉语词汇中，"公民"最早出现在《韩非子》、《烈女传》等典籍中，所表达者多为传统之含义。例如，《韩非子·五蠹》言曰："是以公民少而私人众矣。""公民"在此处的含义相当于"为公之民"，与"为私之民"相对。在汉代刘向所著之《列女传》中，"公民"变成了担任公职或者履行公务之人。如，"〔婧〕对曰：'妾父衍，幸得充城郭为公民。'"此处之公民乃为"城郭守卫者"的意思。康有为在《大同书》乙部第三章中写道："凡未辟之岛皆为公地，居者即为公民。""公民"在此处变成了居于"公地"上的人。在古代汉语词汇里，"人民"由"人"和"民"连缀而成。按《说文解字》的解

释,"人者,天地之性最贵者也……人者,天地之心也;食味别声,被色而生者也。""民,众萌也……萌犹懵懵无知儿也。"当"人"和"民"连缀而成"人民"之后,其义大致相当于"民"。如《周礼·地官》:"掌建邦之土地,与其人民之数。"此处之"人民"大致与"黎民"、"庶民"、"草民"甚至"小民"等词汇的含义相通,含有芸芸众生而又懵懂无知之意。同样,在古汉语词汇中,"国民"也存在多重含义:一是指一国或一藩封所辖之百姓,如"先神命之,国民信之"(左传·昭公十三年),"威行于国,国民多属,窃自立为王"(史记·东越列传)等;二是指外国人,如"国民经营希利,算悉锱铢,亦多情普济之意。崇奉世主耶稣之教,舍身捐财,以招教师,颁文劝世"(魏源,1843:1667);三是分指"国"、"民",如秋瑾在《赠浯溪女士徐寄尘和原韵》一诗中写道:"今日舞台新世界,国民责任总应分。"由此可见,无论是公民、人民还是国民,它们在古代中国都不具有现代的意涵。然而,尽管韦伯等思想家已反复申明"公民"观念只能是西方社会的产物,在东方社会是一种"向所未闻"的观念,众所周知,"公民"、"权利"、"平等"等现代政治词汇不仅已被载入历次中国宪法,而且成为中国人政治实践的基本内容和政治发展的基本目标。由此提出的一个问题是:作为古汉语词汇的"公民"概念是如何扬弃自身而实现其现代转型的?

刘禾的"翻译现代性"(translated modernity)观点主张,"新词语和新词语的建构是有关历史变迁的极好喻说,因为创造新词语旨在同时表述和取代外国的词汇,而且由此确立了自己在语言张力场中兼具中外于一身的身份"(刘禾,2008:55)。的确,在20世纪转折时期的中国,"公民"与民主、自由、权利、主权等概念一起成为众多被翻译的词汇之一。"公民"概念不仅部分表述了西方公民和公民身份的概念内涵,而且还包含了中国知识分子想象中国现代国家时所需要的内涵。19世纪中期以降中西"两个世界的撞击"为传统"公民"概念的现代转型和语义新生提供了契机,"公民"概念在20世纪转折时期的涅槃不仅反映了当时中国的重大社会变迁,而且本身就是这种变迁的动力来源。但鉴于本人已在其他地方从"翻译现代性"的角度对西方citizen概念传入中国的方式、语义及其政治意涵进行过详细分析,[1]这里将不再赘述。作为对这一研究的进一步拓展,这里所要分析的是公民身份观念在近代中国滥觞过程中所折射出来的"东方主义"色彩。

公民概念在中国的新生起因于清末"三千年未有之大变局"。如果说春秋战国时代是第一次大规模礼崩乐坏之期,清末则堪称为第二次大规模轴心转型之秋。维持了数千年的纲常名教、礼法秩序在内忧和外患的

[1] 见郭忠华,2012a,2013a,2014。

冲击下成为众矢之的,如何一统国家、提升国力和抵御外侮则成为萦绕在当时知识分子心头的核心问题。这种变化反映在思想观念的更迭上:以国家为核心的"力本论"观念取代传统以家庭为核心的"礼本论"观念(许纪霖,2010;张灏,1995:49)。这种"力本论"观念从其滥觞之初就表现出强大的力量感和破坏性。殆至民国建立,"礼本论"已然随着王权的消逝而全面解体,整个社会笼罩在"力本论"的氛围中。1916年,杜亚泉在《东方杂志》中写道:"今日之社会,几纯然为物质的势力,精神界中,殆无势力之可言。……其弥漫于社会之间者,物质之势力也。物质之种类甚多,而其代表之者则为金钱,今日之独占势力于吾社会者,金钱而已矣。"(杜亚泉,2003:284—285)杜亚泉所言之"物质势力"尽管主要指金钱,但仍需作广义的理解:当天下秩序在清末被新兴的民族国家雏形所取代后,纵横其间的是形形色色的势力,如军事势力、金钱势力、政客势力……各种力量彼此竞雄,优胜劣汰,力者生存(许纪霖,2010)。当然,这种"力本论"不仅仅反映在对当时社会的刻画上,更反映在对西方的认识和对中国现代国家建构的设想上,即如何用催生西方国家力量的因素来提振吾国之实力?在这一方面,以梁启超为代表的晚清知识分子的认识表现得最为典型。

　　清末的累累败绩为从"礼本论"向"力本论"观念的转换提供了动力。但即使在败绩新成,一系列不平等条约初订的1860年前后,盛行于知识界的仍然是张之洞所提出的"中体西用"主张,即本土的纲常伦理可以不变,只需引进西方的富强之术就可以改观中国、摆脱外侮。但随着1895年中日《马关条约》的签订,原来对本土文化仍存些许自信的"中体西用"思想迅速被逆转,出现明显激进的尝试:从原来的"中体西用"主张转变成全面的"以西为师"观念。这种转变后面的假设是达尔文、斯宾塞等人的"社会进化论"思想。当然,在师法西方方面,又出现过两次不同的尝试:一是康有为、梁启超等人发动的戊戌变法运动,旨在师法西方之制度;二是变法失败之后梁启超等人开启的师法西方观念的尝试。后一尝试集中体现在西方公民身份观念的引入和本土公民语义的新生上。两者之间存在着直接的逻辑关联。变法失败之后,梁启超逃亡日本。期间,他一方面反思中国变法失败的原因,另一方面,又积极找寻明治维新之后日本之所以强大的原因。在此一时期,他还阅读了大量由明治知识分子所翻译的西方近代政治学著作,如孟德斯鸠的《论法的精神》、洛克的《政府论》、卢梭的《社会契约论》等。西方近代政治思想的影响、日本社会现实的直接濡染以及中国社会的强烈反差,使他悟出了一个深刻的道理:中西力量差异的根源既不在于技术,也不在于制度,而在于承载它们的文化。文化观念的差异是导致国祚之运势不同的根本。梁启超(1994:1—2)说道:"国也者,积民而成。国之有民,犹身之有四肢、五脏、筋脉、血轮也。未有四肢已断,五脏已瘵,筋脉已伤,血轮已涸,而身犹能存者;则未有其民愚陋懦弱,涣散混浊,而国犹能立者。故欲其身之长生久视,则摄生之术不可不明,欲其国之安富尊荣,则新民之道不可不讲。"也就是说,在梁启超看来,近代中国国运衰微的根源在于"力"的缺乏,而缺乏"力"的原因又在于民之"愚陋混浊",提振国力的根本因而在于"新民"。

梁启超的"新民"形象建立在对中西方个体精神的二元比较和对西方公民身份观念的效法上。在他看来,造成中西方国祚悬殊的根源在于"部民"与"国民"的不同。他没有将西方的 citizen、citizenship 等概念引介为今世之"公民",而是根据当时中国的现实和需要有意识地把它使用为"国民"。因为在他看来,中国所亟须解决者乃人民的"国家"观念问题:中国有"部民"而无"国民"。部民与国民的差异在于:前者"知有天下而不知有国家"、"知有一己而不知有国家";后者则"对于一身而知有国家"、"对于朝廷而知有国家"、"对于外族而知有国家"、"对于世界而知有国家"(梁启超,1994:28,22)。前者是"惟一身一家之荣瘁是问"之人,国民则是"有国家思想,能自布政治"之属。这种强烈的观念反差使梁启超认识到,建立中国现代国家的关键在于将传统"部民"转化为现代"国民"。"国民"将"国"置于"民"之前,本意在于使人民知道国家、心怀国家和奉献国家。除国家思想外,国民与部民的差异还体现在独立与奴隶、权利与义务、自治与依赖、公德与私德、冒险与畏缩、进取与满足等一系列范畴上。这些范畴的前一部分所代表者乃"国民"之素描,后一部分所表征者乃"部民"之形象。

首先,独立与奴隶、权利与义务的问题。在梁启超看来,西方人崇尚独立,中国人崇尚奴隶;西方人崇尚权利,中国人则崇尚义务。梁启超把世界民族划分为五大种类:黑色民族、棕色民族、黄色民族、红色民族和白色民族。其中,以白色民族最为强大。但白色民族又可分为以法、葡诸国为核心的拉丁民族,以俄、奥诸国为核心的斯拉夫民族,以英、德、荷诸国为核心的条顿民族。条顿民族较之于其他白种民族更加强大。当然,条顿民族又可进一步划分为以德国为核心的日耳曼民族和以英、美诸国为核心的盎格鲁—撒克逊民族,后者又较前者更加强大。由此形成的格局是:"五色人相比较,白人最优;以白人相比较,条顿人最优;以条顿人相比较,盎格鲁撒克逊人最优"(梁启超,1994:12)。那么,导致盎格鲁—撒克逊民族强大的因素主要有哪些? 在这一方面,梁启超把它归结为"独立自助之风"和"权利思想"。盎格鲁—撒克逊民族从幼年开始,不论在家庭还是在学校,父母、师长都不以附庸待之,及至长大,他们也就变得独立而羞于依赖。与独立相联系的则是"权利"观念。盎格鲁—撒克逊人视权利为"第二生命",藉由权利,公民得以参与政治,集人民之意以为公意,合人民之权以为国权。由于具有发达的权利观念,盎格鲁—撒克逊人从而能够划定团体与个人、中央与地方、国家与社会之权界,两者各不相侵、互为益彰。

　　但是,中国的情况却截然相反。当时中国拥有四万万人口,数倍于英、美国家。但此四万万人口却绝大部分皆为"奴隶"。梁启超在总结戊戌变法失败和中国腐朽之原因时说道:"吾国之大患,由国家视其民为奴隶,积之既久,民之自视,亦如奴隶焉"(梁启超,2010:179),"中国数千年腐败,其祸极于今日,推其大原,皆必自奴隶性而来,不除此性,中国万不能立于世界万国之间"(转引自张灏,1995:110)。国家先是把民视为奴隶,久而久之,民也就自视为奴。奴隶与国民的区别在于,前者心目中只有"主人"而没有国家,后者心目中有"国家"而无主人。在一个绝大部分人口都自视为奴隶的国家,关心国家大事者不过皇帝等区区数人;在一个绝大部分人口皆为国民的国家,所有社会个体都视国事为己事。以区区数人之国对抗众人之国,哪有不失败的道理。由于中国百姓皆为奴隶,因此也就没有西方公民那种权利观念。在权利与义务两端,君权日益尊贵,民权则日益衰弱。如果说奴隶性使民漠然于国事的话,权利的缺乏则使民没有可能参与国事。历数中国历史上摧毁民权的主要皇帝,以秦始皇、元太祖、明太祖等为最甚。"当知三代之后,君权日益尊,民权日益衰,为中国致弱之根源,其罪最大者,曰秦始皇,曰元太祖,曰明太祖"(梁启超,1960:128)。通过奴隶与国民、权利与义务的正反对比,中国积弱之根源不难看出,"新民"之方向也不难找到。

　　其次,在自治与依赖、公德与私德等方面,在梁启超看来,西方公民具有自治的能力和合作的精神,中国人则只会依赖他人和指责他人。在西方,"试与一游英美德法之都,观其人民之自治如何?其人民与政府之关系如何?观之一省,其治法俨然一国也;观之一市、一村落,其治法俨然一国也;观之一党会、一公司、一学校,其治法俨然一国也,乃至观之一人,其自治之法,亦俨然治一国也"(梁启超,1994:3—4)。由于公民具有高度的自治能力和合作精神,西方的政治格局因而是"君相常倚赖国民,国民不倚赖君相"。但是,反观中国,中国人之间则是一种"我责人,人亦责我;我望人,人亦望我"的相互指望和相互指责关系。这种关系不仅难以形成类似于西方公民那种自治能力和合作局面,而且还使个体能力在这种关系中相互抵消掉了,由此形成的官民关系亦是:责望于贤君相者深,而自责望者浅。在梁启超(1994:4—5)看来,这种"责人不责己、望人不望己之恶习,即中国不能维新之大原"。

　　中国的人际关系特征也反映在道德上,那就是有"私德"而无"公德"。前者体现在"人人独善其身"上,后者则体现在"人人相善其群"上。对于个体来说,无私德不能"立",无公德则不能"团"。中国虽然有发达的道德,但这种道德主要体现为私德。综观《论语》、《大学》、《孟子》、《洪范》等教育经典,所强调者主要是"克己复礼"、"修身养性"、"忠信笃敬"、"温良恭让"等内容,它们都是"私德"的表现。这些品德尽管可以形成个体作为

"私人"的品德,但却无法形成其作为"公人"的品格。"公人"注重家庭伦理、社会(人群)伦理和国家伦理。与私德的"内向性"相反,它是"外向性"的,聚焦于个体与团体之间的关系。在梁启超看来,与中国人仅具"私德"不同,西方人兼具公、私二德。中国人"公德"的缺乏造成他们难以像西方人那样具有高度的团队精神和合作能力,这也是近代中国国运之所以沉疴的缘由。将近半个世纪之后,梁漱溟在《西人之所长吾人之所短》一文中论述到团体与个人的问题时说道:"距今四十五年前梁任公倡'新民说',以为改造社会、挽救中国之本。他第一即揭'公德'为论题,已予指出。今在本书讨究工作上,还要不放松地说一说。"(梁漱溟,2010:34)任公思想的影响不可谓不大。

　　最后,冒险与畏缩、进取与满足也是梁启超塑造中国国民形象的重要维度。较之中西国民性之异同,梁启超的观点是,欧洲人敢于冒险,富于进取精神;中国人则生性畏缩,他们安于现状、知足常乐。当然,进取、冒险精神不是凭空产生的,而是产生于希望、热诚、智慧和胆识。从希望的角度来看,人生于两界之中:现实界和理想界,或者说现在界和未来界。只有对未来充满希望,才会忘却眼前的困难,希望越大,进取心就越强,冒险心也就越炽。如果只是苟安于今日,保守于现状,那么进取和冒险精神也就消失了。从热诚的角度来看,热诚是信念的体现。对于未来的信念越强,就越能驱使人在实现其梦想的道路上义无反顾、一往无前。缺乏强烈的信念,则只会使人在追求各种事业的过程中浅尝辄止,或者半途而废。智慧使人明白事理,使之不至于在追求理想的过程中变得鲁莽。就像哥伦布如果没有超越于当时的地理学知识,便不可能穿越大西洋和发现新大陆。胆识则与畏惧相对,有胆识便无所畏惧,成大事者不能畏畏缩缩、裹足不前。在梁启超(1994:40)看来,"吾中国人无进取冒险之性质,自昔已然,而今且每况愈下也"。中国人崇尚的人生准则是:"知足不辱,知止不殆","不为物先,不为物后","非礼勿听,非礼勿视","多言多患,多事多败",等等。所有这些准则的一个重要特点是:守"静"制"动"、执"勿"弃"为"、守"狷"去"狂"、取"坤"避"乾"、尊"命"舍"力"。在这些准则的指导下,中国人成为"鬼脉阴阴,病质奄奄,女性纤纤,暮色沉沉"的人,根本不像西方人那样朝气蓬勃、阳刚健壮、乐观向上。在梁启超起来,进取冒险精神是欧洲力量的源泉,中国之所以国力衰颓,关键在于国人缺乏此类精神。"欧洲民族所以优强于中国者,原因非一,而其富于进取冒险之精神,殆其尤要者也。"(转引自张灏,1995:106)

　　尽管在戊戌变法时期已经出现过许多有关中国国民性的讨论,但当时并未成为体系,也未把国民性改造作为建立中国现代国家的希望所在,毋宁说当时的目标主要在于改变既有的皇权专制制度,建立类似于西方的君主立宪制度。只有在戊戌变法失败之后,通过对变法失败原因的反思、对西方近代政治思想的更多习得和对西方社会政治更深入地了解，国民性改造才成为中国民族国家建构的希望之光。联系到本文所要论述的公民身份主题，不难看出，梁启超的全套"新民"学说基本上是在参考西方公民身份概念含义的基础上形成的。在大量阅读西方近代政治学著作的基础上，通过《新民丛报》等宣传手段，他不仅改造了国民概念的传统语义，使之成为联系传统与现代、中国与西方的纽带，而且还系统地塑造出国民的形象：国家思想、独立、自由、自治、权利、义务、公德、自尊、进取、冒险、合群、尚武等（梁启超，1994）。毫无疑问，这些要素很大程度上也是西方公民形象的素描，所不同的只是，现代西方公民身份很大程度上是建立在国家与社会分野的基础上，公民身份是实现社会自治和与政治国家合作的手段的同时，很大程度上也是个体为防止国家侵犯个体权利的手段（希特，2007：7）。但在梁启超阐述其新民思想的时期，中国的民族国家仍只是知识分子心目中光芒四射的天国，中国的社会也还是一个典型的传统社会，因此也就谈不上国家与社会之间的分野。毋宁说，梁启超改造国民语义和重塑国民形象的目的更在于建立中国的现代国家，在国权与民权的比较中，国权的重要性远高于民权（沈松侨，2002）。但无论如何，通过梁启超等人的开创性工作，西方公民身份的概念含义开始正式而系统地进入中国语境，并扎根于国人的精神世界，成为他们进行政治想象和政治实践的基础。

回到本文所要论述的"东方主义"视角上来。如果说韦伯是站在东方主义的立场上来论述西方公民身份的兴起的话，不难看出，在想象中国现代公民身份的过程中，梁启超也秉持了同样的立场：东西二元的认识论结构、东方主义话语体系。但与韦伯不同的是，他是东方人站在西方主义的立场上来批判东方自身的。也就是说，西方学者所创造的那一套有关东方的话语体系完全为梁启超以及当时的许多知识分子所接受，并且被他们自觉用来作为反思自身和进行西方化的工具。基于力量差异的对比，梁启超甚至比韦伯更加系统地对西方人进行了美化，比韦伯更加系统地对中国人进行了对象化和丑化。西方人变成了现代人的完美化身，他们具有独立、自强、自由、权利、自治、进取、冒险、合作、国家等一切美好的精神。与之相反，中国人则是一切人格缺陷的完整表征，体现在奴性、依附、自私、义务、懦弱、满足、冷漠、畏惧等方方面面。在这种二元认知结构中，西方人的形象越是被想象得高大，中国人的形象便越变得猥琐。完全抛弃中国人流传千年的做人和修身之道而师法西方，也就变成梁启超等知识分子想象现代中国的不二选择。前文已经表明过，东方主义是二元认知结构基础上西方思想界形成的一套关于东方的话语体系和权力装置。梁启超对于国民概念的改造和对于中国国民性的论述表明，东方主义已经走出了欧洲的地域而实现了其在东方社会的"内在化"，成为东方知识

分子审视自身和效法西方的思维方式。这种现象诚如萨达尔(2005:136)
所言,是一种"新的本土化东方主义",或者说"东方化的东方人"。

五、结语:公民身份起源的再认识

　　不论在中国还是在西方,现代公民身份观念的兴起都意味着政治理
念的新生,意味着个人与个人之间以及个人与国家之间关系的重构。公
民身份的重要性自不待言。基于此,对于公民身份发端问题的探讨也就
意义非凡。它不仅可以加深我们对公民身份的理解,而且本身就构成了
历史理解的一部分。对于公民身份起源的问题,如前文所述,西方社会内
部尽管存在着形形色色的论述,但基本都秉持"内生"的视角,即基于西方
社会内部的某一或者某些因素来解释公民身份的起源,如文化、经济、政
治、城市、军事等,很少有人注意到作为"他者"和"镜像"的东方在其中所
扮演的角色,很少有人认识到"跨文化"比较在研究公民身份过程中所具
有的重要性。韦伯、梁启超作为中西思想界影响卓著的思想家,他们从各
自所处的时空背景出发对公民身份的起源进行跨文化比较。他们对于思
考公民身份的起源乃至现代性扩展的方式具有重要的启示意义。通过对
这两位思想家论点的梳理和总结,我们至少可以在以下几个方面启发良
多:其一,东西二元的认识结构与现代公民身份起源的问题;其二,早发现
代性国家与殖民地国家之间公民身份起源方式上的差异;其三,东方主义
话语机制下的"力本论"本质。

　　先从第一个方面谈起。不论韦伯还是梁启超,有关公民身份起源的
论述都建立在"东西二元"的认识论基础上。韦伯在论述西方公民身份的
起源时,假定了作为他者的"东方",梁启超在论述中国公民身份的愿景
时,则假定了作为他者的"西方"。东方是否真的如韦伯所说的那样是由
于"气候干旱"而导致专制?是否真的如其所说的那样浸淫在巫术之中而
不能自拔?是否真的如其所说的那样是由于君主提供装备而导致依附?
所有这些问题的真实情况如何实际上并不重要。关键在于,他在将西方
共同体城市类型和公民形象"理想化"的时候,需要有一个能够进行反面
衬托的东方。因为只有在这种由先进与落后所组成的二元结构中,作为
叙述主题的公民和公民身份才会变得清晰。在这种相互衬托的装置中,
东方的国民性越是被描述成奴性、依附、自私和卑微,西方的国民性便越
变得独立、自治、合作和高大;西方的公民形象越是变得纯粹和清晰,作为
其衬托的东方个体便越变得矮小和猥琐(Cascardi,1992:179)。梁启超尽
管是一个地地道道的东方知识分子,但他在唤起中国公民观念的过程中
所遵循的依然是西方知识界所阐述的东方主义路径。他也以"东西二元"
的认识论结构作为出发点,以西方近代政治学著作的描述作为想象基础,

他同样把西方公民形象描绘得高大而完美,而把本土社会个体的形象描绘得不堪和惭秽。不同之处仅在于,韦伯是身处西方、站在西方中心主义的立场来想象"东方"的,梁启超则是身处东方社会内部,但以西方中心主义的立场来想象"西方"的——尽管后者的西方中心主义后面隐藏着为前者所不具备的本土关怀。

这种以二元认识论为基础的东方主义思考方式为公民身份研究增添了何种理论元素? 较之于"内生性"视角,东方主义的思考进路的确代表了有关现代公民身份起源的另一种解释方式:"跨文化"或者"外生"视角。如果说内生视角聚焦于西方社会内部的话,东方主义的解释进路则侧重于从"外部"或者"比较"的角度来进行解释。它立足于西方现代性的某些核心原则,放大东西方之间存在的可能是某些微不足道的差异,将据说是迥异于东方的某些西方现象看作导致现代公民身份起源的原因。这一点不论在韦伯还是在梁启超那里都有明显的体现。在韦伯那里,这些因素体现在城市议事会、兄弟盟约、自主军事武装等方面,被看作是东方社会所没有的(Collins,1986:23)。在梁启超那里,这些因素则体现在自由、自治、公德、国家思想、进取冒险等公民素质上,也被看作是西方社会所独有的。在东方主义的解释范式下,东方社会仅仅成为西方公民身份的旁白或者注脚。当然,这一旁白或注脚并非可有可无,因为它不仅描述了东方专制和落后的内在特性,而且为西方的先进和完美提供了强有力证明(Dobson,2004)。因此,较之于内生视角,东方主义的解释范式生产出更加直接和更加强大的权力支配,因为它在生产有关西方先进和文明的文本的同时,连带生产有关东方落后和有罪的学说。通过这些文本和学说,西方对于东方的君临自然变得合法和正当。

其二,从现代性发展的时序来看,韦伯和梁启超分别表明了早发现代性国家和殖民地国家公民身份的产生方式。韦伯所针对的是早发现代性国家。其时,现代性在西方资本主义世界才刚刚显露其桅顶,以资本主义为基础的经济模式基本成形;由工业革命催生的工业主义基本完成,并且成为社会生产的基本方式;以自由、平等、法治等为原则的现代民主政治开始狂飚突进。对于那一时期的进步知识分子来说,核心任务在于如何为新兴的民主政治提供理念和理论支持。正是在这一背景下,人民主权论、契约论、分权制衡论、公民身份理论等现代政治理论纷纷被构想出来。公民身份理论不仅表达了个体在新兴民族国家的正式成员资格,以此适应民族国家的时代要求;而且构建了个体与政治国家之间的新型关系模式,以此适应大众民主时代的发展要求。这种关系模式就是:国家权力得自人民的同意,国家权力必须服务于公民社会。这是一种迥异于此前时代的国家与社会关系模式。在这种时代转折的背景下,与马克思、涂尔干等经典社会学家一样,韦伯的核心任务在于回答这样一些根本问题:是什么因素导致西方社会率先迈上现代性轨道的？是什么因素导致东方社会落后的？基于这些基本问题,韦伯从比较宗教社会学的角度论证了现代资本主义之所以率先在西方而不是东方兴起的缘由,从东方主义的角度解释了以公民身份为基础的现代政治之所以率先在西方而不是东方起源的原因。但在回答这些问题的时候必须注意到,韦伯是在预先假定西方现代性的进步性的前提下,有选择性地将一系列特点归结为西方的特性,同时认为东方由于一系列障碍而不能发展出这些特性的。这种做法很难说得上"科学"和"客观",毋宁说是倾向于从一种抱有偏见的视角来定位西方和东方的;它也不是一种"全球史观",而是"欧洲中心的单线发展史"(Blaut,1993:5)。当然,无论如何,由于西方现代性在此后历史中的力量感和扩张性,韦伯以及其他西方思想家所建构的那套东方主义话语体系获得了话语主导权,并且深刻影响了殖民地国家迈向现代性的道路选择。

梁启超身处半殖民地、半封建社会的中国,当他着手思考中国的政治现代性问题时,西方现代性工程已取得长足的发展,现代性话语体系也已臻至完备,并且已在全球范围取得话语霸权。在这种情况下,梁启超根本无法像韦伯那样独立地思考,因为西方知识分子所建构的中国形象已经延伸到中国,欧美人眼中的中国形象已成为中国人自己眼中的中国形象,或者说已完成了中国人的"自我东方化"(周宁,2011:15)。在这种背景下,驱使梁启超去思考的核心问题已变成:如何比照中西差距和学习西方的现代精神,同时抛弃千百年来形成的本土文化传统——因为后者在西方人那里被批判为迈向现代的障碍?《新民说》先是详细勾画了西方的现代公民形象,对之进行理想化和体系化,然后逐一检视中国国民性存在的差距。这是殖民地国家"翻译现代性"(translated modernity)现象的重要体现:翻译者站在主方语言与客方语言的中间地带,通过翻译或者创造新词汇来建构本土现代性的尝试。这些新词汇尽管表述了其在客方语言中的某些含义,但它更是翻译者在主方语言环境下的发明和创造,新的词汇后面隐含着翻译者丰富的现代性想象(刘禾,2008:55)。我们尽管难以找到梁启超翻译西方 citizen 或者 citizenship 的直接证据,但"翻译救国论"却是其在戊戌变法前后的基本政治主张(蒋林,2014)。他不仅发表了《译印政治小说序》《论小说与群治之关系》等讨论翻译的论文,把翻译外国政治小说看作是改造国民性的基本手段,而且还亲自翻译了《佳人奇遇》、《十五小豪杰》等政治小说。梁启超的例子表明,通过翻译和引介西方政治词汇来实现本土的现代性转型,或许是殖民地国家知识分子构想本土现代性图景的基本途径。

最后,东方主义的话语机制与"力本论"问题。萨义德(1999:16)在揭示东方主义后面隐藏的权力机制时指出,它本身就是对东方进行控制、操纵，甚至吞并的愿望或意图，而不是为了对一个自己显然不熟悉的（新的、替代性的）世界进行理解，东方主义作为一种话语权力，与政治权力、学术权力、文化权力、道德权力等结合在一起。前文有关韦伯和梁启超思想的论述表明，现代公民身份起源后面所隐含的东方主义话语方式隐含着深刻的权力支配关系。不论是韦伯还是梁启超，他们都构建了一个力量失衡的"东西二元结构"，并且通过这一结构来解释西方公民身份的兴起和中国仿效西方公民身份的路径。韦伯和梁启超的论述方式表明了东方主义思维方式的形成机制：先肯定先进的西方和落后的东方这种当前状况，然后再通过对历史的研究来"揭示"导致这种结果的因素。隐藏在这种机制后面的最核心的东西是"实力"原则。因为在东西比较中，只有实力优势的一方才有资格将自身和对手的某些特殊性挑选出来，把自身的特殊性作为先进的理由，把对手的特殊性作为落后的注脚。由于强烈的实力对比，尤其是伴随着东西碰撞中的大量军事失败，实力弱小一方除了在心理上接受这种解释机制并努力仿效对手之外，通常别无选择。从某种意义而言，东方主义的这种发生逻辑表明了一种颠倒的思维方式。它首先提出这样一种问题：为什么只有西方能够率先进入现代的轨道，而东方则只能在传统的轨道中循环往复？但当以这样一种方式来提出问题时，已经假定了一个东方主义故事的产生。因为这种提问方式将引导思考者将西方的崛起与东方的落后归结为某种必然性（Dobson，2004）；先是建立起一种东西二元的认识结构，然后在这种结构中寻找西方进步和东方落后的理由。显然，当它深入历史中去探寻西方进步和东方落后的因素时，是戴着有色眼镜或者偏见去寻找的，是在答案已然确定的前提下去寻找所希望的历史证据的。这种探寻方式将使研究者忽视东方社会内部存在的许多进步性因素和西方社会存在的缺陷，同时夸大西方社会的先进性因素和东方社会存在的可能是某些微不足道的缺陷。由此可见，东方主义的思维方式与"力本论"之间存在着重要的逻辑关联。

　　以韦伯和梁启超的相关论述作为基础，本文从东方主义的视角探讨了中西方现代公民身份的起源方式。然而，现代公民身份的起源仅仅是形形色色东方主义理论中的一种，它还体现在种族、文化、科技等一系列其他维度上。本文的论述表明，东方主义是一种有着深刻偏见的思维方式，它在由西方先进与东方落后所组成的二元认识结构的基础上，形成西方对于东方的话语和权力支配。从这一角度而言，厘清现代公民身份起源过程中的东方主义线索，不仅有助于加深我们对于现代公民身份的理解，更为重要的是，还可以使我们领略到西方现代性扩展过程中对于东方的权力和支配关系。

参 考 文 献

杜亚泉:《杜亚泉文存》,许纪霖、田建业编,上海教育出版社 2003 年版。

郭忠华:《清季民初的国民语义与国家想象》,《南京大学学报》,2012 年第 6 期。

郭忠华:《变动社会中的公民身份:概念内涵与变迁机制的解析》,《武汉大学学报》,
  2012 年第 1 期。

郭忠华:《翻译中的话语建构:关于 citizen、citizenship 汉译的述评》,《中国政治学年度
  评论》,2013 年第 2 辑。

郭忠华:《中国社会建设中的话语省思与策略选择》,《马克思主义与现实》,2013 年第
  4 期。

郭忠华:《立民与立国:中国现代国家建构中的话语选择》,《武汉大学学报》,2014 年
  第 3 期。

[英]杰克·古迪:《西方中的东方》,沈毅译,浙江大学出版社 2012 年版。

[德]尤尔根·哈贝马斯:《交往行为理论》(第 1 卷),曹卫东译,上海人民出版社 2014
  年版。

[德]约翰·哥特弗雷德·赫尔德:《中国》,陈爱政等译,载夏瑞春编:《德国思想家论
  中国》,江苏人民出版社 1997 年版。

[德]黑格尔:《历史哲学》,王造时译,上海书店出版社 1999 年版。

蒋林:《梁启超"豪杰译"研究》,上海译文出版社 2014 年版。

[德]康德:《中国》,陈爱政等译,载夏瑞春编:《德国思想家论中国》,江苏人民出版社
  1997 年版。

[德]戈特弗里德·威廉·莱布尼茨:《〈中国近事〉序言:以中国最近情况阐释我们时
  代的历史》,陈爱政等译,载夏瑞春编:《德国思想家论中国》,江苏人民出版社
  1997 年版。

刘禾:《跨语际实践:文学、民族文化与被译介的现代性》,生活·读书·新知三联书店
  2008 年版。

梁启超:《饮冰室文集》(第 1 卷),台北中华书局 1960 年版。

梁启超:《宋志明选注》,《新民说》,辽宁人民出版社 1994 年版。

梁启超:《戊戌政变记》,广西师范大学出版社 2010 年版。

梁漱溟:《中国文化的命运》,中信出版社 2010 年版。

[德]马克思、恩格斯:《马克思恩格斯全集》(第 46 卷上),人民出版社 1997 年版。

[德]马克思、恩格斯:《马克思恩格斯选集》(第 2 卷),人民出版社 1995 年版。

[法]孟德斯鸠:《论法的精神》(上册),张雁深译,商务印书馆 1997 年版。

[英]戴维·米勒、韦农·波格丹诺:《布莱克维尔政治学百科全书》,邓正来译,中国政
  法大学出版社 2002 年版。

[美]明恩溥:《中国人的气质》,刘文飞、刘晓旸译,文汇出版社 2010 年版。

[法]阿兰·佩雷菲特:《停滞的帝国:两个世界的撞击》,王国卿等译,生活·读书·新
  知三联书店 1998 年版。

[英]齐亚乌丁·萨达尔:《东方主义》,马雪峰、苏敏译,吉林人民出版社 2005 年版。

[美]E. W. 萨义德:《东方学》,王宇根译,生活·读书·新知三联书店 1999 年版。

沈松侨：《国权与民权：晚清的"国民"论述，1895—1911》，《历史语言研究所集刊》第七十三本，第四分册，台湾中央研究院 2002 年版。

[英]布赖恩·特纳：《公民身份理论的当代问题》，载布赖恩·特纳编：《公民身份与社会理论》，郭忠华、蒋红等译，吉林人民出版社 2007 年版。

[德]马克斯·韦伯：《经济与社会》（上），林荣远译，商务印书馆 1998 年版。

[德]马克斯·韦伯：《韦伯作品集之五：中国的宗教、宗教与世界》，康乐、简惠美译，广西师范大学出版社 2004 年版。

[德]马克斯·韦伯：《韦伯作品集之六：非正当性的支配——城市的类型学》，康乐、简惠美译，广西师范大学出版社 2005 年版。

[德]马克斯·韦伯：《经济通史》，姚曾廙译，韦森校订，上海三联书店 2006 年版。

[英]德里克·希特：《何谓公民身份》，郭忠华译，吉林人民出版社 2007 年版。

许纪霖：《现代性的歧路：清末民初的社会达尔文思潮》，《史学月刊》，2010 年第 2 期。

张灏：《梁启超与中国思想的过渡（1890—1907），江苏人民出版社 1995 年版。

周宁：《跨文化研究：以中国形象为方法》，商务印书馆 2011 年版。

Aeschylus. 1970. *The Persians*, translated by Anthony J. Podleck, Englewood Cliffs, N. J. ：Prentice Hall.

Arendt, Hannah. 1958. *The Human Condition*, Chicago and London：The University of Chicago Press.

Aristotle. 1995. *Politics*, translated by Ernest Barker, New York：Oxford University Press.

Barbalet, Jack. 2010. "Citizenship in Max Weber. " *Journal of Classical Sociology*, 10(3)：201—216.

Bellamy, Richard. 2008. *Citizenship：A Very Short Introduction*, Oxford：Oxford University Press.

Cascardi, Anthony J.. 1992. *The Subject of Modernity*, Cambridge：Cambridge University Press.

Blaut, James M.. 1993. *The Colonizer's Model of the World*, London：Routledge.

Clarke, John, J.. 1997. *Oriental Enlightenment：The Encounter Between Asian and Western Thought*, London：Routledge.

Collins, Randall. 1986. *Weberian Sociological Theory*, Cambridge：Cambridge University Press.

Collins, Susan. 2009. *Aristotle and the Rediscovery of Citizenship*, Cambridge：Cambridge University Press.

Dagger, Richard. 1997. *Civic Virtue：Rights, Citizenship and Republican Liberalism*, Oxford：Oxford University Press.

Dagger, Richard. 1981, "Metropolis, Memory and Citizenship. " *American Journal of Political Science*, Vol. 25, no. 4.

Dobson, Andrew. 2004. *Citizenship and the Environment*, Oxford：Oxford University Press.

Giddens, Anthony. 1971. *Capitalism and Modern Social Theory*, Cambridge：

Cambridge University Press.

Halbfass, W.. 1988. *India and Europe: An Essay in Understanding*, Albany, New York: State University of New York Press.

Heater, Derek. 2004. *A Brief History of Citizenship*, New York: New York University Press.

Hobson, John. 2004. *The Eastern Origins of Western Civilisation*, Cambridge: Cambridge University Press.

Isin, Engin F.. 2002. "Citizenship after Orientalism." in Engin F. Isin and Bryan S. Turner(ed.), *Handbook of Citizenship Studies*, London: Sage Publication Ltd.

Isin, Engin F. and Greg Nielsen, 2008, *Acts of Citizenship*, London and New York: Zed Books.

Isin, Engin F.. 2009. "Citizenship in Flux: the Figure of the Activist Citizen." *Subjectivity*, Issue 29: 367—388.

Isin, Engin F.. 2013. *Citizens without Frontiers*, London and New York: Bloomsbury.

Isin, Engin F.. 2013. "Citizenship after Orientalism: Genealogical Investigations." in Michael Freedem and Andrew Vincent (ed.), *Comparative Political Thought: Theorizing Practice*, London: Routledge.

Janoski, Thomas. 1998. *Citizenship and Civil Society: A Framework of Rights and Obligations in Liberal, Traditional, and Social Democratic Regimes*, Cambridge: Cambridge University Press.

Kymlicka, Will. 1996. *Multicultural Citizenship: A Liberal Theory of Minority Rights*, Oxford: Oxford University Press.

Lister, Ruth. 1997. *Citizenship: Feminist Perspective*, Basingstoke: Macmillan.

Marshall, T. H.. 1950. *Citizenship and Social Class*, Cambridge: Cambridge University Press.

Oldfield, Adrian. 1990. *Citizenship and Community: Civic Republicanism and the Modern World*, London: Routledge.

Pateman, C.. 1988. *The Sexual Contract*, Cambridge: Polity Press.

Plumer, Ken. 2003. *Intimate Citizenship: Private Decision and Public Dialogues*, Washington: University of Washington Press.

Reichwein, Adolf. 1925. *China and Europe*, London: Routledge and Kegan Paul Ltd.

Riesenberg, Peter. 1992. *Citizenship in the Western Tradition: Plato to Rousseau*, Chapel Hill and London: the University of North Carolina Press.

Schudson, Michael. 1998. *The Good Citizen: A History of American Civic Life*, Cambridge, MA: Harvard University Press.

Tenbruck, Freidrich. 1989. The Problem of thematic unity in the works of Max Weber, in Keith Tribe(ed.), *Reading Weber*, London: Routledge.

Toypey, John. 2000. *The Invention of the Passport: Surveillance, Citizenship and the State*, Cambridge: Cambridge University Press.

Turner,Bryan. 1996. *For Weber：Essays on the Sociology of Fate*,2nd edition,London：
　　Sage.

Wittfogel,Karl A.. 1957. *Oriental Despotism：A Comparative Study of Total Power*,
　　New Haven：Yale University Press.

儒家与公民身份的关系综论

王苍龙*

作为两个"本质上具有争议性的概念"(Gallie,1955),"儒家"与"公民身份"不仅其自身含义备受争议,而且二者的关系也被激烈讨论。在当前有关公民身份的研究中,儒家并没有被重视。究其原因在于,一方面,自由主义公民身份是当前公民身份研究的主流范式(Nuyen,2002),特别是自 T. H. 马歇尔提出经典公民身份框架以来,公民身份与权利等同起来,以自由主义为前提,个人有权要求民事、政治和社会权利(Marshall,1992)。另一方面,"儒家"通常被认为是威权主义而非自由主义的(Park & Shin,2006)、精英主义而非平等主义的(Bell,2008;Dallmayr et al.,2009;Kim,2009)、家族主义而非个人主义的(Fukuyama,1995)、义务本位而非权利本位的(Huntington,1991)、特殊主义而非普遍主义的(Chan,2004;刘清平,2004;Liu,2007),因此不仅无法对自由主义公民身份作出贡献,而且还是后者的阻碍。然而,上述对"公民身份"和"儒家"的理解都有以偏概全之嫌。一方面,"公民身份"不仅有自由主义传统,还有历史更为悠久的共和主义传统(Pocock,1995;郭忠华,2007)、因批评自由主义而兴起的共同体主义传统(Etzioni,1995,1996;Hirsch,1986;Sandel,1983;Taylor,1989)以及多元文化主义传统等(Kukathas,1997;Kymlicka,1995)。与重权利轻义务的自由主义公民身份不同,共和主义公民身份范式强调公民对共同体的责任,将公民美德作为公民身份的第一要务,核心是公民对共同体的政治参与(郭忠华,2007)。类似地,共同体主义公民身份在本体论上将自我看作嵌入共同体或者由社会组成的概念,强调集体的、公共的善比个体的权利和自由更加重要(Bell,1993;Kukathas,1996)。多元文化主义批评自由主义传统的文化同质性假设,主张少数文化族群享有与占主导地位的族群同等的公民身份(Delanty,2002;Kymlicka,1995;Rosaldo,1997;Stevenson,2001)。另一方面,虽然认为"儒家"是反自由主义的观点至今仍有市场(例如刘清平,2002,2005,2009a,2009b,2009c),但更多的观点认为儒家可以与古典资本主义结合

---

* 王苍龙,英国爱丁堡大学社会学博士候选人,主要研究文化公民身份。

(Clarke,1997;Nuyen,1999,2002)并促进东亚社会的资本主义发展(Tu, 1989,1998;杜维明,1992),隐含着人权因子(Angle,2002;郭齐勇,2007; Kim,2015;Twiss,1998),有助于社会平等(Bloom,1998;Nuyen,2001, 2002),而且儒家"民本"思想蕴含着现代民主的因素(Kim,2008,2012, 2013;Nuyen,2000),有利于建构儒家宪政民主(杜钢建,2008;Kim, 2011;任锋,2013;姚中秋,2013)。那么,儒家与公民身份之间究竟是什么 关系? 儒家是否可以对公民身份研究有所贡献? 如何贡献? 这些问题都 还是悬而未决的。然而,弄清楚这些问题却是非常重要的。正如雅诺斯 基所言,弄清楚儒家思想传统与中国公民身份之间的复杂关系,对于理解 当代中国公民身份体制至关重要(Janoski,2014)。就目前已有的文献而 言,虽然直接探讨儒家与公民身份的研究并不多[1],但间接的讨论已经积 累了不少,诸如儒家与民主、儒家与人权、儒家与宪政、儒家与资本主义等 话题。本文将梳理这些文献,尝试厘清有关"儒家"与"公民身份"研究的 思路,以期为后续更为深入的研究提供一个可能的方向。

　　本文的基本框架包含以下四个维度:"薄公民身份"和"厚公民身份"、 "自由儒家"和"不自由儒家"。一方面,本文将公民身份分为"薄公民身 份"(thin citizenship)和"厚公民身份"(thick citizenship)来考察(Walzer, 1994;Tilly,1995;Kennedy et al.,2008):前者是一种权利本位的公民身 份,如自由主义公民身份;后者则注重公民对共同体的积极参与,如共和 主义和共同体主义公民身份。另一方面,本文将儒家分为"自由儒家" (liberal Confucianism)和"不自由儒家"(illiberal Confucianism):前者认 为儒家具有自由主义特质,如仁爱、互惠等价值;后者认为儒家是威权主 义的(authoritarian)或共同体主义的(communitarian),具有反自由主义 的特质,如服从、责任等价值(Spina et al.,2011:145)。根据这四个维度, 本文将儒家与公民身份的关系分为三类(见表1):(1)如果将儒家视为不 自由的价值体系,并且将公民身份视为"薄"公民身份,那么儒家与公民身 份"不相容";(2)如果将儒家视为自由的价值体系,并且将公民身份视为 "薄"公民身份,那么儒家与公民身份"相容";(3)如果将公民身份视为 "厚"公民身份,那么不论儒家被视为自由的还是不自由的,儒家与公民身 份都是一种"融合重构"的关系。

---

[1]　纽因(Nuyen,2002)和金(Kim,2010,2012,2013)是为数不多直接探讨儒家与公民身 份的用英文写作的研究者。国内有关儒家公民的讨论主要见于儒家宪政论者如姚中秋(2011, 2012,2013a,2013b,2014)、任锋(2013,2014a,2014b)等人的研究。本文将在余文中讨论这些 文献。

表 1 儒家与公民身份的关系类型

	薄公民身份	厚公民身份
自由儒家	相容	融合
不自由儒家	不相容	融合

本文分为五个部分。第一部分分别阐述"薄"公民身份和"厚"公民身份、"自由儒家"和"不自由儒家"的含义及关系,第二、第三、第四部分着重论述儒家与公民身份的"不相容论"、"相容论"和"融合论",第五部分对全文观点进行总结。

一、儒家与公民身份的概念分类

在这个部分,我将首先按照"薄"与"厚"的标准阐述公民身份的含义,然后再论述"自由儒家"和"不自由儒家"的内涵及其与"薄公民身份"和"厚公民身份"的关系。

(一)公民身份的概念分类

公民身份被认为是一个产生于西方的现代概念(Turner,1993),是伴随着封建社会和小农经济的瓦解以及资本主义市场经济的兴起而发展起来的(郭忠华,2007;Heater,1999)。根据特纳(Turner,1993)的说法,现代公民身份是基于以下现代条件而产生的:城市文化、世俗化、特殊主义价值的衰落、公共领域的出现、特殊主义义务的腐蚀和民族国家的治理框架。以这些条件为基础的现代公民身份是自由主义范式的,核心特征是强调个人权利至高无上,可以保护公民免受民族国家或其他共同体的干扰,而国家的主要功能就是对个人权利提供保护(Faulks,2000)。T. H. 马歇尔将公民身份定义为"一个共同体中的完全成员所被赋予的地位,拥有这种地位的所有人有相同的权利和责任"(Marshall,1963:68)。伊舍洛夫(Ichilove,1998)认为,公民身份的含义与西方民族国家和民族主义的形成、自由民主传统和公民社会的发育息息相关。这种自由主义范式的公民身份将个人假定为一种与民族国家和一切共同体相分离的理性自主的单位(Nuyen,2002:128),亦即一种"薄公民身份"。根据蒂利(Tilly,1995)的观点,所谓"薄公民身份"是指公民主要关心自己的权利应该受到保护,国家的功能仅仅是为这种保护提供一种法律设置,与此同时公民的责任是最小化的,不如权利那么重要。"薄公民身份"的基础是假定公私二元对立,只关心个体的公共维度,主张个体与共同体相互独立,是自由主义者支持的公民身份(Nuyen,2002:134)。

与"薄公民身份"相对的是"厚公民身份"。它不以公私二元对立为假设前提，而是指一种公民积极参与共同体活动并发挥重要作用，公民的权利和责任相互统一，公民与共同体之间相互依赖的公民身份（Clarke，1996；Faulks，2000；Kennedy et al.，2008；Tilly，1995）。发源于古希腊时期的共和主义公民身份（republican citizenship）是一种典型的"厚公民身份"。共和主义公民身份主张，为了在城邦中过上一种良善生活，每个公民都必须培养善良美德，积极参与到城邦的政治生活中（亚里士多德，1997）；公民道德和公民美德、积极参与政治服务、为共同体的福祉作出贡献是公民身份的核心要素（Clarke，1994）。与自由主义公民身份主张个人权利优先于共同体的观点不同，公民共和主义（civic republicanism）将共同体或国家置于个体之前，将公民美德视为公民身份的核心，主张公民积极参与公共事务并承担起保护共同体的义务，同时也主张公民教育在培育公民美德方面具有重要作用（郭忠华，2007）[1]。此外，共同体主义公民身份（communitarian citizenship）也是一种典型的"厚公民身份"，它来自对自由主义的批判。在共同体主义者看来，自由主义最大的问题是它假定主体独立于一切共同体而自治，将个体过度简化为脱离社会关系而存在的概念，因此难以解释为什么独立自主的个体应该负担起为共同体服务的公民责任（Bell，1993；Kukathas，1996；Sandel，1983）。因此，共同体主义主要关心共同的善（the common goods）、个体与国家和社会之间的关联以及与人们共享理解相一致的社会的结构化（Bell，1993：141）。共同体主义的基本含义可以从本体论和价值论两方面来看（Kukathas，1996：90—91）：在本体论上，共同体主义的自我是嵌入共同体的、由社会或国家构成的自我；在价值论上，共同体主义强调共同的、公共的、集体的善优先于个体的权利和自由，主张互惠、团结和友爱等价值规范[2]。

虽然自由主义公民身份是主要的"薄公民身份"类型，共和主义公民身份和共同体主义公民身份是主要的"厚公民身份"类型，但这并不意味着"薄公民身份"和"厚公民身份"仅限于这三类具体的公民身份[3]。事实上，与其将"薄公民身份"和"厚公民身份"分别等同于"自由主义公民身份"和"共和主义公民身份"/"共同体主义公民身份"，不如认为此三类公民身份是"薄公民身份"和"厚公民身份"在西方政治、社会和文化情境中

---

[1]　公民共和主义也面临着困境，主要是哈贝马斯所指的"公民唯私主义综合症"和"政治参与冷漠症"。具体可参考肖滨、郭忠华和郭台辉（2010：153）。

[2]　不过，共同体主义也被批评为走向了与自由主义相反的另一个极端，相关批评可见霍姆斯（Holmes，1989）。

[3]　值得注意的另一种公民身份类型是"多元文化主义公民身份"，它批判自由公民身份的同质性，强调族群的差异权利和文化的多元性。本文将在第四部分"儒家与公民身份的'融合论'"中讨论。关于公民身份的其他类型，可参考肖滨、郭忠华和郭台辉（2010）。

的具体实践。这意味着，在其他政治、社会和文化情境中，也存在着特有的、不同于西方此三类公民身份的"薄公民身份"和"厚公民身份"实践。正如图（Tu，2011：428）所言，"公民身份应该放在具体的民族国家情境中理解"，西方民主情境中的公民身份价值包括自由、平等和社会公正（DeJaegher，2008），东亚儒家情境中的公民身份价值包括自我教化、社会的善、集体主义、和谐和精神性（Lee，2004）。对于儒家文化来讲，问题的复杂性在于对儒家价值具有相互矛盾的理解，这些理解可以划分为两类：一类是将儒家理解为自由的价值体系，即"自由儒家"；一类是将儒家理解为不自由或反自由的价值体系（威权主义的或共同体主义的），即"不自由儒家"。

（二）儒家的概念分类

自由儒家论者认为，儒家具有自由主义特质，或者可以通过自我转化开发出自由主义特质。根据纽因（Nuyen，2005：171）的观点："儒家教育和哲学旨在培养独立的、同一的个体（separate identifiable individuals），因此预设了个体性，视自我为个体或者不同于社会的实体。"儒家义理被认为具有自由主义精神，可以在自由社会中发挥作用（Fukuyama，1995）；其自由传统是一种"道德个人主义"，而道德自由是政治自由的重要组成部分，可以反对专制权力的现实政治（狄百瑞，1983）。在狄百瑞（1983：15）看来，道德自由和政治自由之所以可能，关键在于个体的"为己之学"，也就是"强调为学为己，而不在希求别人的称赞"；通过"为己之学"，个体可以重新发掘传统的含义并获得"道"，从而实现自我赋权，达到"克己复礼"的目的。除了个人主义精神之外，"自由儒家"论还主张人与人之间是相互平等的。例如，安靖如（Angle，2009）认为，儒家的内圣理想并非少数精英的特权，而是每个人都有平等的成圣成贤的可能，而积极的公共参与有助于个人的道德发展；布卢姆（Bloom，1998）通过分析孟子人人皆有道德善端的思想，认为这隐含着一种人人平等的观念，不论社会背景如何，所有人在自然和道德方面都是平等的。此外，"自由儒家"论还主张儒家价值与人权思想相一致，为中国的权利话语铺平了道路（Angle，2002；Du & Song，1995；Kim，2015；Sim，2013）。面对儒家缺乏民主、自由、平等和权利等现代价值的指控，现代新儒家主张对传统儒家进行重新解读，由传统儒家"开出"现代价值，或者将现代价值注入儒家义理之中，实现儒家的现代转化。例如，徐复观主张将儒家德治思想、民本主义和政治反抗精神等核心价值与西方政治文化的精华进行创造性融合，在中国开创体现民主与法治精神的新型政治文化（刘鸿鹤、刘越，2014）。再如，牟宗三提出"良知坎陷说"，力图将儒家的道德主体转化为知性主体，从而开出儒家的"政治理性"（牟宗三，1991）。总之，将儒家视为自由主义的观点力图发掘儒家的自由、权利、民主等现代价值,因而与"薄公民身份"具有相容性,二者构成了儒家与公民身份的相容论。

与"自由儒家论"不同,"不自由儒家论"认为,儒家是反自由主义的价值体系。在它看来,儒家个体不是一个独立的、自主的、权利的概念,而是一个与共同体相互依赖的、伦理的、义务的概念。正如钦(Ching,1998)指出的,应该在社会关系网络中看待儒家观念中的个体,权利和义务也正是从这个社会网络的情境中衍生出来。由于儒家自我是一种伦理个体,注重社会关系,强调角色伦理,因此情境中的儒家自我的权利是从个体的共同体成员资格派生出来的,而不是源自个体的行为规范(Ames,2011;安乐哲,2013)。斯皮纳(Spina et al.,2011)认为,儒家的"自我"被定义为个人在更大社会中的义务概念,"权利"并不是儒家价值系统的主要特征,群体性比个体性更加重要。"不自由儒家论"可以进一步细分为"威权主义儒家论"和"共同体主义儒家论"。一方面,威权主义儒家论认为,儒家道德理想主义预设了"君子国",因而支持等级制和精英统治(Bai,2008;Bell,2006;Chan,2007);权利话语在儒家体系中没有位置(陈嘉明,2013;钱鸿猷,1995;萧伯符,1998),儒家不承认人民拥有民主权利(刘清平,2009b,2009c),社会不平等也被儒家等级话语合法化(Young,1998)。另一方面,共同体主义儒家论认为,儒家并非不讲权利、平等和自由,只是在不同于西方自由主义的维度上讲,因此不能说儒家排斥权利、平等和自由价值。例如,虽然儒家权利话语不发达,也很少使用"权利"概念,但儒家对"礼"的强调有利于建立一种以文化为中心的人权,而且礼治共同体有助于确立一种彼此尊敬的人际关系模式,促进社会平等(安乐哲,2013);虽然儒家支持精英统治,但并不反对平等,儒家的不平等观只是社会不平等的反映(Nuyen,2001);儒家"民本"思想虽然以伦理等级制为基础,但也确立了人民具有基本的生存权(Kim,2012)。而且,应该区分"作为政治的儒家"和"作为个人伦理的儒家",虽然前者合法化了等级政治结构,但后者在调节日常生活、促进社会平等方面发挥了重要作用(Tu,1984)。另外,共同体主义儒家论还批评西方自由主义传统,并将儒家作为现代西方自由主义弊病的治疗方案(Dallmayr et al.,2009)。总之,不自由儒家论要么将儒家与现代西方自由主义价值对立起来(威权主义儒家),要么承认儒家与现代西方自由主义价值的差异(共同体主义儒家)。在处理儒家与自由主义价值的关系时,威权主义儒家论主张摒除儒家的威权主义价值(刘清平,2004a,2008)或将儒家独立于自由主义价值(Li,1999),此视角下的儒家无法与"薄公民身份"相容,构成儒家与公民身份的"不相容论"。共同体主义儒家论主张从儒家立场重新阐释现代自由主义价值(Bell,1996),此视角下的儒家不仅可以与现代自由价值融合,还有助于重构"厚公民身份",构成儒家与公民身份的"融合论"。需要说明的是,

"融合论"不仅包括不自由儒家,也包括自由儒家与厚公民身份的融合,因为厚公民身份的构建也离不开权利、自由等价值,而这些价值正是自由儒家所支持的。接下来,我将分别阐述儒家与公民身份的"不相容论"、"相容论"和"融合论"。

二、儒家与公民身份的"不相容论"

长期以来,儒家一直被认为与自由主义公民身份难以兼容,这也是儒家被指责为阻碍现代价值发展的原因之一。的确,儒家经典文献中从未出现过诸如"公民"、"公民身份"或"公民性"等概念(Nuyen 2002),这些概念只是在近代中国才开始出现[1]。韦伯的经典研究为儒家与公民身份的"不相容论"提供了最早的解释。一方面,公民身份最早出现于西方中世纪的自治城市里,这些城市允许个体自由地追求各自的经济利益和政治权利,并随着封建制度的瓦解而成为现代资本主义发育的温床(Weber,1981:313);另一方面,儒教伦理被认为是阻碍中国资本主义发展的文化阻力(韦伯,1999);因此,儒家无法产生西方自由主义公民身份观念。20世纪 80 年代,随着亚洲"四小龙"经济的崛起,东亚儒家文化与西方文化之间的关系重新进入人们的视野,其中,"亚洲价值"(Asian Values)的提出更是将儒家价值与包括自由公民身份在内的西方价值直接对立起来(Dalton & Ong,2005;Englehart,2000;Fukuyama,1995;Wang,2008)。作为东亚社会文化本土意识觉醒的典型,发端于儒家文化传统的"亚洲价值"理论认为东亚社会是家长式的等级威权政体,西方社会是个人权利本位的民主政体,西方的自由民主价值不适合东亚的文化环境(Lau & Kuan,1988;Rozman,1991;Tu,2011)。在恩格尔哈特(Englehart,2000)看来,"亚洲价值"作为一种运用儒家文化鼓吹政治威权和共同善的政治策略,直接反对公民的民事权利和政治权利,与自由公民身份矛盾。因此,当前对东方和西方公民身份传统的研究出现了一个基本趋势,也就是将西方公民身份表述为个人主义的,将东方公民身份表述为集体主义的(Lee,2004);而且,儒家强调个人责任(如孝亲义务)轻视个人权利的观点可能会产生一个相当消极的公民身份形式(Tu,2011:443—444)。概而言之,儒家与公民身份在以下三个方面难以兼容:权利和义务、社会等级

---

[1] "citizenship"这个概念在近代中国有不同的翻译,而不同的译法反映出这个概念在中国不同的历史文化语境中所侧重强调的含义,这些译法主要有"国民"、"公民"、"市民"和"人民"四种。根据戈德曼和佩里(Goldman & Perry,2002)的解释,"国民"强调民族主义,"公民"强调公共精神,"市民"强调城市权利和义务,"人民"强调阶级冲突。其他分析"citizenship"翻译的文献,请参考卡尔普(Culp,2007)、郭(Guo,2014)、哈里斯(Harris,2002)、纽因(Nuyen,2002)和于(Yu,2002)。

和不平等、民主政体和威权政体。

(一)权利和义务

儒家与公民身份的不相容首先表现在权利和义务的关系上:儒家被认为以义务为本位,这与以权利为本位的薄公民身份相悖,主要表现在儒家与西方个人权利和自由等价值相矛盾,阻碍人权发展,压制女性权利。

在不相容论者看来,儒家思想的权利观念非常淡薄,义务观念非常浓厚。公丕祥(1993:90)在分析《论语》中的法律价值取向时认为,"《论语》中的权利观念十分淡薄,因为孔子所关注的乃是以宗法伦理理性为本体的义务或责任,并且这种宗法伦理义务或责任是一种不可违抗的至高无上的'绝对命令'",与现代法制价值取向是不协调的。萧伯符(1998)也认为,儒家法思想中的权利意识极为贫乏,而义务本位的思想却极为丰富,如以"五伦"为中心强调"正名分"、"忠"与"孝"和等级制度,这与现代权利本位的法治相矛盾。儒家的义务内容来自礼的规定,正是"礼"确定了儒家伦理规则的"义务本位"(谢晖、姜艳君,1993)。强调儒家重义务而轻权利的观念建立在儒家与自由主义价值相互对立的假设上(Li,1999),认为儒家在适应权利和自由等构成性价值时具有结构性困难(Peerenboom,1998:234)。正如肖群忠(2013)指出的,儒家传统伦理与现代公共伦理迥然不同,前者坚持群体本位基础上的义务为上,后者坚持个体本位基础上的权利为先。

义务本位的儒家特别重视集体主义价值,这与"薄公民身份"的自由主义价值观相互矛盾。例如,儒家的社会和谐观认为社会和谐比个人权利重要(Tu,2011),而建立这样一个和谐社会的代价是扼杀人欲、泯灭个性(李本森,1994)。因此儒家的和谐观与个人主义的民主价值观相矛盾,不利于多元文化的发展(Nuyen,2000)。而且,儒家的仁爱观也被认为与自由和个人权利不一致,因为"仁"要求个体为了履行他或她对社会的义务和责任而进行自我限制,从而对家庭(家族)保持忠诚,因此个人无法获得完全的自主性,也就无法成为完全自由的公民(同上:135)。可以说,不允许个人自由,甚至主张为了集体利益而牺牲个体利益,是儒家的主要问题(Murthy,2000)。

儒家集体主义观还限制了民事公民权的发展。例如,儒家"无讼观"(陈弘毅,2001;胡水君,2012;李本森,1994;王凌皞、劳伦斯·索伦,2011)使儒家个体倾向于用非争讼的方式解决社会冲突(Chen,2003),产生"贱讼"、"耻讼"和"厌讼"的心理,不敢主张权利(于语和,1999)。因此,儒家个体很难发育出民事权利观念:相比于诉讼来说,他们更愿意采取调解的方式解决个体之间的利益冲突(春杨,2008;胡仁智,2009;孙菲菲,2009);所依据的也并非民法而是礼法(崔永东、龙文懋,2003),其最基本的原则

"不但不是权利,反而是彻底消灭权利的'义'",在精神上与民法相反,在效果上与民法相悖(梁治平,1997:249)。

除此之外,反自由的儒家价值观还阻碍了人权观念的发展,并压制了女性权利。一方面,在安乐哲(2013)看来,中国儒家传统对特殊主义的偏爱阻碍了任何普遍主义的人权概念。陈(Chan,1999:216—227)将儒家反对人权的理由总结为四点:第一,人权应该假定一个非社会的、独立于文化和社会的人,但儒家主张情境化的个体和角色伦理;第二,儒家的社会观被理解为家庭的扩充,权利与之不相称;第三,儒家被认为支持等级制和家长主义;第四,如果加入权利,儒家的社会关系将不再和谐,而是陷入诉讼冲突。另一方面,儒家对女性的压制主要表现在男尊女卑的文化观念和社会制度上。杜维明(1985:144)认为,虽然儒家承认伦理美德,但不能否认的是,儒家主导的古代中国是一个男性主导的社会,儿子比女儿更受重视,丈夫比妻子更有影响力,父亲比母亲更有权威。中国古代妇女的最高道德标准是"从",即所谓"从父、从夫、从子"(徐扬杰,1995:66)。"三从"的道德原则导致女性丧失了完全的权利与行为能力,特别是在对家庭财产的处分和其他民事法律活动中,女性的权利都是极不完整的,并且存在着先决条件和特殊要求(阿风,2000;陶毅、明欣,1994);随着朱子学说成为统治思想后,妇女的财产权也逐渐缩小乃至被完全剥夺了(刘筱红,1995)。而且,儒家对女性权利的消极影响持续至今。例如,受儒家福利观念的影响,儿童保育(childcare)被认为是女性个人家庭的责任而非女性的公民权利,因此儒家政府缺乏对家庭儿童保育的支持(Leung,2014)。

(二)社会等级和不平等

儒家与公民身份的不相容还表现在社会等级和不平等上:儒家被认为支持精英统治,这是一种社会等级制,造成大众公民与精英公民在道德意识和文化权利方面存在等级差异;儒家的家族伦理用"私德"替代"公德",损害了社会平等,阻碍了基于普遍公民美德的公民社会的发育。

儒家忽视个人权利的一个基本原因是它对社会持有一种等级观念(Murthy,2000),这种等级观念主要表现为精英主义。儒家精英主义的核心观点是,最好的统治应该是具有道德美德和渊博知识的少数精英对只关注个人私利的普通人的统治(Kim,2012a)。这里存在一个基本假设,即儒家精英("君子")与普通大众("小人")在道德意识和文化教育方面存在难以克服或者无需克服的根本差异:前者因具有道德权威而处于较高的社会等级,拥有更多的文化和教育权利;后者因缺乏道德权威或只关注私利而处于较低的社会等级,其文化和教育权利非常有限(Nuyen,2002)。儒家精英与普通大众之间的根本差异根源于儒家"义"与"利"的二分法,君子可以通过"克己"和"复礼"实现"仁",而小人只是为利(Kim, 2012a)。刘清平(2009b:56)在批判儒家民本思想时认为,儒家只是将普通的大众公民视为儒家精英统治的工具而非目的,"总是一方面推崇统治者的伦理品格,另一方面贬低老百姓的道德觉悟",如孔子认为"君子之德风,小人之德草"[1],孟子将"仁义礼智"视为"君子所性"[2],董仲舒主张"民之号,取之瞑"[3],王阳明认为"唯圣人能致其良知,而愚夫愚妇不能致"[4]。因此,儒家赋予作为统治者的儒家精英们"道德优势",强调他们拥有资格骑在"野人"头上作威作福(刘清平,2009c:34)。

儒家的精英等级制合法化了社会不平等,因而无法包容公民身份观念,因为后者被认为应该促进作为公民的个体之间的平等(Nuyen, 2002)。"礼"是儒家合法化社会不平等的主要机制,因为它"界定了在社会角色中什么是正确的、典型的行为,并预先遏制了个体表达的独特风格",因而将社会纳入一个由作为统治者的精英君子和作为被统治者的普通民众组成的等级秩序中(Young, 1998),前者所提出的诸如"温良恭俭让"、"仁义礼智信"等"圣人规则"被确立为全社会统一的"常人规则",一切社会成员的所作所为都必须与"圣人"之德保持一致(谢晖、姜艳君,1993:88)。儒家提倡礼治,核心是维护以君权、父权和夫权为主导的宗法等级特权制度,这与现代法治所提倡的人人平等的原则相冲突(萧伯符,1998)。由儒家精英主义确立的身份等级制度一方面"使个体融入群体,群体融入一人,从而使社会主体只能成为权力者的客体";另一方面冲淡了法的功能,用"私情"取代"公法",用"伦理"取代"法理",与现代法律关于主体的要求如"天赋人权"、"人生而平等"、"社会契约"等论述大相径庭(谢晖、姜艳君,1993:90—91)。

儒家的家族伦理被认为用"私德"取代"公德",损害了社会平等。儒家伦理具有内在的深度悖论,即一方面强调家庭私德的至高无上性,并将家庭私人道德置于最高位置并以此为基础发展社会公德;另一方面,家庭私德具有压抑社会公德的负面效应,因为公共道德旨在实现所有公民的根本权利和适当利益,这恰恰与儒家家庭伦理的私人性相矛盾(刘清平,2004b,2005a;Liu,2007)。不少学者都批评了家庭私德对社会公德的抑制作用。例如,梁漱溟(1988:251—260)认为,中国人缺乏公德的原因在于"中国人家族生活偏胜……周孔教化便为中国人开了家族生活之路";梁启超(1984:214)指出,虽然中国的家族伦理较为完整,但社会、国家伦

---

[1] 出自《论语·颜渊》。
[2] 出自《孟子·尽心上》。
[3] 出自《春秋繁露·深察名号》。
[4] 出自《传习录》。

理很缺乏,"皆由重私德轻公德所生之结果也";甚至现代新儒家的代表者之一熊十力(1996:336—337)也批判"家庭是万恶之源,衰微之本……无国家观念,无民族观念,无公共观念,皆由此……有私而无公,见近而不知远,一切恶德说不尽"。刘清平将儒家的家族伦理总结为一种偏私性的"血亲情理"精神,这是一种以儒家孝悌观念为基础、以"亲亲尊尊"为原则的特殊主义伦理(刘清平,2004a,2004b,2005;石永之,2008);它主张"父子互隐",是一种不正当的观念,腐蚀了正义守法的原则,导致"损人利亲"、"损民利君"和"损亲利君"的后果,破坏了人人平等的基本原则和普遍的社会公德(刘清平,2002,2004c,2005,2009a)。因此,奉行"血亲情理"精神的儒家个体难以发展出基于自由和个人权利的公民身份观念,因为儒家不仅将个体对家庭(家族)共同体的义务作为个体的根本含义,而且把这种共同体义务看作一种先验性给予而非反思性获得(王凌皞、劳伦斯·索伦,2011;王凌皞,2013)。

儒家特殊主义的"血亲情理"阻碍了自由公民社会[1]的发展。福山指出,中国的公民社会之所以比较薄弱,原因不在于国家意识形态,而在于中国文化中的强家族主义(strong familism)和中国人信任结构的"差序格局"(Fukuyama,1995:28)。儒家教育的目的是培养儒家精英(君子),他们的权威被普通人尊重和接受,这与当代流行文化相矛盾,也与公民社会关系相矛盾(Sim,2013)。这里的"公民社会"与西方公民身份观念的起源有关(肖瑛,2010),或者被理解为"模态自我"(modal self)容纳个人自由的现代条件,而"模态自我"是指从亲属和礼仪暴政中解放出来的道德能动者(Gellner,1994)。儒家重私德的传统伦理只适用于调节熟人社会关系,对调整现代陌生人社会关系无能为力(肖群忠,2013),因为后者需要一种基于平等、自愿和预先同意基础上的普遍交往伦理(廖申白,2008)。因此,"血亲伦理"主导的儒家社会不是一个强调个体权利和自由平等的西方意义上的公民社会,而是一个基于道德权威和文化教育的精英等级社会(Kim,2012a;Nuyen,2002);在这样的社会里,道德教化是调节社会关系的主要手段(胡仁智,2006;胡水君,2012;强昌文、吴宁,2009;任强,2004;俞荣根,2001),法律则成为"最后的设置"(fallback apparatus)(Chan,1999:221),法治难以施行(李长喜,1997;谢晖、姜艳君,1993)。不过,除了特殊主义的"血亲情理",儒家也有普遍主义的"仁爱精神"。儒家要想贡献于社会公德和公民社会的发展,有两条路径

---

[1]　在儒家社会语境中,civil society主要有"公民社会"、"市民社会"和"民间社会"三种译法,反映了中国国家与社会关系的不同面向(梁治平,2007;肖瑛,2010)。在不同文化和社会中,civil society有不同类型(康晓光等,2010)。在这里,"公民社会"是指西方自由民主传统下的类型,与西方文化传统中的公民身份观念密切相关(肖瑛,2010)。

(Kim,2008)；一条是通过分等级地推广特殊主义的孝悌之爱最终实现普遍主义的爱；另一条则认为孝悌之爱的特殊主义与同情之爱的普遍主义具有难以避免的紧张关系，应该扬长避短。儒家与公民身份不相容论支持第二条路径，主张不仅要彻底消解以孝悌观念为基础的特殊主义架构，还要批判性地发扬以仁爱观念为基础的普遍主义架构（刘清平,2004a,2004c,2008），最终在普遍主义的恻隐仁爱的基础上重新肯定特殊性的"差等之爱"的价值意义，实现儒家与现代公民道德和公民社会的对接（郭齐勇,2005；刘清平,2005a）

（三）民主政体和威权政体

儒家与公民身份不相容的第三个表现是民主政体和威权政体的对立：儒家被认为是一套威权主义（authoritarian）价值体系，与现代自由民主政体格格不入；因为自由民主政治是"薄公民身份"赖以存在和发展的政治条件，因此儒家阻碍了公民政治权利和政治参与意识的发育。

自亨廷顿论述"文明的冲突"后，东方的儒家与西方的民主一直以来都被视为彼此矛盾。在亨廷顿（Huntington,1991:24）看来，"儒家民主"是一个自相矛盾的术语，因为"传统儒家要么是不民主的，要么是反民主的……它强调群体高于个体，权威高于自由，责任高于权利"。因此，儒家社会缺乏反抗国家的传统，社会和谐、等级制度和政治秩序比个人权利重要，公民缺乏对抗政治共同体的权利（同上）。陈（Chan,2007:182）区分了民主的成分（constituents）和民主的条件（conditions），认为儒家的价值如容忍、礼仪、公民责任等都只是民主的条件而非定义民主的成分，因此儒家不能支持民主成为政治系统。类似地，在现代新儒家代表人物牟宗三看来，传统儒学内圣学发达而外王学薄弱，形成有道统而无政统的局面，也就是虽有"理性之运用表现"，但没有"理性之架构表现"（宋志明,2012:25）。儒家与民主不相容论随着"亚洲价值"理论的提出而变成一个"定论"，强调等级制和服从于社会威权关系的儒家东亚与强调个人权利和自由平等的民主西方被认为无法相容（Dalton & Ong,2005；Fukuyama,1995；Park & Shin,2006）。

与民主政体相对，儒家支持威权政体，即以家族主义为基础、以精英公民和大众公民为二元的威权等级政体。刘清平（2013:71）认为，在先秦宗法血亲礼制中占据主导地位的父权制家族确立了"天下为家"的小康礼教，否定了原始的"天下为公"的民主习俗。儒家以家族而不以个体为基点，前者意味着一个贤人政治、君主本位和强控式的社会结构，后者则意味着一个法治政治、公民本位和民主的社会结构（谢晖、姜艳君,1993）。儒家经常被指责维护君主专制统治（宋志明,2012:23—24）。它虽然有"民本主义"思想，但这不是"民主思想"，二者的差异在于，"民本"思想只是阐述了"为了人民"(for the people),但没有阐述"属于人民"(of the people)和"通过人民"(by the people)(Li,1999:170)。事实上,孟子从来不是一个民主论者(Tiwald,2008),因为他从未挑战过贵族阶层和普通人之间的划分,也从未质疑过君主制度的合法性(Kim,2012b)。儒家的"民本主义"思想虽然强调"民惟邦本",但核心是维护君主为民作主从而使"本固邦宁",君主是治理主体,人民是治理客体(萧伯符,1998);不是关注民众生活的"民本位",而是维护君主权威的"王本位","民本位"从属于"王本位"(刘清平,2009b,2009c)。因此,儒家的"民本主义"确立了一个威权等级政体,一方面统治者要关心民生,就像父母养育子女一样,另一方面民众应该对统治者知恩图报,服从统治者的威权统治(刘清平,2009b)。

概言之,有关"儒家民主"的讨论有两个潜在的假设:第一,儒家内在地倾向于威权主义政治(Kim,2009);第二,民主被定义为程序性体制(Huntington,1996)。以程序性民主作参照,主张服从社会等级的威权主义儒家是很难产生民主平等规范的,也无法促进政治参与(Spina et al.,2011)。儒家的威权主义倾向使之总是居于统治者的地位来为统治者想办法,而很少从被统治者的地位去规定统治者的政治行动,这与近代民主政治自下而上的结构形成鲜明对照(徐复观,1985:54—55)。这种自上而下的威权政体将公民分为精英和大众两类,只有前者才具有较为完整的政治公民权利,而即便是儒家的精英公民也没有独立自主的公民身份,因为基于家族主义扩展而成的威权政体要求儒家公民必须义务性地服从君主统治。因此,在"不相容论"者看来,要想在儒家社会发展民主政体,必须削弱儒家的威权主义价值(Spina et al.,2011),培育一种"街头道德"(morality of the street),发展一种能够自主自决地产生社会凝聚力的公民身份(Fukuyama,1995:29)。

三、儒家与公民身份的"相容论"

"亚洲价值"理论(Dalton & Ong,2005;Englehart,2000;Fukuyama,1995;Wang,2008)和亨廷顿的"文明冲突论"(Huntington,1991,1996)的提出,在将儒家与西方自由价值置于对立面的同时,也促使一种相反的立场开始形成——作为儒家公民身份"不相容论"的反对者,不少学者开始发掘儒家的自由价值,并将其与自由公民身份(薄公民身份)连接起来,形成"相容论"。在相容论者看来,虽然西方的自由民主体制并非"历史的终结"(Fukuyama,2009:111),但源自西方的自由、理性、法治、个性等价值观念已经成为普世价值(杜维明、黄万盛,2005),儒家需要从自身传统出发寻找与之对接的契合点。事实上,儒家本身蕴含着自由民主价值,例如

"天下为公"、"选贤与能"等观念与西方民主法律相一致(干春松,2002),与民主习俗相统一(刘清平,2013)。在伯杰(Berger,1986:163)看来,儒家奉行实用主义,积极适应生活,关心人民福祉,促进政治稳定,并且具有自我规训(discipline)和延迟满足的能力,因而有助于现代发展。而且,随着现代化和全球化的进行,儒家反自由的价值也在消减,例如家族主义正在随全球化进程而削弱(Inoguchi et al.,2007),儒家的"圣王范式"(Sage-King Paradigm)(Ching,1997)也随着君主制的终结而失去了可行性(Kim,2012b)。因此,儒家是可以与公民身份相容的,儒家社会也可以发展出公民身份实践(Nuyen,2002)。概而言之,儒家与公民身份在以下三方面相容:公民权利、道德个人主义与平等、民主与宪政。

(一)公民权利

儒家与公民身份的相容性首先表现在公民权利观念上(Chan,1999;Tiwald,2012)。正如特威斯(Twiss,1998)指出的,权利这个观念本身并没有非常清晰地出现在儒家伦理中,但有关权利的实践、愿望和期待却一直存在于儒家思想中。因此金(Kim,2015)认为,儒家的权利观念总是与道德理性结合在一起,应该通过重新解读儒家的各种权利来理解儒家究竟是怎样生产出这些权利的。安靖如(Angle,2012)指出,当代儒家应该拥抱包括权利在内的各种现代新观念(modern innovations),成为一种"进步儒学"(Progressive Confucianism)。现代新儒家们坚信儒家的思想体系含有这些"现代新观念"。例如,熊十力引入独立、自由、平等诸原则,将礼学重新诠释为有利于现代民主和公民权利发展的积极因素(熊十力,2007);牟宗三认为,通过"自我坎陷","内圣"可以开出"外王",德性主体可以转出知性主体,个人德性可以获得权利意识并遵从政治规则(安靖如,2014,牟宗三,1991;宋志明,2012)。因此,儒家价值不仅可以容纳民事和政治权利(第一代权利),也能容纳社会、经济和文化权利(第二代权利)(Sim,2013),并且与现代人权观念相一致;此外,儒家也保护女性权利。

首先,在儒家的自由价值体系里,民事政治权利占有重要地位(Kim,2015)。儒家以前被认为是威权主义的,但现在更多地被认为具有自由价值,特别是道德自由;但是,除了道德自由,政治自由对儒家也同样重要(Kim,2008b)。孟子是第一个将政治自由理论化的人。通过分析暴政,孟子重新评估了他那个时代的现实权力政治(realpolitik),并证明作为道德武器的政治自由是反对暴政的正当理由(同上)。基于此,孟子主张人民具有反抗统治者的政治权利,特别是面对残暴的统治者时,人民并不是无助的受害者,而是具有反抗甚至推翻统治者的权利,而且这种权利并不仅仅属于贵族,而是属于全体人民(Cheng,1998;Kim,2015;Nuyen,

2000；Twiss，1998)[1]。不过，孟子认为暴力是迫不得已才使用的最后手段，应尽可能避免，代之以一个考虑周全的民事过程(civil process)(Kim，2015)。儒家的民事政治权利还体现在言论自由上。根据金(Kim，2015)的分析，言论自由权与政治反抗权是一体的，因为当人们受到暴君统治时，他们可以运用言论自由权，以口头或者文字的方式表达对统治者的不满。

拥有民事政治权的儒家公民可以参与到公共事务和政治活动中。儒家君子在家、国、天下等多个层级参与共同体的公共生活，具有多层级而可扩展的公民身份；而庶民多在家庭小共同体中参与公共生活，其公民身份是不完整的(姚中秋，2014)。在公共参与的过程中，儒家公民也经常对政治现状提出批评(Bell，1999：463)，具有一种强烈的权利意识和平等意识(吴根友，2006)。这种公民意识与儒家"民本"思想有关，因为后者蕴含着民主因素，推动公民在政治和经济上增权(empowered)(Murthy，2000)。

儒家公民政治的开放性与公共性除了与政治参与权有关以外，还与公民的受教育权有关，因为在儒家看来，政治开放的基础是教育开放，"选贤与能"的前提是"有教无类"，因而下层士庶之人才有了通过科举取士参与政治的机会(郭齐勇、陈乔见，2009)。科举制具有很多优点，如促进社会流动、巩固社会稳定等(Dallmayr et al.，2009)。儒家对教育权的支持与以"仁"为核心的道德发展理论有关，即认为人皆有善端，皆可通过接受教育而培养孝悌仁爱等美德，它们是公民美德的前提条件，因此人人都有接受道德教育的权利(Kim，2015；Sim，2013)。不过，接受孝悌教化的个体并不被强迫遵从孝道(De Bary，1998)。通过自觉自主的自我教化，儒家有助于培养有能力自我治理的个体，而这恰恰是现代民主教育的目标(Yung，2010)。

儒家以"义"为主要原则之一，它不仅涉及对公权力的制约和人民的受教育权，还涉及更为根本的生存权(郭齐勇，2007)。人民之所以有权利反抗和批评统治者，原因在于统治者负有保障人民基本生活的责任，当统治者拒绝履行该责任时，人民有权反抗(Kim，2012b)。换言之，统治者有保障民生的责任意味着人民有基本的社会经济权利，也就是"生存权"，这是儒家公民权利体系的核心，是民事政治权和文化教育权赖以存在的基础(Kim，2015；Murthy，2000；Peerenboom，1993；Rosemont，2004；Tiwald，2012)。

东亚儒家文化传统还可以提供人权资源，使自己的价值和实践与西

---

[1]　然而，安靖如和斯文森(Svensson)持有相反的意见，认为孟子从未给予人民反抗统治者的权利(Tiwald，2012)。

方的人权价值和实践保持一致(Bell,1996)。在很多人看来,儒家隐含着人权视角(Du & Song,1995;Steffen,2012;Kim,2015),特别是儒家传统的"民本"、"仁爱"、"德治"等思想体现了人道精神和大同精神,为西方人权精神找到了本土的契合点(柴荣,2008;夏勇,1997)。在有关"亲亲互隐"的争辩[1]中,有学者认为儒家的"父子互隐"思想及与之相对应的法律制度包含着对人权的尊重和维护(郭齐勇,2005),因为法理的根据应该来自人情,而法律的功能就是"维持和保护人权、隐私、社群的维系"(郭齐勇,2007:100)。儒家与人权相结合的特殊之处在于,儒家的人权观依赖于礼仪(civility)和正当程序(due process),它们为支持人权提供了知情的道德资源(informed moral resources)(De Bary,1998b:8)。事实上,我们在上文提到的民事政治权利和社会文化权利都是儒家的核心人权,生存权是儒家人权的基础(Kim,2015)。儒家与人权相容有助于复兴儒家的人文主义传统,从而使儒家成为自由、民主和宪政的资源(Tu,2002)。在杜钢建的"仁学宪政主义"中,他明确提出政治体制改革的目标应该是确立保障自由人权的宪政体制,并依照人权修订宪法(杜钢建,2008)。

在有关儒家人权的讨论中,女性的权利是一个焦点。威权主义视角下的儒家被认为遵从"男尊女卑"的文化和制度,男权压制女性,女性难以获得公民权利和地位(Tu,1985:144;徐扬杰,1995:66)。然而,相反的观点认为,对女性的压迫并不是儒家伦理的根本要素,儒家可以与女性主义相互兼容(Li,1994)。虽然儒家对女性有"三从"的伦理要求,但其中"从子"这一点很少被实行,因为依据长幼人伦之序与孝亲原则,女性的地位会随着"女儿—妻子—母亲"的角色变换而上升,母亲在人伦之序中尊于儿子,拥有所谓的"家长权"或"尊长权",并受到法律的保护(阿风,2000)。而且,基于"人人皆可为尧舜"的道德平等观,女性拥有和男性一样平等的道德和精神权利,儒家女性主义(Confucian feminism)支持女性拥有基本权利,女性也可以变成圣人(Kim,2014,2015)。在有关财产权的问题上,母亲由于"尊长权"受到法律保护而有权在法律和礼俗上参与土地财产的处置(阿风,2000)。

总而言之,儒家与人权的相容为中国的权利话语铺平了道路(Angle,2002):一方面,人权所关心的是人们的社会和经济需要得到满足,并且人们拥有自我治理和自我教化的政治权力(Twiss,1998:45);另一方面,这些人权内容在儒家思想中都有体现,包括民事政治权、社会文化权、生存

---

[1]　该争辩发端于刘清平(2002)将《孟子》中有关舜的两个案例判定为腐败而非美德的文章,之后,以郭齐勇为代表的一方对此发起批判(郭齐勇,2002,2005,2007;郭齐勇、肖时钧,2014;杨泽波,2004),这同时激起了刘清平和邓晓芒等人的进一步回应(刘清平,2004b,2004c,2005a,2005b,2009a,2009b;邓晓芒,2007),进而引发了学术界的大讨论。

权等,这些都是儒家所支持的重要权利(Kim,2015)。儒家不仅与人权相容,而且有助于人权发展,因为人权不能与人类责任相分离,而儒家的责任传统非常注重自我教化、家庭结合、经济福利、社会秩序、政治公正和文化繁荣,因而能够促进人权本身的进步(Tu,1998)。

(二)道德个人主义与平等

儒家与公民身份相容的第二个表现是道德个人主义与平等:儒家注重"道德个人主义",并以此为前提强调自我教化的重要性;"道德个人主义"奠定了儒家平等观念的基础,在普遍人本主义立场上,儒家强调社会平等;同时,儒家也承认公私分立,但也意识到公德与私德之间的连接。

1. 道德个人主义与自我教化

个人主义是西方自由主义的基础,也是"薄公民身份"的单位。虽然儒家经常被认为是集体主义和威权主义的,但相反的观点认为儒家也有一种个人主义精神,只是不同于西方的"原子化个人主义",是一种"道德个人主义"(moral individualism)(狄百瑞,1983)。事实上,"道德个人主义"并非儒家专利。在西方,除了"原子化个人主义"还有另一种个人主义,哈耶克将前者称为"伪个人主义",主张个体应该摆脱一切社会关系,走向原子化状态,是一种去道德化、去伦理化的个人主义;将后者称为"真个人主义",主张除了个人利益之外还有共同利益,个体应该富有"同情心",承认道德传统和伦理习俗的价值,是一种连接道德和伦理的个人主义(哈耶克,2003;王苍龙,2015)。儒家的"道德个人主义"被狄百瑞(1983)视为儒家的"自由传统",道德自由不仅构成了政治自由,而且反对专制权力的现实政治。在纽因(Nuyen,2005)看来,儒家教育和哲学以个体性(individuality)为先决条件,自我被视为不同于社会的实体。徐克谦(2005:5)论述了先秦儒家的个人主义精神,认为"先秦儒家基于性善论,强调个体的人格尊严和自由意志不可剥夺,个人在精神上不必屈从于政治权威,个人自主决定自己的言行出处",同时"个人需对自己的道德行为及其后果负责,对自己所承担的社会职责负责,对有相互关系的他人负责"。儒家的"道德个人主义"也可以称为"人格主义"(personalism),核心是个体通过互动的伦理实践建构关系,促进自我持续成长(狄百瑞,1983:23—25),本质是将人当作目的而非手段,凸显每个人的道德价值(何信全,2001:108)。它是一种"精神性人文主义",既能成就人的内在价值,也能提高处理外在世界的能力(杜维明,2014),从而培养一种具有公共性的道德人格(郭齐勇、陈乔见,2009)。

以"道德个人主义"为基础,儒家非常注重自我教化。儒家认为每个人都有自我转化性(self-transformability),都有完善自我、成为圣人的潜力(Kim,2012b)。这种"自我转化性"不仅来自使儒家公民从内部转化现实权力政治的实践理性(Tu,1993:10),还来自儒家的政治自由的观念和实践(Kim,2008b)。儒家的自我教化主要在道德层面(Ivanhoe,2000),个体借助一系列自我技术,如阅读经典、礼仪规范、忠恕之道等,将自我规范化为儒家理想中的君子,并通过不断的自我反思、自我演练和自我实践,将自我生产为自由的儒家道德主体(王苍龙,2015)。自我教化增强了儒家公民的个人主义精神(Kim,2010),强化了他们的政治参与意识(Tu,2011)。由于社会改革既需要制度变迁也需要个人行动,而且以个人行动为核心(Hourdequin,2010),因此儒家公民的自我教化有利于推动社会改革,构建自由、平等的现代公民社会(蔡仁厚,2013;Fukuyama,1995;Kim,2010)。

2. 社会平等与公私关系

我们在儒家与公民身份"不相容论"中曾提到,一种批评儒家的观点是它维护精英等级制度,损害社会平等。但实际上,在"相容论"看来,儒家非常重视人的平等,所有人,不论社会背景如何,在自然和道德方面都是平等的(Bloom,1998;Nuyen,2002;吴根友,2006)。诚然,儒家并未使用过"平等"这个概念,不平等的主张也经常在儒家文献中出现。对此,纽因(Nuyen,2000)指出,平等分为横向和纵向两类,横向平等意味着平等地对待平等,纵向不平等意味着不平等地对待不平等,因此儒家思想中的"不平等"仅仅是社会不平等的反映。儒家的社会平等观首先体现在它对情感的重视上。儒家将情感视为人之为人的因素,也就是生活的意义和价值(Guan et al.,2014),在情感维度上,人与人之间是平等的。其次,儒家的社会平等观还体现在道德平等上。儒家主张性善论,将每个人都看作具有尊严和道德价值的个体(Kim,2015),认为人人皆可通过自我道德教化获得美德,提高自己的道德境界,成为圣人(Angle,2012;Creel,1949;Kim,2012b;Schwartz,1985)。总之,"相容论"不认为儒家必然合法化威权主义的精英等级制,而是可以在自由社会中发挥作用,促进社会平等(Fukuyama,1995)。

儒家的道德平等观基于一种普遍的人本主义立场。在孟子看来,普遍的道德平等和人类尊严是儒家合法化人权的基础(Kim,2015)。不过,儒家思想本身也存在着张力:既有特殊主义的"血亲情理"、差等之爱,也有普遍主义的"仁爱情理"、公共美德(刘清平,2004a,2004b,2004c,2005a,2005b,2008;郭齐勇,2005,2009)。例如,关于儒家美德"仁"有两个不同解释(Kim,2008a):一个是将它作为家庭共同体中的"孝",是一种特殊主义的美德;一个是将它作为人类本性中的同情本能,是一种普遍主义的伦理。儒家思想中的特殊主义和普遍主义直接影响了儒家的公私关系。一方面,特殊主义与普遍主义的分歧对应着私人领域与公共领域的分立。儒家一贯强调私恩与公义、公共领域与私人空间的区别(郭齐勇,

2005),"门内"以私恩为重,"门外"以公义为重(郭齐勇、肖时钧,2014),在公共事务之外有广阔的私人活动空间(吴根友,2006);对"亲亲相隐"的主张实际上蕴含了私人领域充分自治与公共领域依法而治的深刻思想以及反对国家公权力干涉私人领域事务的观念(郭齐勇,2007;郭齐勇、肖时钧,2014)。另一方面,特殊主义的"血亲情理"与普遍主义的"仁爱情理"也是相互连接的,对应着私德与公德的结合。儒家的普遍伦理认为,公共美德是个人内在德性的自然延伸,是个体与道的关系的延伸(Kim,2012b:593)。儒家既肯定个体的合理私利,关注个人和家庭方面的私德,也肯定社会的公共利益,关注社群、公职、国家等方面的公德,并且认为私德是培养公德的起点(郭齐勇、陈乔见,2009),私人领域(家庭)是公共领域的前提(Sim,2013)。因此,由儒家特殊主义价值和普遍主义价值引申的公私关系既保护公民的隐私权,也保护公民的公共参与权,有利于促进社会平等。

(三)民主与宪政

儒家与公民身份相容的第三个表现是民主与宪政:"儒家民主"是可能的,因而儒家与民主公民身份相容;而且,经济发展被认为是民主的条件,而儒家有助于发展资本主义,这进一步说明儒家与民主并不矛盾;此外,儒家思想也与宪政理念相通,"儒家宪政主义"也是可能的。

自亨廷顿提出"儒家民主"是一个矛盾概念的观点后,许多相反的观点也纷纷提出以捍卫儒家与民主的相容性。儒家与民主并没有人们通常认为的那么不相容(Fukuyama,1995),二者不仅在文化上相关,而且在政治规范和实践中也具有一致性(Kim,2008a,2012b)。例如,儒家的民本思想虽然并不等同于民主,但具有民主潜力,有助于推动公民的政治权利和经济权利的发展(Murthy,2000);熊十力(1996)相信孔子创立的"大同学"包含有利于民主法制建设的因素;牟宗三(1991)认为儒家自我经过"坎陷"可以与民主政体接榫。在斯皮纳等(Spina et al.,2011:159)看来,儒家与民主的相容论有一个基本假设,即将民主假定为实质性(substantive)民主,将儒家假定为自由儒家,二者在政治责任、公民平等、公民社团的形成等方面具有相容性。"儒家民主"要成为一个可能的概念需依赖于对两个要素的综合:一个是儒家的自由、平等、权利等价值,另一个是平等主义的民主参与理念,此二者相结合才能构建真正的"儒家民主"(Murthy,2000:46)。对于"儒家民主"来说,核心是建构民主公民身份(democratic citizenship),这需要发扬自由儒家与实质民主的共同价值,如权利观念、参与文化、公民美德、公民社会等,它们既是民主的构成性条件,也是民主运转的动力(Kim,2012b:588)。

经济发展被认为与稳定的民主具有很强的相关关系,经济发展不仅是民主的前提条件,而且可以带来民主(Lipset,1959)。该观点被一些实证研究所证实。例如,伯杰(Berger,1986:161)认为自己所收集的实证数据表明成功的资本主义发展产生了通往民主的压力,福山(1995:21)的研究也表明经济发展推动政治民主化的观点是正确的。王正绪将社会经济发展、价值变迁和政治变迁相结合考察了东亚儒家社会的民主化动力,发现经历了快速现代化和经济变迁的国家,人们的自我表达价值观更倾向于民主,更希望政治开放、个人自由和政治参与,也更积极地参与公民社会组织(Wang,2007,2008)。如果说物质福利是民主的重要条件,那么儒家正是主张政府应该满足人民的基本物质生活,并将生存权看作最基本的公民权利(Murthy,2000)。而且,儒家可以与资本主义相容(Nuyen,1999),儒家道德对东亚经济发展的作用,如同新教伦理对西方工业国家发展的作用(Tu,1984)。根据扬(Yun,2010)的说法,东亚儒家资本主义话语建立在两个假设之上:第一,儒家美德如强家庭纽带(strong family ties)、共同体比个体重要的观念、社会团结等在东亚社会保持完整;第二,正是这些美德导致了东亚社会的工业化。儒家有助于发展资本主义,而资本主义程度越高越可能带来民主,这进一步说明儒家与民主相容(Dalton & Ong,2005;Nuyen,2000)。

此外,儒家还与宪政主义理念相通。所谓"宪政"是指形成一个政治国家的根本组织原则的学说和实践体系(Song,2009),"宪政主义"是指合法地限制和授权国家或统治者的政治权力的观念和规范(Hahm,2009)。宪政主义理念不同于具体的宪政制度,儒家与宪政在理念上相通,但在具体制度上不同。质言之,从不成文宪法角度看,古代儒家已有较强的宪法意识,如统邦国、彰善恶、直法律等(杜钢建,2008),但儒家宪政传统并不是以西方宪政主义的法律和权利等概念表达的(Kim,2011a)。徐复观指出,儒家的德治主义和民本主义对专制主义政治起到限制作用,其德治思想、民本主义和政治抗议精神等核心价值与宪政民主并不矛盾(刘鸿鹤、刘越,2014;宋志明,2012)。儒家在具体的宪政制度安排上有其特色。例如,吴根友(2006)在分析黄宗羲的思想时认为其与近代民主宪政思想在精神上是相通的,表现在相权对皇权的制衡、学校作为议政场所的地位、政府公布天下大事并允许人们有发言权、反对政治事务家庭化和私人化。蔡仁厚(2013)阐述了儒家"以礼为体,以法为用"的观点,认为儒家重人治和德治,但不否定法治;将重点落在道德教化上,并不积极提倡法刑的制裁,但并没有否定法刑的作用;将礼义作为治国纲领,将法刑作为具体措施;由此,他引出宪政中的"政道"与"治道",从而确认现代的基盘,有利于宪政的推行与完成。此外,宪政民主也需要政治领导者拥有"好品德",也就是作为人民代表的政治领导者需要从内心将他或她的目标与其所代表的人民的利益结合起来,这种品德也可称为"民主的公民正直"（democratic civic integrity）（James，1999）。事实上，西方的代议制民主也是一种精英体制，这与儒家的精英主义相一致（Kim，2012b）。

儒家与宪政的相容意味着"儒家宪政主义"[1]的可能。杜钢建（2008）提出"儒家仁学宪政主义"的概念，认为儒家的宪理包括仁宪观、义宪观、礼宪观、智宪观、信宪观五个方面，并主张"明宪直法"，也就是据宪理制宪则，依宪法定法律。康晓光（2011）提出"承续儒家道统，建立儒家宪政，把中国政府的正当性建立在对中华五千年道统的继承和对现代民主政治的吸纳上"。金（Kim，2011a）批判性地分析了儒家的宪政思想，认为天命观、圣王理想等观念可能在当代社会政治和文化语境中不再可行，但儒家对美德和礼仪的强调仍然具有重要意义，可作为儒家宪政的动力。因此，他重新解释了孟子和荀子的政治理论，将孟子的观点重建为"德治宪政主义"，将荀子的观点重建为"礼治宪政主义"。姚中秋（2013）系统论述了儒家宪政论的三个理论指向：从义理上说，儒家之政治规划是宪政的；在历史上，儒家致力于建立宪政之诸制度；中国可行而健全之宪制模式就是儒家宪政。儒家宪政论可以说是对儒家与民主宪政相容性的系统化论述，并且直接指向儒家公民身份的建构。正如任锋（2013）所指出的，儒家宪政提倡一种开放、理性而彰显公共价值的宪制会话，而这有赖于一种儒家公民人格的形成和拓展。

四、儒家与公民身份的"融合论"

我们在上文已经论述了儒家与公民身份的"不相容论"和"相容论"，两者的共同点是都将公民身份假定为以自由权利价值为主的"薄"公民身份，因而当儒家被当作"不自由价值"时就成"不相容论"，被当作"自由价值"时就成"相容论"。然而，在有关儒家与公民身份的论辩中，儒家（不论自由儒家还是共同体儒家）可以贡献于"厚"公民身份的观点不仅一直存在，而且影响更大。事实上，当我们论述儒家与公民身份的"相容论"时，无形中已经指向儒家中的厚公民身份价值，如积极的公民参与、家庭的作用、社会团结等。究其原因在于，儒家很难将个人价值和集体价值区分，公共领域和私人领域在相互分立的同时也是相互连接的，儒家的权利和义务总是对等的。儒家与"厚公民身份"的关系不能仅仅被理解为相容或

---

[1]　许纪霖（2012：47）将当今中国的儒家宪政思潮分为"柔性的儒家宪政"和"刚性的儒教宪政"，前者"认同现代政治的基本理念，思考的是如何将儒家的若干价值和制度传统与民主宪制制度结合起来"，后者更多地表现出原教旨主义的意味。本文这里所指的"儒家宪政主义"是一种柔性的儒家宪政。

者不相容,二者之间不是简单的"对接"关系,而是一种创造性的融合重构。在这个部分,本文将首先阐述儒家与"厚公民身份"的关系,并从个体层面、社会层面和国家层面分别论述君子公民、伦理社会、天下认同与儒家多元文化公民身份。

(一)儒家与"厚公民身份"的融合

儒家经常被批评为与个体性、个人权利、平等和民主等观念不相容,对此除了"相容论"者们提出的反驳意见以外,另一种由纽因(Nuyen,2002)提供的思路是:即使对儒家的这些指控是对的,也仅仅说明儒家与公民身份的自由观念不相容,不一定与其他公民身份模式不相容;当我们将视线转向一个更有厚度和深度的公民身份概念时,儒家就变得与公民身份非常相关。换言之,儒家即使不适用于强调保护个体权利免于共同体侵犯的"薄公民身份"实践(Tilly,1995),也可能适用于强调社会维度的"厚公民身份"实践(Nuyen,2002)。原因在于,与"薄公民身份"重权利轻责任的观念不同,作为"厚公民身份"的儒家公民身份强调权责对应统一,相关的义务对应着相关的权利,个体与共同体相互依赖(郭齐勇,2007;Kim,2011b;Nuyen,2000,2002)。儒家公民身份的"厚度"还表现在,儒家将个体视为嵌入社会关系的存在,提倡仁义观念、责任伦理和人道主义精神,并通过个人与共同体的关系(也就是儒家的"礼")规定个体的权利和责任(Lin,2011;Nuyen,2002)。"厚"儒家公民身份与共同体主义存在共通之处(De Bary,1998a;Fox,1997;张再林,2004):一方面,儒家伦理注重仁义道德和中庸,强调等级、关系、社会传统与和谐,关注作为道德行动者的个体而不是形而上的自我(Chan,2008);另一方面,共同体主义是一种强调共同体本位的政治学说,规则和边界的存在不是因为共同体中的个体有权利,而是因为个体角色必须为了共同体的有效运转和进步而被定义(Ihara,2004:27)。

"厚"儒家公民身份对自由公民身份提出了严厉批评。自由公民身份将个体看作脱离共同体关系的独立存在,强调最大的权利和最小的责任(Nuyen,2002),这在"厚"儒家看来太过于"自我中心",牺牲了共同体的团结和共同的善[1](Bell,2006;De Bary,1998a;Fox,1997;Kim,2011b)。儒家公民身份非常重视公民伦理道德,认为只有恢复公民性和道德个人主义才能弥补自由民主的缺陷(Dallmayr et al.,2009),从而将西方社会从泛滥的原子化个人主义和偏狭的权利话语中解救出来(Kim,2010a)。

---

[1] 王(Wang,1999)认为,"推己及人"本是儒家和基督教共享的"黄金法则"(the golden rule),但在当代西方,受原子化个人主义(哈耶克,2003;王苍龙,2015)影响,这条"黄金法则"衰落了,导致西方出现社会的普遍公正和群体的特定利益之间的剧烈冲突。

在文化观念上,儒家与公民身份的"融合论"极具反思性和批判性:虽然肯定西方现代价值,但"融合论"并不以西方自由主义为衡量标准,而是在区分儒家价值与西方自由价值的基础上,肯定前者对现代价值的独特贡献。例如,儒家并不反对人权,只是儒家人权观不同于西方(Bell,1996),论证人权的方式也不是自由主义的(Chan,1999)。儒家社会也在现代化,但不是在西方的自由民主方向上进行,而是在一个强调社会团结和政治美德的共同体主义的方向上展开(Fox,1997)。因此,"厚"儒家公民身份一方面承认自己缺乏西方意义上的自由价值,另一方面肯定自己重视社会关系的优势,并认识到自己相对于西方自由价值的独特魅力(Cha,2003;Fukuyama,1995;韦政通,2006)。

(二)君子公民

儒家与"厚公民身份"的融合论在个体层次上表现为"君子公民":儒家自我并非独立个体,而是一个与社会相互依赖的概念,这使得儒家君子公民的权利和义务变成一种伦理化关系;君子公民是一种兼具共同体责任感和个体积极性的"共同体主义的积极公民"。

1. 儒家自我:个体与社会相互依赖

我们曾在"相容论"中提到过,儒家有一种"道德个人主义"的自由传统,但这只是儒家自我的一个方面。儒家自我的本质是一种嵌入关系网络中的、个体与社会相互依赖的、权利和责任对等一致的社会伦理概念。与自由主义强调个人权利优先于对共同体的责任和共同体主义强调共同体利益而忽视个人权利不同,儒家扬弃了二者各执一端的弊端,将个人看作嵌入社会关系中的情境化概念,是个人与社会相互作用的产物,权利和义务不是通过个人而是通过个人与共同体的关系来定义(安乐哲,2013;Ching,1998;Kim,2010a;Nuyen,2002;Rosemont,1988)。这种"儒家自我"以角色伦理为主导,个体的责任和权利因所扮演的角色的不同而有所不同(Tiwald,2012:245)。儒家的个体性是一种有机的社会性(organic sociality),儒家自我在根本上是社会自我,自我与社会和谐共处,互相组成(Tan,2003)。儒家的自我概念打破了公私二元对立结构,既注重个人权利,又关怀公共利益,是一种从事公共事务的、具有公共性的道德人格(郭齐勇、陈乔见,2009),强调共享的文化政治认同、集体自由和民主公民身份相互依赖(Kim,2007),与"厚公民身份"相通(Nuyen,2002)。

个体要成为公民就必须培养公民美德,获得公民性,而公民性总是与政治共同体连接在一起(Rouner,2000)。那么,作为私人的个体如何转化成公共的公民呢? 儒家自我本身就有一种社会性,在个体与共同体的关系中,能够以孝悌仁义进行自我教化,养成一种公共礼仪性(public civility),从而将私人个体转化为公共公民(Kim,2012b,2015)。"私人公民"似乎是一个矛盾修辞(Faulks,2000;Oldfield,1990),但在儒家自我的概念里,由于公私二元对立性被取消,儒家私人本身就有一种公民性(Nuyen,2002:133)。因此,儒家公民的自我实现既不需要高度的个人自由,也不需要屈从于公众意志,而是需要成员之间互利互惠,并处于相互忠诚和责任之中(安乐哲,2013:25)。

　　儒家不仅将个人与社会看作相互依赖的统一体,而且将社会关系看作由个体向外扩展的结果,由自我开始扩展至包括家庭、共同体、社会和天下(Nuyen,2002:137)。儒家关系的扩展以"仁"和"礼"的观念为基础。一方面,儒家的"仁"是个体从家庭共同体中继承的道德财产(Mcleod,2012),既包括作为情感的爱,也包括作为道德美德的孝(Kim,2012c)。儒家个体通过学习和实践家庭孝悌观念,完成个体性和关系性的双重转化,进而变成负责任的道德个体(Kim,2009b,2010a)。因此,儒家个体既是懂得孝悌仁爱精神的个体,也是具有道德美德的公民,并由此进一步推展,产生"关系型陌生人身份"(relational strangership)(Kim,2010a),它可以被理解为在儒家传统五伦之外多加的一伦,即共享公共领域和共同法律之下的公民与公民之间的非个人化的关系(Dallmayr,2003)。另一方面,儒家自我、家庭和公民公共关系之所以可以完美结合,关键在于儒家的自我转化吸纳了"礼"(Kim,2009b)。"礼"是儒家公共礼仪性的核心(Kim,2012b)。儒家的礼仪不是一种巩固单一文化的凝聚力和伦理同质性的"黏合性社会资本"(bonding social capital),而是一种将自由平等的公民连接起来并进入共同的公共世界的"连接性社会资本"(bridging social capital)(Kim,2012b:594)。实际上,儒家自我就是一种礼仪实践中的社会自我,在这种"社会自我"中,自我与社会之间的冲突消解了,儒家个体通过礼仪实践而在美学上联结起来(aesthetically intertwined);而且,儒家社会自我的能动性通过在社会的礼仪秩序中积极地践行社会角色而表现出来,这样的社会也是一个由关系中的个体组成的以礼为共识基础的和谐共同体(Kim,2011b:115—116)。

　　此外,儒家的社会自我虽然有助于培养儒家公民的社会感(公丕祥,1993),但有学者担心会因此妨碍个体性、权利意识和自由的发展。例如,王长坤等(2004)认为,儒家公私观强调"公义",卫护"公利",主张公高于私。斯皮纳等(Spina et al.,2011)指出,儒家的"自我"被定义为个体的义务角色,"权利"并不是儒家价值系统的主要特征,因此在儒家思想里,群体比个体重要。而且,虽然儒家的家庭和社会关系价值观仍然根深蒂固,但这种价值观偏私性,导致个人对自己家庭和社会关系之外的"共同体"并不关心(Bowlby et al.,2011)。这些批评的实质是共同体主义的,问题在于,它们存在一种忽视儒家公民的进取精神和反抗意识的保守倾向。对此,本文将在下文予以分析。

2. 伦理化的权利与义务

除个体与社会的相依存性之外,儒家社会自我的另一个特性是权利与义务的对等性,或者说伦理化的权利与义务。对于儒家自我来说,每个人既有一个伦理身份(如父母亲的儿子),也有一个政治身份或社会身份(郭齐勇,2007)。因此一方面,儒家个体的权利并不源自于个体的行为规范,而是从个体的共同体资格派生出来的(安乐哲,2013),是一种嵌入社会关系中的权利;另一方面,儒家的权利对等着相应的义务,权责互相依赖(Nuyen,2002)。儒家权责对等性的原因是,儒家的权利和责任是由伦理之礼而非法律规定,"礼"将权责纳入社会关联网络中,超出了对具体行为的法律规定(Kwok,1998:85)。儒家的礼隐含着奉行权利,如父母有受孩子尊重的权利,同时这权利也对应着义务,如孩子有孝敬父母的义务(Bell,1996;Nuyen,2002)。在儒家伦理化的权利和义务关系里,权利本身就是义务,义务本身也是权利,如"亲亲互隐"既可以是一项权利,也可以是一项义务(Bell,1999;郭齐勇,2002,2007)。儒家对人权的理解也不同于西方,因为西方讨论人权主要依赖法律,而儒家讨论人权主要强调守"礼"、教育和互相尊重(Chan,1999)。儒家的人权观以"人人皆可成尧舜"的道德平等观为基础(Angle,2012;Kim,2012b),不仅意味着人的权利,还暗示责任的重要性(Cushman,2012),并与儒家美德结合起来,因为人民拥有权利意味着统治者应该负担起相应的义务,而拥有权利的人民和履行义务的统治者都应该具有恻隐仁爱的伦理美德,二者构成一个道德共同体[1](Kim,2015;Nuyen,2000;Peerenboom,1993;Rosemont,2004;Steffen,2012)。

儒家权利和义务的对等性基于儒家的伦理观念。儒家的道德思想是一种温和的美德伦理学(virtue ethics),既强调行为准则也就是"礼",又将个人品质作为道德评价的根本标准(王凌皞、劳伦斯·索伦,2011)。儒家的美德伦理一方面产生了权利观念并使之与道德理性结合在一起(Kim,2015),另一方面以五伦为价值核心强调伦理责任界限,界定人们的认同、责任和义务感(Park & Chesla,2007)。儒家伦理概念是一种"厚"伦理概念(thick ethical concept)而非"薄"伦理概念,前者既包含描述性内容又表达评价性态度,后者仅仅表达了抽象的评价性态度而不具备描述性内容(Williams,2006:129)。儒家正名原则[2]中的"名"就是一个"厚"伦理概念,不仅具有描述性内容,还具有规范性的道德要求(王凌

---

[1] 就儒家人权观注重恻隐仁爱的伦理美德这一点而言,特纳(Turner,1993a,2006)从人类的脆弱性角度论述保护人权的必要性具有异曲同工之妙。

[2] 所谓"正名"就是重建"名"(语言运用)与"实"(实际的伦理政治实践)之间的对应关系。关于儒家"正名论"可参考冯友兰(1985:52)。

皞、劳伦斯·索伦,2011)。因此,以"厚"伦理概念为基础的伦理化权利和义务对应于"厚"公民身份,"厚"儒家公民有一种伦理共同体意识,从个人与共同体的关系出发行使权利和履行义务。

3. 共同体主义的积极公民

儒家的君子公民兼具两个特性:一个是具有普遍道德的个体,一个是有义务责任感的公民(Kim,2012b)。君子公民的普遍道德性根源于儒家的"仁",它界定了公民最核心的道德美德;义务责任感来源于儒家的"礼",它是由"仁"外化出来的一套关于社会和伦理行为的规范和标准(Tu,1979:8—10)。对儒家君子通常有一种共同体主义的理解,即他们是一个消极被动的群体,因为只有通过"克己"和"复礼"才能成为君子,前者是对自我的限制,后者是对既有规范的遵从,君子的能动性和积极性不足。正如金指出的,儒家共同体主义的潜在问题是倾向于培养驯顺性(docility)(Kim,2011c),过度关注自我成长和给定环境中的和谐而忽略了儒家思想中同样重要的伦理和政治的转化(Kim,2011b:129)。儒家共同体主义将自我定义为"社会自我"实际上是走向了另一个极端(Holmes,1989),特别是把儒家自我定义为社会角色、把儒家社会性仅仅理解为角色的扮演(role enactment)的做法混淆了本体论和伦理,而且将儒家的内在世界与西方的个人主义话语联系在一起的做法导致儒家自我的道德能动性变得难以理解(Kim,2011b:129)。要言之,共同体主义的儒家低估甚至忽视了儒家公民在推动社会和政治变革方面的积极能动性(Kim,2011c)。同样的问题也出现在儒家精英主义的论述中。对此金(Kim,2012b)批评道,儒家精英主义假定普通人缺乏道德转化的能力,只能尊重和顺从儒家精英,无法将自我转化为具有公共精神的公民;儒家精英主义者们还将治理性(governability)和驯顺性视为唯一的公民美德,忽视了人民的转化性(transformability)和儒家公民的伦理和政治权力,轻视了儒家"人人皆可为尧舜"的道德乐观主义。

应该从两方面理解儒家君子公民。一方面,儒家君子公民应该是具有道德能动性和公共参与精神的积极个体。金(Kim,2011c)探讨了儒家的非礼仪性美德(the virtue of incivility),建构了一个相比于儒家共同体主义而言不那么保守的、更具社会和文化激情的君子公民。"儒家礼仪性"(Confucian civility)既包括作为儒家社会秩序的道德基础的"社会和谐的礼仪性"(social-harmonizing civilities),也包括一些非礼仪性(incivilities)。儒家"非礼仪性"是一种特殊的礼仪性,可以使礼仪性变成一种社会政治美德,暂时改变儒家社会基础并使之富有活力。儒家的非礼仪性主要表现为一种批评和反抗精神,在家庭关系中表现为对父母恭顺的反抗和尊敬的劝诫,在政治关系中表现为对政治权力的不妥协、不驯服。借助儒家非礼仪性美德,金提出"公民儒家"(Civil Confucianism)的概念以改造共同体主义儒家。该概念指的是一系列改变现存社会关系并使这些关系变得持久和可行的儒家社会实践,包括两部分:一部分是保守的礼仪性美德,它在民主巩固方面是必要的;一部分是非礼仪性美德,它使儒家公民能够公正地对现存社会和政治秩序表达不满。

礼仪性是连接儒家个体能动者与公民身份的关键(Kim,2010a),它使儒家君子获得了一种富有个人主义精神的积极公民身份。"积极公民身份"(active citizenship)意味着"公民是统治者,是自己的统治者,是共同体的统治者,控制着自己的命运"(Barber,2003:XXiX)。不过,儒家公民身份并不等同于积极公民身份,因为后者主张公民"不需要倾尽所有时间参加所有公共事务,而只需要在一些时间参加一些公共事务"(同上),这在金(Kim,2012b)看来仍然太过温和。因此,儒家的自我不仅是伦理的,还是公民的(civil);不仅可以反思地遵从礼仪,抑制自私自利的欲望和激情,还与矛盾的道德义务做斗争,对现状作出批评(Kim,2011b)。儒家君子公民也并不只是服从和驯顺,而是富有自我声张和社会批评的精神,会对现存社会秩序和传统提出道德上的质问,并探索更好的替代者(Kim,2011c)。

另一方面,儒家君子公民并不是独立自主的个体,而是作为共同体成员的个体,对共同体有强烈的义务感和责任感。虽然儒家共同体主义具有潜在问题,但并不能因此而否定它的文化和政治价值(Kim,2011c),例如,儒家共同体主义主张公民之间应自愿合作,反对国家为了权威统治目的而利用共同体组织(De Bary,1998a:88)。而且,"儒家公民性"(Confucian civilities)主要是一些自我限制的美德,如礼、让、敬、恭、耻等,它们与积极公民身份的竞争性个人主义(agonistic individualism)相矛盾(Kim,2010b)。可以说,儒家公民的政治实践是自由的但并不是个人主义的,它由"自由集体主义"(liberal collectivism)[1]而非"自由个体主义"(liberal individualism)推动(Kim,2007)。这里的关键是公民的集体自我决定(collective self-determination),它组成了作为政治规则的民主,也是积极公民身份的生活方式。正如巴伯(Barber,1988:200—201)所说,公民总是由其在政治共同体中的成员资格定义的,只有在与其他公民互动过程中才能形成公民认同。总之,儒家君子公民既是富有非礼仪性的积极公民,同时也负有共同体的责任感,是一种共同体主义的积极公民。

[1] 金(Kim,2007)将"自由集体主义"视为一种"先验集体主义"(transcendental collectivism),即一种由集体责任产生的伦理性质,它与家庭联结和家庭之爱有关,在一个国家公民社会的公共领域中实践,促进了公民赋权(citizen-empowerment)。与"先验集体主义"对应的是参与型政治,它可以作为精英型政治的替代物,而精英型政治的基础是个人主义。有关"先验集体主义"的论述还可见金(Kim,2008c)。

(三)伦理社会

儒家与"厚公民身份"在社会层次上的融合表现为"伦理社会":儒家社会是以礼为核心的伦理结构,它确立的等级制被认为具有合理性;儒家伦理结构之所以形成,源自从家庭到社会的关系扩展。

1. 儒家社会的伦理结构

如何理解儒家的社会结构? 一个基本的看法是:不能用自由公民社会的视角看待儒家社会,也就是说,不能将儒家的公民社会理解为由不受关系网络阻碍的自由和独立个体组成的领域,因为儒家社会受到儒家伦理传统的影响,公私领域非常模糊(Hahm,2004)。儒家共同体有几个基本的理论要素:个人生活的教化、作为法律基础的礼、社会角色和制度等(Hall & Ames,1987:131)。以这些要素为基础,儒家搭建起伦理社会结构。用梁漱溟(1996:307—365)的话说:"中国是一伦理本位的社会……伦理始于家庭,而不止于家庭……中国人就家庭关系推广发挥,以伦理组织社会。"也就是说,儒家伦理隐含着关于公共生活关系的推论。例如,通过反求诸己而达"仁",个体就可以把自己的感情推广到其他家庭成员和社会成员,"仁"就成了儒家公共生活的伦理规范的核心(廖申白,2001)。

儒家伦理社会的核心是"礼"。儒家社会是通过礼仪而不是法律进行治理(Kwok,1998),因为儒家的"礼"不是法律观念,而是道德观念,具有灵活性(Nuyen,2002)。对儒家思想中的"礼"有两个基本理解(Kim,2012b):一个是作为道德美德的礼,孟子为代表,认为公民政治美德由人类道德美德或个人道德品质推广、发展而来;一个是作为公民美德的礼,荀子为代表,认为在圣王创造的礼仪情境之外没有美德,因此"礼"实际上就是公民美德。不论哪种理解,以礼为调节基础的儒家社会注重公共秩序,强调中道和谐,关怀公共利益,满足不同公民的道德和物质需求(郭齐勇、陈乔见,2009;Kim,2012c)。更重要的是,在"礼"的限制和调控下,儒家公民一方面产生了自我规范的道德美德,另一方面产生了互惠和参与的公民美德(Kim,2012c),这是儒家公民社会"厚化"(thickening)的关键(Redding,1998)。

安乐哲(2013)论述了儒家社会以礼为核心的伦理结构。一方面,礼仪实践不仅引导人们进入合法的、确定的社会关系,而且还有个人创造的一面,是一个开放的、个人化的礼仪结构。伦理社会中的个体遵循一种彼此尊敬的人际关系模式,这种彼此尊敬是一种内在呈现而不是外在强加。另一方面,儒家礼仪实践确立的是等级化的角色结构,个人自主是遭唾弃的。不过,伦理社会的角色等级基于各种角色的特殊基质(matrix),人们之间的等级差距仅仅是社会结构中实际存在的不平等的反映(Nuyen,2001,2002)。儒家的礼仪实践并不排斥平等,而是体现了性质上的对等

(qualitative parity),包括权利和义务的对等、"和而不同"的平等(安乐哲,2013)。

　　2. 儒家等级制的合理性与伦理结构的扩展

　　儒家伦理社会结构确立的等级制在儒家看来具有合理性[1]。要理解这个观点,需要首先区分儒家中的两种平等:第一种是自然平等,指的是人生来平等(包括道德平等);第二种是价值平等,是指所有人都有平等的价值,并应该被平等对待(Munro,1969:1—2)。儒家等级制之所以具有合理性,原因在于儒家将自然的平等和价值的不平等结合在了一起(Kim,2015)。一方面,儒家认为人人皆可为尧舜,有平等地成为圣贤的能力。另一方面,在实际的生活中,不同人因为不同的社会条件和个人努力,实现成圣目标的程度并不相同(Dallmayr et al.,2009)。因此,原本在道德上自然平等的个体在现实的价值实现上却不平等,不同个体之间出现等级差异。

　　儒家的社会等级制主要表现在精英与非精英之间的区别上。儒家精英论者将公民分为两类:一类是儒家精英公民,一类是普通大众公民(Kim,2012c),二者具有不同程度的公民身份(姚中秋,2014)。儒家对精英等级制的支持是儒家肯定价值不平等的表现。儒家意识到人不可能完全平等,因为人总是生活在伦理社会关系中(Kwok,1998),伦理关系意味着一个以血缘为基础的自然伦理等级制,不同伦理角色拥有不同的权利,承担不同的义务。以"人权"为例,中文里的"人权"指的是 human power,而在儒家看来,人与人之间运用权力(power)的能力和程度都是不平等的。因此,儒家肯定人与人之间的价值不平等(evaluative inequality),并支持以此为基础建立的垂直等级社会(Nuyen,2001,2002)。

　　而且,儒家等级制还是促进社会平等所必需的(Nuyen,2001,2002)。一方面,儒家等级制具有平等效应。例如,儒家的等级化礼仪具有平等效果(Bell,2008);儒家的教育理念主张"有教无类",科举制为普通读书人提供了向上流动的机会,具有平等意义(Fukuyama,1995)。另一方面,儒家的美德政治(包括自我道德教化和社会信任)可以在道德和制度上对不平等进行限制,即使这种不平等是精英和非精英之间才能差异的反映(Kim,2013a)。

　　可以说,儒家等级制的合理性反映了儒家关注的面向:与政治参与和个人自由等价值相比,儒家更关注权利和自由的目的,如社会和谐和道德发展等(Angle,2002a;Peerenboom,1993)。儒家对把人们分为不同的政

---

　　[1]　"融合论"下的儒家等级制与社会平等的关系区别于"不相容论"和"相容论"之处在于:"不相容论"将儒家视为与平等价值相反的严格的等级制,"相容论"充分肯定儒家的平等观,而"融合论"是在承认儒家等级制的前提下,肯定该等级制所具有的合理性。

治阶级并不感兴趣,而是鼓励所有人进行道德完善,且相信所有人都有相同的能力进行道德努力(Kim,2015)。从道德完善的角度来说,儒家的确确立了一种贵族政治(Dallmayr et al.,2009;Kim,2015),一个开放的、道德的精英体制。因此,要重建儒家公民身份,关键是将"道"的贵族制转化为全民贵族制,也就是民主公民身份(Kim,2012c)。

此外,儒家的家庭伦理还被扩展到更为广泛的社会领域,这是君子公民作为一个个体与共同体相互依赖的概念在社会结构上的反映,完整的表达是"修身,齐家,治国,平天下"[1]。在这样一个由自我到天下的扩展链条里,家庭对儒家公民的培养至关重要。正如廖申白(2005b)在分析"做人"观念时指出的,儒家将家庭和私人交往的生活实践看作人之"成为人"的最重要场所,亦即在人伦日用实践中通过"做"而"成为"人。而且,儒家伦理有一个基本假设,即非家庭关系是家庭关系的渐变体,儒家的普遍原则由特殊原则推展开来,日常生活伦理与公共生活伦理之间可以一理贯通[2](Kim,2010a;廖申白,2001)。在扩展共同体中,儒家家族主义(Confucian familism)不仅不是公民社会的障碍,还是理解儒家政治自由和建构儒家公民身份的基础,原因在于,家族主义产生了道德个人主义,道德个人主义产生了公民性,从而联结了公民身份(Kim,2008b,2010a)。

(四)天下认同与儒家多元文化公民身份

儒家与"厚公民身份"的融合在国家层面上表现为"天下认同"与"儒家多元文化公民身份":儒家塑造了个体的"天下认同",并制作了儒家公民的"天下公民身份";儒家试图改造共同体民主和精英民主以适应多元文化社会,形成"儒家多元文化公民身份"。

1. 天下认同

"天下认同"是"厚"儒家公民身份的重要特征,它来自由自我开始的"修身、齐家、治国、平天下"的拓展链条,并最终制作了儒家个体作为世界共同体的成员资格,即"天下公民身份"(Nuyen,2002)。儒家的"天下认同"包括三个部分:一部分是对本国民族、文化、政治的认同,对应着国家公民身份;一部分是对不同国家组成的世界的认同,对应着全球公民身份;还有一部分是对包括人类和自然在内的宇宙的认同,对应着宇宙公民身份。首先,儒家强调国家对公民身份的重要性,认为儒家社会对国家有依赖和合作取向(马长山,2003),儒家的家族之爱是公民对国家情感的来源(Kim,2007)。儒家可以提供整合国家认同的某些共同价值和共同思

---

[1]　出自《礼记·大学》。

[2]　不过,将家庭假定为与社会同质的观点也遭到质疑,请参考廖申白(2001,2005a)、刘清平(2004b,2005a,2005b)。

想,形成与国家认同相对应的公民文化,凝聚和塑造国族(nation)意识(陈明,2013)。其次,儒家的仁义思想以普遍共享的人性为出发点,超出民族国家的界限,形成国际道德理论,试图建设一个大国/强国与小国/弱国相互连接的国际共同体,建构一种全球认同[1](Kim,2010c;Nuyen,2002)。再次,儒家反对以人类为中心的自然征服观,追求天、地、人三者和谐共处,形成一种超越人类中心主义的宇宙认同(杜维明、黄万盛,2005;李祖扬、杨明,2001;王树义、黄莎,2005)。

　　"天下认同"还与儒家的宪政主义传统联系在一起。在儒家的政治理论中,"天"不仅仅是一种自然存在,还是一种宪政精神的象征。董仲舒在"天人三策"中提出"天道宪政主义"的规划,以天道建政制,以天理限皇权,以"天"的名义"更化"国家精神,走向仁义治国,建构儒家士大夫的治理主体性,确立儒学教化的核心地位(姚中秋,2013b:48—101)。"天"不仅是儒家宪政精神的象征,还是儒家公民参与政治时可资利用的符号。例如孟子指出,人民并不直接参与到国王的选择之中,而是借助"天"间接地表达自己的意愿,行使自己的权利(Nuyen,2000)。可以说,"天下认同"及其对应的"天下公民身份"正是儒家宪政精神的基础。

　　具有"天下认同"的儒家君子公民积极履行自己的教化使命并视之为"天降大任",由组织家庭开始而扩展至形成社会,重建基层社会的自治秩序。儒家君子是社会自治的主体,他们以儒家价值改善基层社会的精神风俗,确立基层自治的规则体系,支配普通民众的日常生活,形成士君子领导的社会自治(姚中秋,2013a)。"礼"或"礼法"是调节儒家公民社会自治秩序的基本原则。在儒家社会中,礼是不露骨的法,法是另一种形态的礼,礼具有法律的权威(范忠信等,2011;梁治平,1997)。成中英(2009)指出,孔孟荀的思想架构表明"礼""法"等价,且"仁""义"美德导致了对于调控人权和公民权所处公共空间的公共道德的理解:热爱群体并且克制自我从而恢复"礼"。儒家社会自治要求公民具有道德美德和公民美德,通过儒家教化使个体学习互相负责的美德,产生对自治共同体的义务感,从而将私人的道德性与公共的公民身份连接起来(Lee,2007),形成一个在社会、经济和道德方面都可以自治的公民社会(Kim,2010e)。

　　2. 儒家多元文化公民身份

　　与西方社会类似,东亚社会正在变成多元社会(Kim,2012a),这意味着儒家民主传统不得不面临多元文化提出的新挑战。儒家民主有两个基本传统:儒家共同体民主和儒家精英民主。

---

　　[1]　阿朗索(Alonso,1995)批评了民族国家(nation-state)对形成全球公民身份认同具有阻碍作用,并指出诸如种族冲突、跨国社区、国家移民等因素正在侵蚀着"民族国家"概念的有效性。有关"全球公民身份"的论述还可参考福克斯(Faulks,2000)和斯蒂文森(Stevenson,2003)。

　　一方面,儒家民主被认为是一种共同体主义的文化政治(De Bary,1998a;Fox,1997;Hall & Ames,1999;Tan,2003),有利于非自由民主(illiberal democracy)的发展(Shin,2012)。不过,在多元文化社会里,儒家共同体民主不能解决少数族群可能因共同体利益而遭排斥的问题(Nuyen,2002)。类似的情形已经在西方社会出现。在西方多元文化情境中,自由公民身份使少数族群在自由实践中遭受不平等并被排斥,因此,西方学者提出一系列新的公民身份概念以适应多元文化情境[1]。同样地,面对多元文化的兴起,儒家公民身份也应该及时作出回应:不仅要承认个体的权利,还要承认个体对共同体的义务;不仅要承认群体之间的共享价值,还要承认族群之间的差异认同;而且,还要意识到族群不平等的文化根源。

　　另一方面,精英主义的儒家民主是一种有限的"薄"民主,人民主权受到儒家精英的限制(Bai,2008)。儒家精英民主论的基本观点是:基于儒家传统的义利二分的观点,最好的统治是由重义的少数精英统治重利的多数普通人,前者因为拥有更高的道德美德和公民美德而比后者更有资格成为统治者(Bell,2006b;Kim,2012a),公民身份也更加完整(姚中秋,2014)。不过,该论点在多元民主视角下很成问题,因为多元社会中的选择不仅在义利之间,而且更多的是在多个道德善(moral goods)之间(Kim,2012a)。

　　因此,儒家民主应该转向多元文化民主,建构多元文化公民身份,以应对多元社会的挑战。儒家传统包含着肯定多元文化的思想,特别是社会和谐观。在儒家思想中,和谐不是压制,而是让不同的力量共存于一个共同体之中,因此儒家和谐观有助于解决困扰自由公民身份的少数族群的难题,帮助不同群体搁置争议,谋求共同目标(Nuyen,2002)。正如福克斯(Faulks,2000)所言,赋予特定群体以特定权利可能导致社会碎片化,而对此问题的解决之道就是"和谐"[2]。

　　以儒家和谐观为基础的儒家多元民主意味着建构一个儒家多元文化公民身份,这需要对上述两个儒家民主传统作出批判性修改。儒家共同

---

　　[1]　这些新公民身份概念如:"差异公民身份"(differentiated citizenship),旨在保护受压制群体的利益(Young,1989);"多元文化公民身份"(multicultural citizenship),旨在让公民获得不同的文化认同(Kymlicka,1995);"弹性公民身份"(flexible citizenship),旨在让少数族群在保持母国文化认同的情况下参与到所在国的公共事务中(Ong,1999);"文化公民身份"(cultural citizenship),旨在肯定多元文化族群自我制作公民身份的权利(Delanty,2002;Rosaldo,1997;Stevenson,2003;Turner,2001)。

　　[2]　相反的意见(J.Chan,2008)认为,儒家奉行伦理完美主义,冲突是人类错误的结果,应该尽可能被消灭,因此儒家多元民主的前景并不乐观。帕伦勃(Peerenboom,1998)也指出,儒家的和谐观并未提供解决冲突的实际机制。

体民主和精英民主的共同问题是,二者都假定了儒家道德一元论:儒家共同体民主由于不够重视内在价值的多元性而假定道德一元论,儒家精英民主由于完全忽视甚至压制价值的多元性而接受道德一元论(Kim,2012a)。因此,儒家应该肯定现代民主情境中内在价值的多元性和人类多样性,将多元性纳入儒家共同体民主和精英民主的原有范式中,赋予少数族群在公民社会中辩论公共规范的宪政权利,从而将儒家民主论修改为一个富有活力的多元政治理论,使儒家公民身份能够容纳多元文化(同上)。儒家多元文化公民身份直接指向儒家公民的道德维度,因为致力于社会和谐的儒家公民(既包括君子也包括普通人)需要通过不断的自我道德教化来完善自己的美德伦理和公民道德(Steffen,2012)。换言之,儒家公民的批判性的道德审查是多元文化在儒家社会中实现"和而不同"的关键(Kim,2011c)。

五、结论

经过上述文献综述,我们可以对儒家和公民身份的关系进行初步总结。就目前已有的研究而言,学界对二者的关系并没有统一定论,而是存在三类既相互联系又彼此矛盾的观点,我将它们归纳为儒家与公民身份的"不相容论"、"相容论"和"融合论"。

第一,将儒家看作不自由或反自由的价值体系,同时将公民身份看作"薄公民身份",这构成了儒家与公民身份的"不相容论"。该论点的基本逻辑是:儒家是反现代性的文化;现代性价值来自近代西方,意味着进步;无法兼容现代西方的自由、权利、平等、民主等价值的儒家应该被摒除。"不相容论"是三类论点中持续时间最长且影响至今的观点。具言之,儒家与公民身份的不相容性体现在三个方面。一是权利和义务的关系。儒家是义务本位的,与权利本位的"薄公民身份"相悖,主要表现在儒家与西方个人权利和自由等价值相矛盾,阻碍人权发展,压制女性权利。二是社会等级和不平等。儒家精英统治制造了社会等级制,导致大众公民与精英公民在权利和道德方面存在难以克服的等级差异;儒家的家族伦理是一种压制社会平等的等级体系,阻碍了基于普遍公民美德的公民社会的发育。三是民主政体和威权政体的对立。儒家是一套威权主义的价值体系,所确立的威权政体与现代自由民主政体格格不入,阻碍了公民权利和政治参与意识的发育。

第二,将儒家看作自由的价值体系,同时将公民身份看作"薄公民身份",这构成了儒家与公民身份的"相容论"。该论点的基本逻辑是:认为儒家是反现代性的观点是对儒家的误解,儒家自身有其自由传统;儒家自由传统可以与西方自由民主价值兼容,这意味着进步;因此,儒家应该被纳入现代性的规划中。与"不相容论"一样，"相容论"以"薄公民身份"为参照，发掘儒家自身内部的现代价值。具言之，儒家与公民身份的相容性体现在三个方面。一是公民权利。儒家不仅可以容纳民事政治权利，还能容纳社会文化权利，并且与现代人权观念一致，主张保护女性权利。二是道德个人主义与平等。儒家自由传统的核心是"道德个人主义"，它奠定了儒家平等观念的基础；儒家社会也有公私之分，但更加强调公私结合。三是民主与宪政。"儒家民主"是可能的，因而儒家与民主公民身份相容；儒家还有助于发展东亚社会的资本主义，而经济发展是民主的条件，这进一步说明儒家与民主相容；儒家也与宪政理念相通，"儒家宪政主义"也是可能的。

　　第三，将公民身份看作"厚公民身份"，儒家与公民身份能够融合重构为一种新的"厚"儒家公民身份，是为"融合论"。该论点的基本逻辑是：儒家自身既有自由价值也有不自由价值；以个人权利为基础的"薄公民身份"问题重重，要解决这些问题，应该发展"厚公民身份"；对此，儒家可以作出特别的贡献。与其他两类观点相比，"融合论"具有更高的反思性和批判性，因为它既看到西方"薄公民身份"的问题，也看到自身发展"厚公民身份"的价值；既肯定儒家的自由价值，也接受儒家的共同体价值。具言之，儒家与公民身份的融合性体现在三个方面。在个体层面表现为"君子公民"。儒家自我是一个个体与社会相互依赖的概念，这使得儒家君子公民拥有一种伦理化的权利和义务；君子公民是一种兼具共同体责任感和个体积极性的"共同体主义的积极公民"。在社会层面表现为"伦理社会"。儒家社会是以礼为核心的伦理结构，它确立了一种社会等级制，这在儒家看来具有合理性；从家庭到社会的关系拓展是儒家伦理结构形成的原因。在国家层面表现为"天下认同"与"儒家多元文化公民身份"。儒家塑造了个体的"天下认同"，并制作了儒家公民的"天下公民身份"；儒家还试图改造共同体民主和精英民主以适应多元文化社会，形成"儒家多元文化公民身份"。

　　总而言之，儒家与公民身份的关系是当代公民身份研究的一个重要方向，是一个理解中国公民身份难以回避且很有价值的视角。本文对儒家与公民身份关系的阐述不仅限于雅诺斯基所谓的"共同体主义的公民身份体制"（Janoski，2014）。虽然共同体主义是儒家公民身份重要的文化资源，对建构"厚"公民身份具有不可替代的作用，但共同体主义自身的消极保守倾向可能导致"共同体主义的公民身份"缺乏反抗精神和行动活力（Kim，2008c，2009b，2010b，2011b，2011c，2012c）。而且，仅仅从共同体主义理解儒家公民身份忽略了多元文化对儒家社会提出的挑战（Kim，2012a），一个能够适应多元文化的儒家公民身份是必要的。作为一个富有争议性的新概念，"儒家公民身份"的核心矛盾仍然在于自由主义价值

(权利和自决)和共同体主义价值(义务和责任)的关系。我认为,将儒家理解为自由主义的或社群主义的都有失偏颇,因为儒家传统同时包含这两种价值(如本文提出的"共同体主义的积极公民"概念),而且儒家表达自由价值和共同体价值的方式有其自身特色,不同于西方的自由主义和共同体主义。因此,很难用自由公民身份或共同体公民身份来概括儒家公民身份的全部含义,或许真正妥帖的称谓即"儒家公民身份"——这里的"儒家"既包含自由价值也包含共同体价值。总的来说,"儒家公民身份"是一种具有自由精神的"厚公民身份",它的"厚度"不仅表现为积极的社会和政治参与,还表现为儒家公民的道德教化;不仅表现为对国家的认同,还表现为对天下的认同。最后,以历史观之,对"儒家公民身份"的探讨可算作五四新文化运动以来思考儒家现代迷思的延续,同时公民身份也为更加深入的反思提供了一个有价值的视角。乌尔里希·贝克等(Beck & Grande et al. ,2010)说中国的现代性是一种"压缩的现代性"(compressed modernity),也就是前现代价值和现代价值被压缩在同一个时空的现代性。借用这个概念,儒家公民身份可以说是一种"压缩的公民身份",也就是前现代价值(儒家文化)与"现代价值"(公民身份)共存融合于同一个时空的概念,这意味着我们需要对这两套价值体系做出新的反思和考察。

参 考 文 献

阿风:《明清时期徽州妇女在土地买卖中的权利与地位》,《历史研究》,2000 年第 1 期。

安靖如:《儒家的"德性—礼—政治"模式——进步儒学视角下的政治哲学》,《烟台大学学报》(哲学社会科学版),2014 年第 1 期。

安乐哲:《以礼仪为权利——儒家的选择》,《江汉论坛》,2013 年第 2 期。

蔡仁厚:《从儒家"以礼为体,以法为用"说到"儒家之礼与宪政"》,《深圳大学学报》(人文社会科学版),2013 年第 6 期。

柴荣:《中国传统法律文化中的"人权"因子》,《社会科学研究》,2008 年第 1 期。

陈弘毅:《调解、诉讼与公正——对现代自由社会和儒家传统的反思》,《现代法学》,2001 年第 3 期。

陈嘉明:《儒家知行学说的特点与问题》,《学术月刊》,2013 年第 7 期。

陈明:《国家建构与国族建构:儒家视角的观照与反思》,《社会科学》,2013 年第 1 期。

成中英:《"德""法"互补:一个儒家—康德式的反思(下)》,《齐鲁学刊》,2009 年第 4 期。

春杨:《清代民间纠纷调解的规则与秩序——以徽州私约为中心的解读》,《山东大学学报》(哲学社会科学版),2008 年第 2 期。

崔永东、龙文懋:《评中国思想家对道德与法律之关系的探索》,《孔子研究》,2003 年第 1 期。

邓晓芒:《再议"亲亲相隐"的腐败倾向——评郭齐勇主编的〈儒家伦理争鸣集〉》,《学海》,2007 年第 1 期。

狄百瑞:《中国的自由传统》,香港中文大学出版社 1983 年版。

杜钢建:《儒家仁学宪政主义之我见》,《太平洋学报》第 4 期。

杜维明:《儒家传统的现代转化》,中国广播电视出版社 1992 年版。

杜维明:《建构精神性人文主义——从克己复礼为仁的现代解读出发》,《探索与争鸣》,2014 年第 2 期。

杜维明、黄万盛:《中国传统价值观的现代意义——杜维明、黄万盛对话录(节选)》,《求是学刊》,2005 年第 4 期。

范忠信、郑定、詹学农:《情理法与中国人》,北京大学出版社 2011 年版。

冯友兰:《中国哲学简史》,涂又光编译,北京大学出版社 1985 年版。

干春松:《康有为和孔教会:民国初年儒家复兴努力及其挫折》,《求是学刊》,2002 年第 4 期。

公丕祥:《〈论语〉的法律价值取向》,《社会科学研究》,1993 年第 4 期。

郭齐勇:《也谈"子为父隐"与孟子论舜——兼与刘清平先生商榷》,《哲学研究》,2002 年第 10 期。

郭齐勇:《关于"亲亲互隐"、"爱有差等"的争鸣》,《江苏社会科学》,2005 年第 3 期。

郭齐勇:《"亲亲相隐""容隐制"及其对当今法治的启迪——在北京大学的演讲》,《社会科学论坛》,2007 年第 8 期。

郭齐勇、陈乔见:《孔孟儒家的公私观与公共事务伦理》,《中国社会科学》2009 年第 1 期。

郭齐勇、肖时钧:《"门内"的儒家伦理》,《华南师范大学学报》(社会科学版),2014 年第 1 期。

郭忠华:《代译序——公民身份的解释范式与分析走向》,载布赖恩·特纳编《公民身份与社会理论》,吉林人民出版社 2007 年版。

[奥]哈耶克:《个人主义与经济秩序》,邓正来译,生活·读书·新知三联书店 2003 年版。

何信全:《儒学与现代民主》,中国社会科学出版社 2001 年版。

胡仁智:《孔子"义利"观与现代法治和谐理念》,《现代法学》,2006 年第 4 期。

胡仁智:《论儒家法律文化对两汉郡县官吏司法活动的影响》,《湘潭大学学报》(哲学社会科学版),2009 年第 3 期。

胡水君:《中国法治的人文道路》,《法学研究》,2012 年第 3 期。

蒋庆:《政治儒学:当代儒学的转向、特质与发展》,生活·读书·新知三联书店 2003 年版。

康晓光:《儒家宪政论纲》,爱思想:http://www.aisixiang.com/data/41111.html,2011 年。

康晓光、韩恒、卢宪英:《行政吸纳社会:当代中国大陆国家与社会关系研究》,新加坡世界科技出版公司 2010 年版。

李本森:《秩序、自由、道德——关于儒家思想与现代法律的若干思考》,《法学》,1994 年第 2 期。

李长喜:《儒家思想与当代中国公民的法律意识》,《社会科学家》,1997 年第 6 期。

李祖扬、杨明:《简论中国古代的环境伦理思想》,《南开学报》,2001 年第 4 期。

梁启超著,李华兴、吴嘉勋编:《梁启超选集》,上海人民出版社 1984 年版。

梁漱溟著,鲍霁编:《梁漱溟学术精华录》,北京师范学院出版社 1988 年版。

梁漱溟著,鲍霁编:《中国文化要义》,河北教育出版社 1996 年版。

梁治平:《寻求自然秩序中的和谐》,中国政法大学出版社 1997 年版。

梁治平:《"民间"、"民间社会"和 Civil Society》,《云南大学学报》(社会科学版),2007
　　年第 1 期。

廖申白:《公民伦理与儒家伦理》,《哲学研究》,2001 年第 11 期。

廖申白:《儒家伦理与今日之公共生活问题》,《中州学刊》,2005 年第 3 期。

廖申白:《"做事":日常语言中朦胧的公共交往伦理观念》,《哲学研究》,2005 年第
　　7 期。

廖申白:《形成中的中国公民社会》,《首都师范大学学报》(社会科学版),2008 年第
　　4 期。

廖申白:《德性的"主体性"与"普遍性"——基于孔子和亚里士多德的观点的一种探
　　讨》,《中国人民大学学报》,2011 年第 6 期。

刘鸿鹤、刘越:《徐复观对西方经典自由主义的评析——兼与儒家政治思想比较》,《东
　　北大学学报》(社会科学版),2014 年第 6 期。

刘清平:《美德还是腐败?——析〈孟子〉中有关舜的两个案例》,《哲学研究》,2002 年
　　第 2 期。

刘清平:《从传统儒家走向后儒家》,《哲学动态》,2004 年第 2 期。

刘清平:《儒家伦理与社会公德——论儒家伦理的深度悖论》,《哲学研究》,2004 年第
　　1 期。

刘清平:《再论孔孟儒学与腐败问题——兼与郭齐勇先生商榷》,《学术界》,2004 年第
　　2 期。

刘清平:《论孟子推恩说的深度悖论》,《齐鲁学刊》,2005 年第 4 期。

刘清平:《"亲亲尊尊"还是"仁者爱人"——关于舜的腐败案例以及后儒家的再论证》,
　　《学术论坛》,2005 年第 1 期。

刘清平:《后儒家:以现代化超越前现代——对石永之先生的回应》,《东岳论丛》,2008
　　年第 4 期。

刘清平:《父子相隐、君臣相讳与即行报官——儒家"亲亲相隐"观念刍议》,《人文杂
　　志》,2009 年第 5 期。

刘清平:《论孔孟儒学贬抑法治的负面效应》,《江苏行政学院学报》,2009 年第 5 期。

刘清平:《儒家民本思想:工具性之本,还是目的性之本》,《学术月刊》,2009 年第 8 期。

刘清平:《王本位,还是民本位?——儒家立场辨析》,《上海师范大学学报》(哲学社会
　　科学版),2009 年第 5 期。

刘清平:《儒家倡导的是天下为公还是天下为家——兼论晚年熊十力对孔孟的批判》,
　　《探索与争鸣》,2013 年第 11 期。

刘筱红:《中国古代妇女的经济地位》,《中国史研究》,1995 年第 4 期。

[德]马克斯·韦伯:《儒教与道教》,王容芬译,商务印书馆 1999 年版。

马长山:《东亚法治秩序的局限与超越维度》,《中国法学》,2003 年第 3 期。

牟宗三:《生命的学问》(第六版),台北三民书局 1991 年版。

钱鸿猷:《西方法治精神和中国法治之路》,《中外法学》,1995 年第 6 期。

强昌文、吴宁:《法制现代化与传统儒家政治哲学》,《法制与社会发展》,2009 年第
　　2 期。

任锋:《儒家宪政的传统与展望》,《天府新论》,2013 年第 4 期。

任锋:《公共话语的演变与危机》,儒家网:http://www.rujiazg.com/article/id/4423/.
　　2014 年 10 月 21 日访问。

任锋:《政教相维下的"兼体分用":儒家与中国传统的文教政治》,《学海》,2014 年第
　　5 期。

任强:《为法律赢得神圣——中西法律观念的信仰基础反思》,《法制与社会发展》,
　　2004 年第 5 期。

石永之:《以现代性应对后现代——刘清平教授"后儒家"构想评议》,《东岳论丛》,
　　2008 年第 4 期,第 147—51 页。

宋志明:《现代新儒学与民主法制建设》,《深圳大学学报》(人文社会科学版),2012 年
　　第 2 期。

孙菲菲:《论中国传统法律文化中的女性特质》,《浙江大学学报》(人文社会科学版),
　　2009 年第 2 期。

陶毅、明欣:《中国婚姻家庭制度史》,东方出版社 1994 年版。

王苍龙:《重回道德主体:福柯与儒家的现代价值》,工作论文。

王凌皞:《孟子人性发展观及其法理意义》,《法学研究》,2013 年第 1 期。

王凌皞、劳伦斯·索伦:《儒家美德法理学论纲》,《浙江大学学报》(人文社会科学版),
　　2011 年第 1 期。

王树义、黄莎:《中国传统生态伦理思想的现代价值》,《法学评论》,2005 年第 5 期。

王长坤、刘宝才:《先秦儒法公私观简论》,《齐鲁学刊》,2004 年第 1 期。

韦政通:《伦理要面对现实生活》,《学术月刊》,2006 年第 9 期。

吴根友:《如何看待中国现代哲学问题意识的内在根芽?》,《华东师范大学学报》(哲学
　　社会科学版),2006 年第 3 期。

夏勇:《人权概念起源》,中国政法大学出版社 1997 年版。

萧伯符:《儒法两家的治国主张与现代法治方略比较研究》,《中国法学》,1998 年第
　　3 期。

肖滨、郭忠华、郭台辉:《现代政治中的公民身份》,上海人民出版社 2010 年版。

肖群忠:《儒家传统伦理与现代公共伦理的殊异与融合》,《中国人民大学学报》,2013
　　年第 1 期。

肖瑛:《复调社会及其生产——以 Civil Society 的三种汉译法为基础》,《社会学研究》,
　　2010 年第 3 期。

谢晖、姜艳君:《试论儒家伦理与现代法律的冲突》,《学习与探索》,1993 年第 3 期。

熊十力著,郭齐勇编:《现代新儒学的根基——熊十力新儒学论著辑要》,中国广播电
　　视出版社 1996 年版。

熊十力著,郭齐勇编:《十力语要》(第 1 卷),上海书店出版社 2007 年版。

徐复观:《学术与政治之间》,台北学生书局 1985 年版。

徐克谦:《论先秦儒家的个人主义精神》,《齐鲁学刊》,2005 年第 5 期。

徐扬杰:《中国家族制度史》,中华书局 1995 年版。

许纪霖:《儒家宪政的现实与历史》,《开放时代》,2012 年第 1 期。

亚里士多德:《政治学》,吴寿彭译,商务印书馆 1997 年版。

杨泽波:《法律西化背景下对儒学的双重苛求》,《河北学刊》,2004 年第 3 期。

姚中秋:《儒家宪政民生主义》,《开放时代》,2011 年第 6 期。

姚中秋:《重新发现儒家》,湖南人民出版社 2012 年版。

姚中秋:《儒家宪政论申说》,《天府新论》,2013 年第 4 期。

姚中秋:《儒家宪政主义传统》,中国政法大学出版社 2013 年版。

姚中秋:《重新思考公民与公共生活——基于儒家立场和中国历史经验》,《社会》,
　　2014 年第 3 期。

于语和:《〈周易〉"无讼"思想及其历史影响》,《政法论坛》(中国政法大学学报),1999
　　年第 3 期。

俞荣根:《儒家反酷刑的理论与实践》,《现代法学》,2001 年第 5 期。

张再林:《西方社群主义与儒家政治哲学》,《陕西师范大学学报》(哲学社会科学版),
　　2004 年第 1 期。

Alonso, William. 1995. "Citizenship, Nationality and Other Identities. " *Journal of International Affairs* 48(2):585—599.

Ames, Roger T.. 2011. *Confucian Role Ethics: A Vocabulary*, Honolulu: University of Hawaii Press.

Angle, Stephen C.. 2002a. *Human Rights and Chinese Thought*, Cambridge: Cambridge University Press.

Angle, Stephen C.. 2002b. *Human Rights in Chinese Thought: A Cross-Cultural Inquiry*, Cambridge: Cambridge University Press.

Angle, Stephen C.. 2009. *Sagehood: The Contemporary Significance of Neo-Confucian Philosophy*, Oxford: Oxford University Press.

Angle, Stephen C.. 2012. *Contemporary Confucian Political Philosophy: Toward Progressive Confucianism*, Cambridge: Polity Press.

Bai, Tongdong. 2008. "A Mencian Version of Limited Democracy. " *Res Publica* 14: 19—34.

Barber, Benjamin R.. 1988. *The Conquest of Politics: Liberal Philosophy in Democratic Times*, Princeton, NJ: Princeton University Press.

Barber, Benjamin R.. 2003. *Strong Democracy: Participatory Politics for a New Age*, ed. 20th anniversary. Berkeley: University of California Press.

De Bary, William Theodore. 1998a. *Asian Values and Human Rights: A Confucian Communitarian Perspective*, Cambridge, MA: Harvard University Press.

De Bary, William Theodore. 1998b. "Introduction. " In *Confucianism and Human Rights*, eds. William Theodore De Bary and Weiming Tu. New York: Columbia University Press.

Beck, U. , and E. Grande. 2010. "Varieties of Second Modernity: The Cosmopolitan

Turn in Social and Political Theory and Research. ”*British Journal of Sociology*, 61(3):409—443.

Bell,Daniel A.. 1993. *Communitarianism and Its Critics*,Oxford:Clarendon Press.

Bell,Daniel A.. 1996. “The East Asian Challenge to Human Rights:Reflections on an East West Dialogue. ”*Human Rights Quarterly*,18(3):641—667.

Bell,Daniel A.. 1999. “Democracy with Chinese Characteristics:A Political Proposal for the Post-Communist Era. ”*Philosophy East and West*,49:451—491.

Bell, Daniel A.. 2006a. *Beyond Liberal Democracy:Political Thinking for an East Asian Context*,Princeton,NJ:Princeton University Press.

Bell, Daniel A.. 2006b. “Taking Elitism Seriously:Democracy with Confucian Characteristics. ”In *Beyond Liberal Democracy:Political Thinking for an East Asian Context*,Princeton,NJ:Princeton University Press,152—179.

Bell,Daniel A.. 2008. *China's New Confucianism:Politics and Everyday Life in a Changing Society*,Princeton:Princeton University Press.

Berger,Peter L.. 1986. *The Capitalist Revolution*,New York:Basic Books.

Bloom,I.. 1998. “Fundamental Intuitions and Consensus Statements:Mencian Confucianism and Human Rights. ”In *Confucianism and Human Rights*, eds. William Theodore De Bary and Weiming Tu. New York: Columbia University Press, 94—116.

Bowlby,K,E P McDermott,and R Obar. 2011. “Personal Values, Behavior and Conflict Resolution Styles:A Study of Contemporary Mainland Chinese Business Students. ”*Journal of International Business Ethics*,4(1):42—72.

Cha,Seong Hwan. 2003. “Myth and Reality in the Discourse of Confucian Capitalism in Korea. ”*Asian Survey* 43(3):485—506.

Chan, Gary Kok Yew. 2008. “The Relevance and Value of Confucianism in Contemporary Business Ethics, ”*Journal of Business Ethics*,77(3):347—360.

Chan,Joseph. 1999. “A Confucian Perspective on Human Rights for Contemporary China. ”In *The East Asian Challenges for Human Rights*, eds. Joanne R. Bauer and Daniel A. Bell,Cambridge:Cambridge University Press,212—237.

Chan,Joseph. 2004. “Exploring the Nonfamilial in Confucian Political Philosophy. ”In *The Politics of Affective Relations:East Asia and beyond*, eds. Hahm Chaihar and Daniel A Bell. Lanham,MD:Lexington Books.

Chan,Joseph. 2007. “Democracy and Meritocracy:Toward a Confucian Perspective. ” *Journal of Chinese Philosophy*,34:179—193.

Chan,Joseph. 2008. “Confucian Attitudes toward Ethical Pluralism. ”In *Confucian Political Ethics*,ed. Daniel A. Bell. Princeton:Princeton University Press.

Chen,Albert H. Y.. 2003. “Mediation,Litigation,and Justice:Confucian Reflections in a Modern Liberal Society. ”In *Confucianism for the Modern World*, eds. Hahm Chaibong and Daniel A. Bell. Cambridge:Cambridge University Press,257—287.

Cheng,Chung-ying. 1998. “Transforming Confucian Virtues into Human Rights:A

Study of Human Agency and Potency in Confucian Ethics. ”In *Confucianism and Human Rights* , eds. William Theodore De Bary and Weiming Tu. New York: Columbia University Press,142—153.

Ching,J. . 1998. “Human Rights: A Valid Chinese Concept?” In *Confucianism and Human Rights* , eds. William Theodore De Bary and Weiming Tu. New York: Columbia University Press.

Ching,Julia. 1997. *Mysticism and Kingship in China : The Heart of Chinese Wisdom* , Cambridge: Cambridge University Press.

Clarke,J. J. . 1997. *Oriental Enlightenment* ,London and New York: Routledge.

Clarke,P. B. . 1994. *Citizenship* ,London: Pluto Press.

Clarke,P. B. . 1996. *Deep Citizenship* ,London: Pluto Press.

Creel,H. G. . 1949. *Confucius and the Chinese Way* ,New York: Harper and Row.

Culp,Robert. 2007. *Articulating Citizenship : Civic Education and Student Politics in Southeastern China* ,1912—1945,Cambridge: Harvard University Asia Center.

Cushman,Thomas. 2012. “Introduction. ”In *Handbook of Human Rights* ,ed. Thomas Cushman. New York: Routledge,1—7.

Dallmayr,Fred. 2003. “Confucianism and the Public Sphere: Five Relationships plus One?”*Dao: A Journal of Comparative Philosophy* ,2(2):193—212.

Dallmayr,Fred,Chenyang Li,Sor-hoon Tan,and Daniel A. Bell. 2009. “Beyond Liberal Democracy: A Debate on Democracy and Confucian Meritocracy. ” *Philosophy East and West* ,59(4):523—560.

Dalton, Russell J. , and Nhu-Ngoc T. Ong. 2005. “ Authority Orientations and Democratic Attitudes: A Test of the ‘Asian Values’ Hypothesis. ”*Japanese Journal of Political Science* ,6(2):211—231.

DeJaegher,J. G. . 2008. “Citizenship as Privilege and Power: Australian Educators’ Lived Experiences as Citizens. ” *Comparative Education Review* ,52 (3): 357—380.

Delanty,Gerard. 2002. “Two Conceptions of Cultural Citizenship: A Review of Recent Literature on Culture and Citizenship. ” *The Global Review of Ethnopolitics* , 1(3):60—66.

Du,Gangjian,and Gang Song. 1995. “Relating Human Rights to Chinese Culture: The Four Paths of the Confucian Analects and the Four Principles of A New Theory of Benevolence. ”In *Human Rights and Chinese Values: Legal* , *Philosophical* , *and Political Perspectives* , ed. Michael C. Davis. Oxford: Oxford University Press.

Englehart,Neil A. . 2000. “Rights and Culture in the Asian Values Argument: The Rise and Fall of Confucian Ethics in Singapore. ” *Human Rights Quarterly* , 22(2):548—568.

Etzioni, Amitai. 1995. *The Spirit of Community: Rights, Responsibilities and the Communitarian Agenda* ,London: Fontana Press.

Etzioni, Amitai. 1996. "A Moderate Communitarian Proposal." *Political Theory*, 24.

Faulks, K. . 2000. *Citizenship*, London: Routledge.

Fox, Russell Arben, 1997, "Confucian and Communitarian Responses to Liberal Democracy." *The Review of Politics*, 59(3): 561—592.

Fukuyama, Francis. 1995. "Confucianism and Democracy." *Journal of Democracy* 6(2): 20—33.

Fukuyama, Francis. 2009. "History Is Still Going Our Way." In *Global Politics in a Changing World*, eds. R. W. Mansbach and E. Rhodes. Boston, MA: Houghton Mifflin Harcourt Publishing Company.

Gallie, W. B. . 1955. "Essentially Contested Concepts." *Proceedings of the Aristotelian Society*, 56: 167—198.

Gellner, Ernest. 1994. *Conditions of Liberty: Civil Society and Its Rivals*, London: Penguin.

Goldman, M. , and E. J. Perry. 2002. "Introduction: Political Citizenship in Modern China." In *Changing Meanings of Citizenship in Modern China*, eds. M. Goldman and E. J. Perry. Cambridge, MA: Harvard University Press, 1—20.

Guan, Wei, Hui Tian, and Quanjiao Yu. 2014. "Study of the Value of Soft Power of the Traditional Confucian Moral Sentiments." *Cross-Cultural Communication*, 10(4): 154—158.

Guo, Zhonghua. 2007. "Preface of Translation: The Paradigms of Citizenship Interpretation and Future Trend." In *Citizenship and Social Theory*, eds. Zhonghua Guo and Hongjun Jiang. Changchun: Jilin Publishing Group LLC. , 1—14. (In Chinese).

Guo, Zhonghua. 2014. "The Emergence of the Citizen Concept in Modern China: 1899—1919." *Journal of Chinese Political Science*, 19(4): 349—64. http://link. springer. com/10. 1007/s11366 - 014 - 9302 - 6(January 6, 2015).

Hahm, Chaihark. 2004. "Disputing Civil Society in a Confucian Context." *Korea Observer*, 35(3): 433—462.

Hahm, Chaihark. 2009. "Ritual and Constitutionalism: Disputing the Ruler's Legitimacy in a Confucian Polity." *American Journal of Comparative Law*, 57: 135—141.

Hall, David L. , and Roger T. Ames. 1999. *The Democracy of the Dead: Dewey, Confucius, and the Hope for Democracy in China*, Chicago and La Salle: Open Court.

Hall, David L. , and Rover T. Ames. 1987. *Thinking through Confucius*, Albany, NY: State University of New York Press.

Harris, Peter. 2002. "The Origins of Modern Citizenship in China." *Asia Pacific Viewpoint*, 43(2): 181—203.

Heater, D. . 1999. *What Is Citizenship?* London: Polity Press.

Hirsch, H. N. . 1986. "The Threnody of Liberalism." *Political Theory*, 14.

Holmes, Stephen, 1989, "The Permanent Structure of Antiliberal Thought. " In *Liberalism and Moral Life*, ed. Nancy L. Rosenblum, Cambridge, MA: Harvard University Press, 227—253.

Hourdequin, Marion. 2010. "Engagement, Withdrawal, and Social Reform: Confucian and Contemporary Perspectives. "*Philosophy East and West*, 60(3): 369—390.

Huntington, Samuel P. . 1991. "Democracy's Third Wave. "*Journal of Democracy*, 2.

Huntington, Samuel P. . 1996. *The Clash of Civilizations and the Remaking of the World Order*, New York: Touchstone.

Ichilov, O. . 1998. "The Challenges of Citizenship Education in a Changing World. "In *Citizenship and Citizenship Education in a Changing World*, ed. O. Ichilov. London: Woburn Press, 1—22.

Ihara, Craig K. . 2004. "Are Individual Rights Necessary? A Confucian Perspective. "In *Confucian Ethics: A Comparative Study of Self, Autonomy, and Community*, eds. Kwong-loi Shun and David B. Wong. Cambridge: Cambridge University Press, 11—30.

Inoguchi, Takashi, Satoru Mikami, and Seiji Fujii. 2007. "Social Capital in East Asia: Comparative Political Culture in Confucian Societies. " *Japanese Journal of Political Science*, 8(3): 409—426.

Ivanhoe, Philip J. . 2000. *Confucian Moral Self Cultivation*, 2nd ed. Indianapolis: Hackett Publishing.

James, D. Fearon. 1999. "Electoral Accountability and the Control of Politicians: Selecting Good Types versus Sanctioning Poor Performance. " In *Democracy, Accountability, and Representation*, eds. Adam Przeworski, Susan C. Stokes, and Bernard Manin. Cambridge: Cambridge University Press, 55—97.

Janoski, Thomas. 2014. "Citizenship in China: A Comparison of Rights with the East and West. " *Journal of Chinese Political Science*, 19 (4): 365—385. http:// link. springer. com/10. 1007/s11366 - 014 - 9303 - 5 (January 6, 2015).

Kennedy, K. J. , C. L. Hahn, and W. O. Lee. 2008. " Constructing Citizenship: Comparing the Views of Students in Australia, Hong Kong, and the United States. "*Comparative Education Review*, 52(1): 53—91.

Kim, Sungmoon. 2007. "A Post-Confucian Civil Society: Liberal Collectivism and Participatory Politics in South Korea. "University of Maryland, College Park.

Kim, Sungmoon. 2008a. "Filiality, Compassion, and Confucian Democracy. " *Asian Philosophy: An International Journal of the Philosophical Traditions of the East*, 18(3): 279—298.

Kim, Sungmoon. 2008b. "The Origin of Political Liberty in Confucianism: A Nietzschean Interpretation. "*History of Political Thought*, XXIX(3): 393—415.

Kim, Sungmoon. 2008c. "Transcendental Collectivism and Participatory Politics in Democratized Korea. " *Critical Review of International Social and Political Philosophy*, 11(1): 57—77.

Kim, Sungmoon. 2009a. "Confucianism in Contestation: The May Struggle of 1991 in South Korea and Its Lesson. "*New Political Science*, 31(1): 49—68.

Kim, Sungmoon. 2009b. "Self-Transformation and Civil Society: Lockean vs. Confucian. "*Dao: A Journal of Comparative Philosophy*, 8(4): 383—401.

Kim, Sungmoon. 2010a. "Beyond Liberal Civil Society: Confucian Familism and Relational Strangership. "*Philosophy East and West*, 60(4): 476—498.

Kim, Sungmoon. 2010b. "Confucian Citizenship? Against Two Greek Models. " *Journal of Chinese Philosophy*, 37(3): 438—456.

Kim, Sungmoon. 2010c. "Mencius on International Relations and the Morality of War: from the Perspective of Confucian Moralpolitik. "*History of Political Thought*, XXXI(1): 33—56.

Kim, Sungmoon. 2010d. "The Secret of Confucian Wuwei Statecraft: Mencius's Political Theory of Responsibility. "*Asian Philosophy: An International Journal of the Philosophical Traditions of the East*, 20(1): 27—42.

Kim, Sungmoon. 2011a. "Confucian Constitutionalism: Mencius and Xunzi on Virtue, Ritual, and Royal Transmission. "*The Review of Politics*, 73(3): 371—399.

Kim, Sungmoon. 2011b. "The Anatomy of Confucian Communitarianism: The Confucian Social Self and Its Discontent. "*Philosophical Forum*, 42(2): 111—130.

Kim, Sungmoon. 2011c. "The Virtue of Incivility: Confucian Communitarianism beyond Docility. "*Philosophy and Social Criticism*, 37(1): 25—48.

Kim, Sungmoon. 2012a. "A Pluralist Reconstruction of Confucian Democracy. "*Dao: A Journal of Comparative Philosophy*, 11(3): 315—336.

Kim, Sungmoon. 2012b. "Before and after Ritual: Two Accounts of Li as Virtue in Early Confucianism. "*Sophia*, 51(2): 195—210.

Kim, Sungmoon. 2012c. "To Become a Confucian Democratic Citizen: Against Meritocratic Elitism. "*British Journal of Political Science*, 43(3): 579—599.

Kim, Sungmoon. 2012d. "Virtue Politics and Political Leadership: A Confucian Rejoinder to Hanfeizi. "*Asian Philosophy: An International Journal of the Philosophical Traditions of the East*, 22(2): 177—197.

Kim, Sungmoon. 2013a. "Confucianism and Acceptable Inequalities. "*Philosophy and Social Criticism*, 39 (10): 983—1004. http://psc. sagepub. com/cgi/doi/ 10. 1177/01914 53713507015.

Kim, Sungmoon. 2013b. "The Logic of Multiculturalism and Korean Democracy. " *Citizenship Studies* 17(3—4): 353—368.

Kim, Sungmoon. 2014. "The Way to Become a Female Sage: Im Yunjidang's Confucian Feminism. "*Journal of the History of Ideas*, 75(3): 395—416.

Kim, Sungmoon. 2015. "Confucianism, Moral Equality, and Human Rights: A Mencian Perspective. "*American Journal of Economics and Sociology*, 74(1): 149—185.

Kukathas, Chandran. 1996. "Liberalism, Communitarianism, and Political Community. " *Social Philosophy and Policy*, 13(1): 80—104.

Kukathas, Chandran. 1997. "Multiculturalism as Fairness: Will Kymlicka's Multicultural Citizenship." *The Journal of Political Philosophy*, 5(4):406—427.

Kwok, D. W. K.. 1998. "On the Rites and Rights of Being Human." In *Confucianism and Human Rights*, eds. W. T. De Bary and Weiming Tu. New York: Columbia University Press, 83—93.

Kymlicka, Will. 1995. *Multicultural Citizenship: A Liberal Theory of Minority Right*, Oxford: Oxford University Press.

Lau, Siu-kai, and Shin-chi Kuan. 1988. *The Ethos of the Hong Kong Chinese*, Hong Kong: The Chinese University Press.

Lee, Theresa Man Ling. 2007. "Liang Qichao and the Meaning of Citizenship: Then and Now." *History of Political Thought*, XXVIII(2):305—327.

Lee, W. O.. 2004. "Concepts and Issues of Asian Citizenship: Spirituality, Harmony and Individuality." In *Citizenship Education in Asia and the Pacific: Concepts and Issues*, eds. W. O. Lee, D. L. Grossman, K. J. Kennedy, and G. P. Fairbrother. Hong Kong, China: Comparative Education Research Centre (CERC) and Kluwer Academic Publishers, 277—288.

Leung, Lai Ching. 2014. "Gender Mainstreaming Childcare Policy: Barriers in a Confucian Welfare Society." *Journal of International and Comparative Social Policy*, 30(1):41—52.

Li, Chenyang. 1994. "The Confucian Concept of Jen and the Feminist Ethics of Care: A Comparative Study." *Hypatia*, 9 (1): 70—89. http://dx. doi. org/10. 1111/ j. 1527—2001. 1994. tb00110. x \ nhttp://www. jstor. org/stable/pdfplus/3810437. pdf? acceptTC=true.

Li, Chenyang. 1999. *The Tao Encounters the West: Explorations in Comparative Philosophy*, Albany: SUNY Press.

Lin, Hang. 2011. "Traditional Confucianism and Its Contemporary Relevance." *Cross-Cultural Communication*, 7(2):35—40.

Lipset, Seymour Martin. 1959. "Some Social Requisites of Democracy: Economic Development and Political Legitimacy." *American Political Science Review*, 53: 69—105.

Liu, Qingping. 2007. "Confucian Ethics and Social Morality: The Deep Paradox of Confucian Ethics." *Contemporary Chinese Thought*, 39(1):15—24.

Marshall, T. H.. 1963. *Sociology at the Crossroads and Other Essays*. London: Heinemann.

Marshall, T. H.. 1992. "Citizenship and Social Class." In *Citizenship and Social Class*, eds. T. H. Marshall and Tom Bottomore. London: Pluto Press, 1—51.

Mcleod, Alexus. 2012. "Ren as a Communal Property in the Analects." *Philosophy East and West*, 62(4):505—528.

Munro, Donald J.. 1969. *The Concept of Man in Early China*. Stanford: Stanford University Press.

Murthy, Viren. 2000. "The Democratic Potential of Confucian Minben Thought. " *Asian Philosophy*, 10(1): 33—47.

Nuyen, A. T.. 1999. "Chinese Philosophy and Western Capitalism. " *Asian Philosophy: An International Journal of the Philosophical Traditions of the East*, 9(1): 71—79.

Nuyen, A. T.. 2000. "Confucianism, the Idea of Min-Pen, and Democracy. " *Copenhagen Journal of Asian Studies*, 14: 130—151.

Nuyen, A. T.. 2001. "Confucianism and the Idea of Equality. " *Asian Philosophy: An International Journal of the Philosophical Traditions of the East*, 11 (2): 61—71.

Nuyen, A. T.. 2002. "Confucianism and the Idea of Citizenship. " *Asian Philosophy: An International Journal of the Philosophical Traditions of the East*, 12 (2): 127—139.

Nuyen, A. T.. 2005. "On Confucian Idea of Citizenship. " In *Challenging Citizenship: Group Membership and Cultural Identity in a Global Age*, ed. Sor-hoon Tan. Aldershot: Ashgate, 169—182.

Oldfield, A.. 1990. *Citizenship and Community*. London: Routledge.

Ong, Aihwa. 1999. *Flexible Citizenship: The Cultural Logics of Transnationality*. Durham & London: Duke University Press.

Park, Chong-Min, and Doh Chull Shin, 2006. "Do Asian Values Deter Popular Support for Democracy in South Korea?" *Asian Survey*, 46(3): 341—361.

Park, Mijung, and Catherine Chesla, 2007, "Revisiting Confucianism as a Conceptual Framework for Asian Family Study. " *Journal of Family Nursing*, 13 (3): 293—311.

Peerenboom, Randall. 1993. "What's Wrong with Chinese Rights? Toward a Theory of Rights with Chinese Characteristics. " *Harvard Human Rights Journal*, 6: 29—57.

Peerenboom, Randall. 1998. "Confucian Harmony and Freedom of Thought. " In *Confucianism and Human Rights*, eds. W. T. De Bary and Weiming Tu. New York: Columbia University Press, 234—260.

Pocock, J. G. A.. 1995. "The Ideal of Citizenship since Classcial Times. "In *Theorizing Citizenship*, ed. Ronald Beiner. Albany, NY: State University of New York Press.

Redding, S. Gordon. 1998. "The Impact of Multinationals on the 'Thickening' of Civil Society: Current Developments in the Economy of China. " In *Business and Democracy*, eds. Ann Bernstein and Peter L. Berger. London and Washington: Pinter, 93—106.

Rosaldo, Renato. 1997. "Cultural Citizenship, Inequality, and Multiculturalism. " In *Latino Cultural Citizenship*, eds. W. Flores and R. Benmayor. Boston, MA: Beacon Press, 27—38.

Rosemont, Henry Jr.. 1988. "Why Take Rights Seriously? A Confucian Critique. "In

Human Rights and the World's Religions, ed. Leroy S. Rouner. South Bend, IN: Notre Dame University Press, 167—182.

Rosemont, Henry Jr.. 2004. "Whose Democracy? Which Rights? A Confucian Critique of Modern Western Liberalism. "In *Confucian Ethics: A Comparative Study of Self, Autonomy, and Community*, eds. Kwong-loi Shun and David B. Wong. Cambridge: Cambridge University Press, 49—71.

Rouner, L.. 2000. *Civility*. Notre Dame, IN: Notre Dame University Press.

Rozman, Gilbert. 1991. *The East Asian Region: Confucian Heritage and Its Modern Adaptation*. Princeton, NJ: Princeton University Press.

Sandel, Michael. 1983. *Liberalism and the Limits of Justice*. Cambridge: Cambridge University Press.

Schwartz, Benjamin I.. 1985. *He World of Thought in Ancient China*. Cambridge, MA: Belknap Press of Harvard University Press.

Shin, Doh Chull. 2012. *Confucianism and Democratization in East Asia*. Cambridge: Cambridge University Press.

Sim, May. 2013. "Confucian Values and Human Rights. "*The Review of Metaphysics*, 67(1): 3—27.

Song, Jaeyoon. 2009. "The Zhou Li and Constitutionalism: A Southern Song Political Theory. "*Journal of Chinese Philosophy*, 36(3): 423—438.

Spina, Nicholas, Doh Chull Shin, and Dana Cha. 2011. "Confucianism and Democracy: A Review of the Opposing Conceptualizations. "*Japanese Journal of Political Science*, 12(1): 143—160.

Steffen, Lloyd. 2012. "Human Rights: Virtue's Last Resort?" *Global Virtue Ethics Review*, 6(3): 83—116.

Stevenson, Nick. 2001. "Culture and Citizenship: An Introduction. "In *Culture and Citizenship*, ed. Nick Stevenson. London: Sage Publications.

Stevenson, Nick. 2003. *Cultural Citizenship: Cosmopolitan Questions*. London: McGraw-Hill Companies.

Tan, Sor-hoon. 2003. *Confucian Democracy: A Deweyan Reconstruction*. Albany, NY: State University of New York Press.

Taylor, Charles. 1989. "Cross-Purposes: The Liberal-Communitarian Debate. " In *Liberalism and the Moral Life*, ed. Nancy L Rosenblum. Cambridge, MA: Harvard University Press.

Tilly, C.. 1995. "The Emergence of Citizenship in France and Elsewhere. " *International Review of Social History*, 40(suppl. 3): 223—236.

Tiwald, Justin. 2008. "A Right of Rebellion in the Mengzi?" *Dao: A Journal of Comparative Philosophy*: 269—282.

Tiwald, Justin. 2012, "Confucianism and Human Rights. "In *Handbook of Human Rights*, ed. Thomas Cushman. New York: Routledge, 244—254.

Tu, Weiming. 1979. *Humanity and Self-Cultivation*. Berkeley, CA: Asian Humanities

Press.

Tu, Weiming. 1984. *Confucian Ethics Today: The Singapore Challenge*. Singapore: Curriculum Development Institute of Singapore.

Tu, Weiming. 1985. *Confucian Thought: Selfhood as Creative Transformation*. Albany, NY: State University of New York Press.

Tu, Weiming. 1989. "Confucianism in an Historical Perspective." *Institue of East Asian Philosophies*, 15.

Tu, Weiming. 1993. *Way, Learning, and Politics: Essays on the Confucian Intellectual*. Albany, NY: State University of New York Press.

Tu, Weiming. 1998. "Joining East and West." *Harvard International Review*, 20(3): 44—49. http://proxy. mul. missouri. edu/login? url=http://search. ebscohost. com/login. aspx? direct=true&db=a9h&AN=748884&site=ehost-live.

Tu, Weiming. 2002. "Confucianism and Liberalism." *Dao*, 2(1): 1—20.

Tu, Yuxin. 2011. "Citizenship with Chinese Characteristics? An Investigation into Chinese University Students' Civic Perceptions and Civic Participation." *Frontiers of Education in China*, 6(3): 426—448.

Turner, Bryan S. . 1993a. "Outline of the Theory of Human Rights." In *Citizenship and Social Theory*, ed. Bryan S. Turner. London: Sage Publications, 162—190.

Turner, Bryan S. . 1993b. "Preface." In *Citizenship and Social Theory*, ed. Bryan S. Turner. London: Sage Publications, vii—xii.

Turner, Bryan S. . 2001. "Outline of A General Theory of Cultural Citizenship." In *Culture and Citizenship*, ed. Nick Stevenson. London: Sage Publications.

Turner, Bryan S. . 2006. *Vulnerability and Human Rights*. Pennsylvania: The Pennsylvania University Press.

Twiss, Sumner B. . 1998. "A Constructive Framework for Discussing Confucianism and Human Rights." In *Confucianism and Human Rights*, eds. William Theodore De Bary and Weiming Tu. New York: Columbia University Press, 27—53.

Walzer, M. . 1994. *Thick and Thin: Moral Argument at Home and Aboard*. Notre Dame, IN: University of Notre Dame.

Wang, Qingjie. 1999. "The Golden Rule and Interpersonal Care——From a Confucian Perspective." *Philosophy East and West*, 49(4): 415—438.

Wang, Zhengxu. 2007. "Postmodern Values in Seven Confucian Societies: Political Consequences of Changing World Views." *Japanese Journal of Political Science*, 8(3): 341—359.

Wang, Zhengxu. 2008. *Democratization in Confucian East Asia: Citizen Politics in China, Japan, Singapore, South Korea and Taiwan*. Youngstown: Cambria Press.

Weber, Max. 1981. *General Economic History*. ed. F. H. Knight. London: Transaction Publishers.

Williams, B. . 2006. *Ethics and the Limits of Philosophy*. London: Routledge.

Young, Iris Marion. 1989. "Polity and Group Difference: A Critique of the Ideal of Universal Citizenship. "*Ethic*, 99:250—274.

Young, Stephen B. . 1998. "The Orthodox Chinese Confucian Social Paradigm. " In *Confucianism and the Family*, eds. W. H. Slote and G. A. De Vos. Albany, NY: State University of New York Press, 137—161.

Yu, X. Z. . 2002. "Citizenship, Ideology, and the PRC Constitution. " In *Changing Meanings of Citizenship in Modern China*, eds. M. Goldman and E. J. Perry. Cambridge, MA: Harvard University Press, 288—307.

Yun, Ji Whan. 2010. "The Myth of Confucian Capitalism in South Korea: Overworked Elderly and Underworked Youth. "*Pacific Affairs*, 83(2):237—259.

Yung, Betty. 2010. "Can Confucianism Add Value to Democracy Education?"*Procedia Social and Behavioral Sciences*, 2(2):1919—1926.

文化公民身份

关系、行动与伦理：
当代公民身份研究中的文化转向

易 林*

一、公民身份研究中的文化转向

在西方，研究公民身份[1]的历史较长且文献丰富。不过探讨公民身份的文化方面，或者说文化公民身份（cultural citizenship），还是一个在过去一二十年中崛起的新兴研究领域。新兴研究领域出现的关键动力来自对理想化的（idealized）传统公民身份概念的挑战。这种传统概念首先认为，公民身份仅仅意味着在一个民族—国家里所拥有的民事（civil）、政治和社会成员身份（Marshall，1950），分别对应于法律框架内的"陪审制度、议会和福利国家"（Turner，2001：11，12，15）。不过，特纳认为，一个人的法律地位"紧密地联系着一个给定社会中的法律的特定文化形式[比如该社会对人、财产和特权的独特概念（理解）]"。（同上：11）其次，这种传统概念假设，公民身份仅仅意味着民族—国家的成员身份，也即，公民身份是"一种在行政管理上中央集权、在文化上均质的政治共同体形式"。（Carens，2000：161）换句话说，即便承认公民身份的文化维度，一个民族—国家的公民仅仅被认为是生活在一个统一的、均质的、整合的国族文化（national culture）之中——这尤其以掌握一种主导性语言为特征（Stevenson，2001b：3，Turner，2001：12，13）。因此，文化公民身份的最初定义可以被描述为公民"有效地、有创造性并且成功地参与到一个国族文化中的能力"，（Turner，2001：12）即公民对具有合法性的文化资本的掌握和运用能力（Bourdieu，1997［1986]）。

　＊　易林，英国布里斯托大学社会学博士，现为厦门大学公共事务学院教授，博士生导师。主要研究方向为文化公民身份。
　[1]　citizenship 在中文中的翻译有"公民身份"、"公民资格（质）"、"公民权"。本文主要采用第一种译法，并依据上下文适当使用后两种术语。

不过，特纳认为，过去几十年中，全球化、去殖民化（decolonization）与多元文化主义的兴起共同创造了一种以文化民主化（cultural democratization）为特征的后现代文化环境（Turner，2001：13，15—16，18）。这种文化民主化的环境在为不同群体、不同社会和不同国家的成员提供一个承认和欣赏公众品味和生活方式的多样化（diversification）的机会的同时，也提出了承认和欣赏它们的碎片性（fragmentation）的要求（Stevenson，2001b：3，Turner，2001：13，18）。在这些情境的影响下，公民身份的文化概念不再局限于在一个政治—法律框架内所具有的对国家的归属感以及对国族文化的参与，而是流动于多种不同层次的文化之内和之间，即公民身份具有了"弹性"（flexible）（Ong，1999）。这就使得公民有条件和机会参与到地方、国家和全球层面不同的文化共同体中去。用特纳的话来说，这就形成了一个多元文化的公民身份（multi-cultural citizenship），并由此给公民的文化身份在带来更多可能性的同时，也带来复杂性甚至争议性（contestation）（Turner，2001）。

二、研究路径的多元化

在这场对公民身份，尤其是文化公民身份的讨论中，学者对于什么是"文化公民身份"，或者文化公民身份中的"文化"指的是什么，持有不同的看法。传统公民身份观强调的是国族文化，认为国家的教育体制应该培养年轻一代将来充分参与到统一整合的主流社会中来的文化资本或者文化资质。与此相反，那些关注被主流社会边缘化的少数族裔的学者则坚持认为，对少数族裔的文化关注和包容才能真正体现由尊重差异而带来的平等（Young，1990；Rosaldo，1994；Kymlicka，1996；Kymlicka & Norman，2000）。因此，最初对文化公民身份的不同理解，涉及政治哲学中群体权利和个人权利孰轻孰重的社群主义和自由主义之间的争论（Delanty，2002）。同时，正如迪兰提（Delanty，2002，2007）所说，"文化"不应该仅仅指向少数族裔，它也应该指向所有（文化）少数群体，因为这些群体，如维嘉和冯·亨斯布勒克（Vega & van Hensbroek，2010：245—246）所说，由于长期被边缘化而需要提出具有政治意义的文化诉求。他们列举的这些群体包括来自非西方国家的移民、戴盖头的（穆斯林）妇女、女性主义者、同性恋权益活动者，等等。同时，科技和经济的发展也使得另一种观点认为，现代社会（新）媒体以及消费主义的发展催生了以生活方式为中心的文化公民，他们的生活方式跟电视、网络或消费紧密相连。这些群体对生活方式（文化）的关注强于对政治的关注，或者说，他们把政治转变成了一种生活方式（同上）。当然，最激进的立场建立在（比如，女性主义）对古典公民概念的批评中。该立场认为古典概念忽略了公民身份的主体性(subjectivity)，因为它把公民身份看作一种普世的形式，所以对其总是具有特殊性("文化")的政治视而不见，对政治的理解过于狭隘。这种颠覆性的观点因而把每个人都看作"文化"公民(同上)。这种人人都是文化公民的观点也可以从斯蒂文森主编的探讨文化与公民身份关系的论文集话题的多样性中看出，比如除了种族话题之外，它还讨论了流行文化、性别、残疾、青少年等不同维度的文化及其群体与公民身份之间的关系(Stevenson,2001a)。同时，具有后现代视角的学者(比如上文提到的特纳)更倾向于把文化公民身份看作流动的、多维的，即具有开放性的身份。正如卡伦斯所说，在一个高度变化的世界里，对公民身份及其概念的理解需要从一个"多维开放并且出自实践"的角度展开(Carens,2000：176)。这种视野使得文化公民身份跟全球化时代文化空间的流动和变化发生了密切的关系；文化空间的流变催生了对跨国性以及虚拟空间中文化公民身份的研究(Ong,2003;Goode,2010)。

可见，当代公民身份的内涵复杂多样，而只有引入文化公民身份的概念，我们才能真正理解公民身份的政治法律含义，因为法律文本比如身份证件、护照等所表明的公民身份只有通过日常生活实践才能实体化(substantiated)。这导致了"日常公民身份"这一源自"文化公民身份"的新概念的出现(Ong,2003)。文化公民身份理论概念的发展还原了被政治—法律规范视角简约化了的公民身份在形塑过程中所展现出来的多元性、复杂性和争议性，从而"导致了对于公民权的一种社会学意义的定义，这种定义不强调法律的规定，而更强调(习传的)规范、惯例、意义、认同"(艾辛、特纳,2007:6)。这种注重实践的研究路径标志着当代对公民身份的规范性政治学研究在相当程度上向更具实证性的社会学、人类学研究的一个转向。

如上文所述，关注公民身份的文化维度也就意味着关注它的实体性。不过，不同学者所关注的实体性有所不同。这种关注可以是一般意义上对公民身份的文化资源进行关注，也可以是对差异的政治(the politics of difference)进行关注；它可以聚焦于公民的日常行动，因此就会一方面对公民之间的交往以及交往中运用的话语或者叙述进行关注，另一方面对公民对其公民资格进行自我培养进行关注，即从福柯意义上的(自我)治理(术)的角度进行关注；此外，它还可以着重关注如何把不同个人或不同群体的特殊性与国家和社会的整体性结合起来的问题(Vega ＆ van Hensbroek,2010:249—252)，即关注社会学中的一个根本性问题：个人与社会的关系。同时，虽然都承认文化与公民身份的不可分割性，文化公民身份学者对于把研究眼光放在何处也有分歧。一方面，有些学者更多地把文化公民身份当作分析工具，用以描述公民身份的内涵，或者发展出一种与把公民身份作为规范性的政治—法律概念进行运用的立场相对立的怀疑立场(比如,托比·米勒,2007;Culp,2006;Bhandar,2010;van Oenen,2010;Vega,2010)。另一方面,也有学者认为,对文化公民身份的研究应该把更多精力放在思考和实践更好的公民身份的形式上,也就是探讨"应该具有的"文化公民身份形式,而非止步于描述或怀疑现存的文化公民身份形式;"应该具有的"文化公民身份形式是指对诸如世界主义、民主、赋权或者反思性的公民文化特质所进行的探讨(Delanty,2007;Boomkens,2010;Stevenson,2010;van Hensbroek,2010)。看似分歧的这两种角度其实互为补充:前一种角度是对现存文化公民身份的多样性、复杂性或多种立场进行的描写和分析,后一种角度则是在探讨前一种角度的研究发现时不可避免要遭遇到的问题——共同体中多样性、复杂性的和谐相处何以可能? 或者,共同体中不同群体的公民可以通过怎样的路径去理解自我以及自我与他人的关系? 换句话说,两种关注眼光均承认文化公民身份的多样性、复杂性和争议性,因此最终需要解决的焦点问题便是:如何找到一条创造一种共同文化的途径。文化公民身份理论家通过分析当下由新自由主义所主宰的资本主义社会对人类及其关系的异化,探讨了如何通过广义的教育发展出一种以交流和反思为特征的开放的公共民主文化的路径。这种公共民主文化的目的是使民主不但成为公民的一套规范,更成为公民的日常生活实践和文化,并由此最终达到摒弃资本主义、实现伦理社会主义(ethical socialism)的目标。

三、通过教育发展公共民主文化

实体性的公民资质并非公民生而有之,而是要通过学习获得。换句话说,要获取共同体文化世界中的方向感并因此成为共同体的合格成员,需要以文化和认知的习得为先决条件。因此,无论是基于国家立场对公民进行的国族文化的培养还是基于其他立场对公民的文化价值观进行的培养,目的都在于通过一个学习过程获取所需的文化资源或资质。不同之处在于,国家立场强调的是国族文化的规训作用或者对公民身份的"治理化"(governmentalization),强调对由公共官员所解读的官方价值观的学习(Delanty,2007);其他立场可能强调多种不同的文化在创造公民身份中的不可忽略性。迪兰提在对不同立场的分析中,把文化公民身份理论路径分为以金里卡(Will Kymlicka)为代表的自由社群主义立场和以斯蒂文森为代表的(文化)社会学立场(Delanty,2002,2007)。迪兰提认为,前一种立场把民族政治多元性带来的文化身份看作基本固定的身份,这些身份需要由政体(比如国家)接纳,以此提高其公民身份(地位)。相反,迪兰提认为,斯蒂文森把文化公民身份看作日常经历中由协商和话语——沟通或交流——构建出来的地位,因此是有关日常经验、学习过程和赋权话语的实践(同上)。这后一种立场关注人们是如何通过使用不同的语言风格和形式、文化模式、叙述及话语来理解他们的社会以及自己在其中所处的位置,并据此构建行动,进一步提出对(文化)权利(文化公民身份)的要求。这是通过对信息流动以及物品和文化进程进行掌控这么一种积极行动,来命名、创造意义,构建个人经历和叙述的一种能力。在这种赋权的实践过程中,公民身份关注如何习得行动能力和责任能力,更关注如何学习(理解)自我以及自我与他人的关系。在这里,迪兰提强调了学习过程中的核心因素——沟通。在他看来,由于新自由主义持续给我们带来的对生活的失望以及社会病理(诸如沮丧、自杀、仇视和暴力行为,下文有进一步阐述),人们失去了一种共同语言来交流他们被剥夺、被践踏、不被承认的经历。因此他认为需要创造一种新的"惯习"(habitus)或者语言来表述集体的经历,通过学习(理解)自我和他人来重新定义工作、社会关系和物质环境。这是一种唤醒意识的话语,会促成自己和他人的认知转变,是一种反思性的话语实践过程。他因此把这种文化公民身份称为"解释的公民身份"(discursive citizenship);或者说他认为话语实践过程才是文化公民身份的核心。显然,迪兰提及斯蒂文森的文化公民身份立场轻体制而重日常生活中的沟通实践,不同于规训式的公民身份立场。这种立场在下文将要阐释的数码媒体研究领域中体现得尤为突出。[1]之所以这样,是因为迪兰提相信,新自由主义对社会的侵蚀造成了公民身份的基础缺失甚至使公民身份的基础遭到严重瓦解,此时"体制(自身)是无法为社会整合提供新的模式的"(Delanty,2007:6)。这也就是为什么斯蒂文森把文化公民身份跟"美好社会"(the good society)联系起来,并把美好社会跟"正当社会"(the right society)区分开来的原因。通过这种途径把公民身份和社会体制联系起来,公民身份的个人维度和政治维度便能够汇合于文化话语实践之中,个人的学习和反思也由此演变为集体的学习和反思;迪兰提进一步希冀,这样一种文化公民身份最终能在社会制度中得以实现(Delanty,2002)。

在斯蒂文森看来,当代公民身份的研究倾向于忽略"美好社会"的理念,这主要有两个原因。首先,跟迪兰提一样,他认为新自由主义实践主宰了当今世界。新自由主义鼓吹一种原子化的自由市场竞争,国家行政力量试图管理的是"公共利益",代价便是社会只能建立在职能简单的国家、薄弱的民主和大众消费主义的基础之上。这种社会不需要对什么是

---

[1] "数码"、"数字"和"数位"均为digital的中文翻译。本文采用"数码"译法。同时,本文采用"数码媒体"而非"新媒体"的概念(除非引用他人之说),原因之一正如古德(Goode,2010:532)所说,新旧媒体的区分并不如有些学者认为的那么大,同时传统媒体仍然在注意力经济(attention economy)中占据主导地位。

美好社会进行广泛的讨论;与此相关,现代公民也不仅在失去对民主的兴趣,同时也在失去对批判思维的兴趣。换句话说,现代社会正在失去的是一种批判思维的共同文化。忽略"美好社会"的第二个原因是,占据现代政治理论中心位置的理念是"正当"而非"美好"。所谓正当的概念就是指把一套最小值的公共规则(minimal set of public rules)理解为社会成立的基础,由此推行一种普世性的公民身份。对"美好社会"的思考传统可以追溯至亚里士多德,或者跟伦理社会主义的传统联系起来。传统上,一个美好社会主要关心公民是否生活幸福、拥有公德,并且是否在共同体内兴旺发展。亚里士多德认为,生活的最终目的是幸福,幸福要通过作为目标本身的实践来寻找。因此,斯蒂文森认为,伦理在这里就是一种实践活动,就像教师通过实践寻求成为一名更好的教师,记者通过实践寻求在沟通方面更加出色一样。换句话说,人类的幸福均存在于对自我实现和自我满足的寻求之中。因此,在这层意义上,美好社会不仅指民主社会,而且也指一个社会是否能够创造公共空间,允许公民反思怎样才能拥有一个使每个个体公民都能兴旺发展并且具有公德的共同体。这也就是说,在一个美好社会里,公民对自己幸福的关注与对共同体内他人的幸福的关注,以及对共同体的责任感(即便我们有时并不觉得自己有某种义务)同样重要——这些就是"伦理"的意义。如果没有这些伦理感,公民就很容易出现对他人的麻木——麻木导致的极端情况就是德国人对犹太人的大屠杀。可见,伦理社会主义指向的是一种未来——或者乌托邦色彩的——社会,在这种社会里,每个公民都能兴旺发展,同时又能参与到自主的、有文化创造力的、有活力的公民社会中来。然而,虽然我们生来就处于一定的关系之中并且具有情感,但却不具有天生的民主意识,即我们不是生来就知道如何处理共同体中的关系和情感的人;民主的质素需要通过公民反思性交流共同关心的问题才能获取。在一个由只强调市场机会和工具性标准的资本主义操控的世界里,这种伦理社会主义只能通过一种教育性并且大众性的文化才能逐渐实现,并且最终摒弃资本主义。这才是文化公民身份需要关注的问题:学习与自我改变(Stevenson,2010:77—79)。这种创造一个学习和交流的社会的努力被雷蒙德·威廉斯(Raymond Williams)称为"漫长的革命"(同上:282)。

这场革命旨在将文化问题和公共领域联系起来。对于威廉斯来说是,伦理社会主义中的公共文化应该能够在一系列文化区分和文化飞地之间推进对话,它是一种对话(dialogue)而非契约(agreement);它关注普通人如何对他们的文化作出贡献、批判和再解释,也就是普通公民如何成为文化的生产者和批判者(同上：283，275)。[1]创造这种公共文化的途径就是教育。教育在这里的关键作用就是培养人们在日常生活环境中分析讨论道德和伦理问题的习惯；这种能力既要通过正式的教育体系，也要通过民主化的公共领域——如媒体、流行文化和公民社会等——来培育。这是一种广义的教育。只有这样，作为一套规范的民主和作为日常生活和文化实践之一部分的民主之间的差距才能得以弥合。因而，这种观点既认为民主社会需要多元的讨论形式，同时这种民主文化本身是建立在培养或发展公民的伦理感的基础之上的(同上：281—282)。简而言之，在威廉斯所期望的(伦理)社会主义社会中，公民有权利拥有真正的民主教育、多元性的公共空间以及能够保证他们社会福利的国家(同上：275)。这种社会主义不仅仅是对异化了的人类能力的全面恢复，更是要建立崭新的、复杂的交流能力和关系(同上：284，285)。

　　恩靳·艾辛和布雷恩·特纳区分了两种不同理念推动下的两种教育——新自由主义教育和美德伦理学教育，并对二者的目的进行了简明扼要的解读。他们指出："新自由主义者认为公民需要培训，目的是为了在劳动市场获得一个工作。"这种以市场为导向的新自由主义带来了劳动临时化、就业不充分、提前退休、弹性工时等严重的社会新现象，并由此导致传统工作角色受到侵蚀，将劳动者边缘化。同时，新自由主义理念指导下的政府则倾向于削减教育经费，并极力抑制大学在提供超越实用性工作技能训练的教育方面的自主权，(大学)教育因此出现贬值。恩靳·艾辛和布雷恩·特纳于是进一步总结道："劳动者[2]的边缘化和教育的堕落贬值导致了公民身份的弱化受蚀，这体现在选举参与率的降低、对政治家的不信任、社会资本的匮乏、公共领域的衰败和大学的衰败等各个方面。"与之相对的是他们称之为美德伦理学的教育理念。该理念认为："一个人之所以需要教育，目的就是为了成为一个人。美德的政治学对于一个国家的公民持有一种强的而不是弱的观点，即认为公民是特定社会中一个复杂的、有教养的、充满活力的成员。因此，在有德性的公民和有效的、充满生机的制度之间存在一种重要的联系，这种联系是通过美德与义务的双重作用而建立的。一个自主的公民会希望成为一个共同体的主动的、复杂的参与者。"(艾辛、特纳，2007：11)

----

　　[1]　在这里，斯蒂文森通过阐述威廉斯的这一观点，避免了文化民主化观点所遭到的两点主要批评(巴特·范·斯廷伯根编：《公民身份的条件》，郭台辉译，吉林人民出版社2007年版，第184—189页)。文化民主化的批评者认为，其一，阶级之间的文化区隔是无法消除的，因此文化民主化的可能性是微乎其微的；其二，文化民主化会促进文化的商品化和大众文化，削弱大众的反思能力，从而不利于文化的发展。

　　[2]　中译本在这里将worker翻译为"工人"，我认为"劳动者"更接近作者的原意，意指工人以及其他工作者，故此以"劳动者"替换中译本的"工人"。

　　不过,如上文所述,新自由主义已成为当今全球化的霸权理念,并引起了一系列的严重后果。斯蒂文森认为,新霸权导致当代经济制造出低收入、低地位群体和工作过度、满怀压力的中产阶级之间的日益分化;这种社会分化进一步导致了以世界主义为导向的精英和有时只能从民族主义中寻求庇护的本土大众之间的分化。同时,跨国企业和商业文化急剧发展,公共服务广播体制(public service broadcasting)受到侵蚀,教育系统产业化,工人阶级组织(比如工会)不断萎缩——所有这一切都强化了全球资本主义对社会的主宰力量。然而,斯蒂文森也认为,这些发展同时存在着辩证的逻辑,恰恰可以用来重塑我们的共同文化。他认为,全球化的文化进程,尤其是新媒体诸如互联网的发展,给我们发展出超越民族—国家边界的想象力提供了可能性。换句话说,当新自由主义和全球化侵蚀我们的共同文化时,它们也在不断地向现存的文化边界和地理边界提出挑战,由此重塑我们的共同文化:在一个全球化的时代,国家对其公民的文化约束力有所减弱,公民的文化归属感和忠诚心也变得多重,可以是同时对地方、对国家和对全球的情感。因此,在一个社会日益被商业精英和政治精英操控的时代,全球化一方面给我们提供了成为世界公民的机会,另一方面也给我们发展出欢迎他者的一种新的公民身份形式提供了机会和条件。无论我们在自己国家中所扮演的官方角色是什么,将上述两方面结合起来的途径就是我们对国际法和人权协议的责任感。因此,这种世界性(全球)社会最根本的任务就是要提供一种面对平民大众的批判性教育,让大家明白人权、民主和多元主义的重要性,由此懂得捍卫人类、捍卫学习,丰富我们的共同生活(Stevenson,2010:285—289)。

　　这种教育的根本之处在于,通过批判性地拷问我们自己的传统来检视我们融合进全球化的他者之中的方法,发展出想象能力,从不同立场去理解我们共同分享的世界。这种立场既能尊重我们跟本土的联系,又能同时把这些联系放在商议之中,以寻求公善(the common good)。因此,我们需要学会在世界性和地方性之间找到平衡,创造出一种世界性地方主义(cosmopolitan localism)的文化形式。由此,文化公民身份就需要被重新定义为一种批判理论,即在寻求发展民主的公共空间的同时,也强化我们生活在存在于时间和空间维度里的一系列复杂的、重合的共同体中的多种归属感。这是公民共同努力、想象在一个有可能发生根本性转变的网络时代如何学习和发现共同体,以创造一个美好社会的过程(同上)。对此,恩靳·艾辛和布雷恩·特纳这样表述道:"世界主义的开放胸襟同强烈的地方意识和传统意识可以和谐共存,前提是要承认差异和另类。这种观点也许有一点乌托邦色彩,但却是一种重要的规范性立场,借此我们可以质疑挑战民族主义、种族主义以及原教旨主义的种种消极闭锁的心态。"(艾辛、特纳,2007:13)至此,我们可以说,文化公民身份更加关注的就是传统政治—法律公民身份概念所忽略的公民的主体性（subjectivity）以及人类关系。因此，斯蒂文森最后这样总结文化公民身份：

> 文化公民身份就是争取一个民主的社会。这个社会使多元性的公民能够过上有意义的生活，尊重复杂混合的身份的形成，给他们提供福利保护，给予他们接受批判性教育从而探索生活在一个没有统治和压迫的将来的可能性。作为一个文化公民意味着参与进协商式辩论，商议我们可能变成什么人，考虑我们怎样能够在特殊的文化地域和文化语境中过着有道德、公正的生活。在我们复杂的全球社会中，公民需要一种教育和一种媒体文化使之能够理解当代的变迁，给公民提供空间去分享以及批判性地拷问多样的经历和实践，使他们能够思考我们怎样才能够保证在一个日益互相关联的世界里，每个人都能够兴旺发展。
>
> （Stevenson,2010:289）

四、文化公共领域

探讨创造新途径要立足于对现存社会事实的描述和反思，并在此基础上形成面向未来的理念。在这场对文化公民身份的讨论中，我认为有两个观点变成了文化公民身份学者的核心理念。首先，不能仅仅把文化公民身份的获得理解为一个用静态的国族文化培养公民的规训（disciplinary）模式。在一个文化民主化及文化流动的时代，文化公民身份的获取也应该是一个开放性的民主商议（democratic negotiation）和民主学习的社会过程。换句话说，在一个信息、人口、知识和观念大流动的时代，文化公民身份是一个不断商议、不断变化的文化实践、文化学习和文化创造过程。其次，与第一点相关，不能仅仅将文化公民身份理解为社会系统（国家、学校、媒体和其他政治—社会体制）对公民的文化塑造过程，同时也是公民积极参与塑造自己文化成员资格的过程。这也就是说，文化公民身份是一个自制（self-making）与他制（being-made）两股力量共同作用的结果（Ong,1996），个人的能动性与社会系统的作用同样重要。这两种核心观点所蕴含的根本理念都是"公民参与"。这正是达尔格伦所认同的共和主义所提倡的"公民参与"的概念，包括意义、实践、交流和认同，并构成了文化公民身份的核心——人们通过这种参与，既发展个体，同时也变得彼此相互关联。因此，它不仅关注公民身份的正式法律维度，也强调公民身份的伦理维度（Dahlgren,2006:267—269）。

　　公民既要参与，就需要参与的"论坛"，也即哈贝马斯所倡导的公共领域："一个交流信息与观点（即表达肯定或否定态度的观点）的网络。"（Habermas，1996：360）麦圭根则将其定义为一个有关公共利益的观点的形成和说明，并希冀由此为民主社会的政治过程带来影响的地方（McGuigan，2011：79）。哈贝马斯在有关公共领域的最初文献中区分了文学公共领域（literary public sphere）和政治公共领域，并且认为文学领域的批评实践是进入政治领域的先驱。然而，在现代媒体研究运用公共领域概念的过程中，设立议题和信息流通获得特权，公共领域的文学方面在一定程度上消失了，因为情感的交流被边缘化了。文学公共领域并非注重时效性的新闻话题，即认知沟通，而更加聚焦于对生活、意义与代表性、艺术特点这些问题的复杂反思，即情感沟通（同上：83）。现代媒体研究对文学公共领域的忽略，严重削弱了我们对政治公共领域的充分认识。这是因为，如果我们将私领域的个人、情感、亲密、主体、认同、消费、美学、风格、娱乐、流行文化等因素从我们对政治的理解中拿走，我们就永远无法理解促使人们进入公共领域的动力、身份和激情（Dahlgren，2006：275）。

　　可见，我们需要一个既包含情感维度也包含认知维度的公共领域概念。在此基础上，麦圭根提出了"文化公共领域"的概念，指出，在现代性晚期，该领域"通过大众—流行文化和娱乐的各种渠道和流通进行运作，并常由媒介化了的对我们如何生活以及如何想象美好生活的美学及情感反思所促进"（McGuigan，2011：83）。因此，文化公共领域的概念就是"指对公共或个人的政治性说明，是一个通过沟通中的情感（美学和感情）模式（而存在）的争议性领域"（同上）。同时，哈贝马斯在后来进一步发展他的公共领域概念时，认为需要根据沟通的强度、组织的复杂性以及范围，把公共领域分为不同层次，包括"从在酒馆、咖啡屋或街上偶然看到的大众，到偶然或者被'安排'的具体呈现或事件（比如戏剧表演、摇滚音乐会、政党集会或者教堂大会）中的公众，再到分散在广大的地理空间甚至全球各处被隔离开的、仅被大众传媒凝聚在一起的读者、听众以及观众（所构成的）抽象的公共领域"（Habermas，1998：374）。伯吉斯等人结合哈贝马斯修订了的多层次的公共领域概念和麦圭根的文化公共领域概念指出，一个明确的文化公共领域不仅要包含哈贝马斯所说的多层次的理性话语，也需要包含多种模式（modes）（情感和娱乐）的话语（Burgess et al.，2006：3—4）。[1]

---

　　[1]　感谢琼·伯吉斯（Jean Burgess）与约翰·哈特利（John Hartley）通过 QUT Digital Repository（http://eprints.qut.edu.au/）为本文无偿提供他们英文论著的电子版（见参考文献）。本文所引伯吉斯提供的两种文献的页码均为其所提供电子版文献的页码，而非正式出版物（纸媒版）的页码。所引用哈特利文献的页码则为其著作中译本的页码；同时，为更准确地理解作者的意思，阅读其中文版专著时也参照了他所提供的英文电子版以及稍后购买的纸质版。

迪兰提更进一步提出了全球文化公共领域（the global cultural public sphere）的概念，一个各种文化趋势和影响得以表达的场所（Delanty，2011：195）。这是一个以批判世界主义（critical cosmopolitanism）为特征的公共领域，既是对西方支配全球文化进行挑战的结果，也是地方内部文化多样化及地方与全球关系转变的结果。这后一种结果以开放、交换、对话为特征，总是将全球议题与地方语境（地方经验及对其的解读）结合起来，鼓励超越学科边界并向更加广泛的各种边界发起挑战的新的思维方式。这是一种世界主义的想象力；它既赋予政体内公民多种形式的归属与身份，也是公民进行自我转变的实践机会。因此，它是一个内在充满了对世界的竞争性理解的学习、交流与反思的公共领域（同上：196—197）。这种多层次多模式的文化公共领域概念在数码媒体场域获得了充分展示。

五、数码媒体时代的全民参与与文化公民身份

这是一个数码媒体的时代。乌里奇奥归结了数码文化的三大特征：网络化的技术、对等（peer-to-peer）的组织特征、合作的原则（Uricchio，2004：139）。因此，对研究者来说，数码文化的最大特征是众多个体以网络互动为特征的"参与"，数码文化因而也被认为是一种"参与式文化"（participatory culture），并由此成为数码媒体研究者的核心分析概念之一。詹金斯等人（Jenkins，2006：3）把"参与式文化"分为四种主要形式：（1）附着（affiliations），各种形式的媒体中的成员资格；（2）表达（expressions），生产各种新的创意内容；（3）合作解决问题（collaborative problem-solving），以团队形式一同工作，完成任务或者发展新的知识；（4）散播（circulation），打造媒体流（the flow of media）。这四种主要形式传达了"参与性"的根本内涵：公民间的相互关联和相互合作。[1]

持有解放立场的作者，比如哈特利，更把这种参与式文化的发展看作一个全民书写时代来临的标志。对哈特利来说，从当年法国革命到20世纪50年代的英国，广大的工人阶级只能由资产阶级或者政府来"再现"，而自己却没有资格或机会再现自己；他们的文化也被认为是"通俗、商业、粗鄙"的庶民大众文化。这种状况一致持续到英国文化研究的重要人物霍加特（Richard Hoggart）站出来宣称"庶民文化正是工人阶级及底层民

---

[1]　雅各布斯（Jacobs，2013：322,332）认为，詹金斯等人所持的这种不受约束的参与式文化的观点高估了美学大众对公民社会话语的影响，因此忽视了娱乐（文化）媒体和美学大众其实被既存的符号等级所形塑的事实，即它们的解放潜能始终是处于制度化的文化等级之中而受到限制的。

众,以自己的方式累积智慧,体会生命不同真实与真相的重要方式"的时候,才开始发生转变。正是继承霍加特的传统,哈特利认为,目前的数码生活"同样是当代民众活在不同真相,并用以累积智慧的日常场域"(简妙如,2012:XVI,XIV;哈特利,2012:28—39)。哈特利因而认为,现在我们已经步入了一个"编修的社会"(redactional society):社会已经变成一个以编辑大量既存的即时信息、生产出新的材料的实践为特征的社会(转引自 Burgess & Green,2009:48)。

在这场由数码媒体导致的全民书写运动中,原本分离的生产(者)、传播(者)和消费(者)[或使用(者)]三个领域之间的界限大大模糊了,或者说融合(convergence)了,产生了一种混杂的参与模式(Jenkins,2006;Burgess,2011:7)。因此,这是一个全体民众知识成长的社会,消费者、使用者与市民从原本的客体转变为主体,数码媒体场域塑造了一种提供—需求双向互动的模式,即一个开放的系统(哈特利,2012:98—99)。一些新的术语也应运而生,以反映数码媒体带来的这种新的实践经验,比如"生产消费者"(prosumer)、"生产使用者"(produser),等等(Burgess,2011:22)。哈特利在联合国把(新闻)书写的权利视为一种人权的激进的、乌托邦式自由解放论的基础上,认为现存的以专业主义观念将新闻书写局限在有限的职业人手中的传统其实是"把言论表达视作特许的权利",因而是反民主的行为。同时他认为,新闻是一种人权,就必须延伸新闻学的内涵,要把富含人性层面的内容纳入新闻之中;这些内容包括普通公民个人生活与日常经验的部分,也包括那些被新闻媒体产业所忽略的特殊群体(的生活经验)(哈特利,2012:208—211)。

这种普通公民的参与性构成了乌里奇奥笔下实践文化公民身份的两个先决条件之一。他认为文化公民身份根本的潜能就在于成为扩展权利或创造新意义的工具,而某些形式的参与式文化则构成了文化公民身份的场所。同时,他认为,合作式社群(collaborative communities)是实践文化公民身份的另一个先决条件:在线及线下成员们的创造性贡献、分享以及参与,塑造了集体行动的场所(Uricchio,2004:148)。[1]伯吉斯等人进一步说明了合作式社群的含义:它是一种强调个人及其社会网络的社群,不同于关注社群内的利益以及公共物品的传统的集体式社群(collective communities)(Burgess et al.,2006:6)。前者类似于特纳所命名的"疏"(thin)社群,是一个分享一种电脑语言的陌生人联合体,以淡漠交往(cool communication)为特征(Turner,2001:29)。这种社群因兼有社群主义特

---

[1] "社区"、"社群"、"共同体"均为 community 的中文翻译。本文基本采用"社群"这一术语,一来避免"社区"在中文语境中的行政色彩引起读者对本文概念的误解,二来避免"共同体"在中文中较正式的色彩而限制读者对本文含义更松散的 community 概念的理解。

征和"弱关系力量"（the strength of weak ties）而被威尔曼认为具有"网络化的个体主义"特征，意指网络时代个体间的交流已由户对户转向了人对人（Wellman，2001）。伯吉斯等人所说的集体式社群则类似于特纳所称的"密"（thick）社群，其成员在地理空间上比较接近，并具有共同的文化遗产及记忆，以热烈交往（hot communication）为特征（Turner，2001：29）。

同为文化公共领域，默多克（Murdock，2004）倾向于将公共服务广播系统作为公民的数码公地（digital commons），因为在他看来，这种传统媒体系统已经参与到数码文化中来，因此在一定程度上改变了过去广播与受众之间不平等的权力关系；同时，该系统更具有抵御数码媒体带来的碎片性（fragmentation）的能力，更有原则性和可靠性，因此在培育公民意识上会更加重要。伯吉斯等人（Burgess et al.，2006）则更多地把公民文化权利或者文化公民身份的获取看作公民自身全方位合作参与数码媒体的实践过程和结果（Burgess et al.，2006）。这正如乌里奇奥所说："数码媒体技术的发展给主流媒体制度框架之外的传播（及创造）提供了全新的可能性。"（Uricchio，2004：143）这种全新的可能性如上文所说，打破了传统的权力关系。这种对传统的打破尤其体现在数码媒体带来的去地域化（deterritorialized）的结果当中：传统民族—国家的公民身份可以通过用户参加的方式参与到超越民族—国家（政治社群）边界的合作式网络中，彼此交换、分享，由此打造一个积极的文化社群，形成文化公民身份（同上：148）。

在这种认识框架下，不同的学者研究了数码文化中的不同个案，包括聊天、照片分享、视频分享、音乐文件分享、讲故事、创建合作式新闻网络、提供免费游戏软件等多种参与者之间互动的文化实践，以及这些实践如何在互联网和现实世界之间顺利流动的现实（Burgess et al.，2006；Burgess & Green，2009；Kidder，2012；Uricchio，2004）。伯吉斯等人指出，虽然这些由个体组成的大众可能并未集体性地协调他们的行动，或者并未将这些行动归为公民参与，但是这并未降低他们行动的公民意义（Burgess et al.，2006：6），因为正是这些行动构成了社会结构得以编织起来的线索（Hermes，2005。转引自 Burgess et al.，2006：11）。因此，伯吉斯认为，这种普通人使用在线媒体平台和媒体内容的文化实践将会根本性地形塑网络文化，甚至决定网络服务和在线社群的目的；同时，各种新空间的开发使得个体获得各种美学经历，为社群的形成乃至公众的形成作出贡献——他称之为"民间创造性"（vernacular creativity）的力量（Burgess，2011：7—8）。

这些构成社会结构的公民行动本身是一种学习的过程，即达尔格伦所认为的一种在日常生活中"成为"或者"做"的过程；我们正是在这个过程中逐步习得作为公民的社会技能,而这都是通过社会互动、修辞、承认的能力,辨识以及利用相关的政治情境这些实践得以实现的。这说明公民身份并非完全来自政治社会,而是来自主体的全方位发展(Dahlgren,2006:272—273)。同时,这种通过实践习得的文化与社会技能也反过来成为使公民能够参与到数码媒体中来的一个基本条件,其中很重要的一些技能就是"数码素养"(digital literacy),即公民生产以及消费数码内容的能力(哈特利,2012:39)。詹金斯等人进一步把数码素养细化为十一项技能,包括从模仿、创造、编修、传播到建立网络、进行协商的能力(Jenkins et al.,2006:4)。

与现实中的实践相比,网络上的公民实践具有自身的特征,而这些特征最能反映出数码媒体时代文化公民身份的特点。首先,网络实践的偶发性决定了参与实践只能暂时促进个体归属于公众;然而,即便如此,众多个体却表现出参与数码媒体的极大热情,并乐意投入大量精力,这些都凸显了个体对社群的深深需求(Hermes,2006:306)。其次,由于这种网络社群的公开性以及较少的规制性,它所产生的很多文档都具有"偶然"性;然而,众多"偶然"的文档形式最后产生了重要的公共价值(Burgess,2011:21)。再次,网络社群与文化实践之间是互为因果,且处于持续的互动之中的。所有这些特征都说明了跟政治公民身份相比,文化公民身份所具有的突出的流动性和开放性,因此与政治公民身份具有不同的逻辑。

那么人们究竟为什么会投入时间和资源参与到网络实践中来? 乌里奇奥总结了几种解读:(1)"广义交换",认为社会中的成员帮助需要帮助的陌生人,并不在于要从受益者处获得直接回报,而是期待自己将来需要帮助时,也有人会同样伸出援手;(2)"礼物经济",认为学者和科学家参与网络的发展,类似于他们发表论文,不是为了用他们的头脑去获取利润,而是习惯于并且乐于通过这种途径塑造话语并得到他人的引用(以影响他人和社会);(3)有人在"公共物品"概念的基础上创出"数码物品"的概念(Uricchio,2004:156),大概认为数码媒体也如公共产品一般,是社会成员都应享有的产品,因此社会应该无偿提供给它的所有成员。

尽管有对数码媒体如此之多的欢呼声,对数码媒体的反思和警惕也构成了数码媒体研究的重要内容。数码鸿沟(digital divide)就是其中一个重要问题。数码鸿沟是指不同社会群体在是否拥有电脑、网络等"物质基础"以及使用网络的质量上的重要差异(不平等)(Livingstone,2003:154—155;Sassi,2005:658)。古德把数码鸿沟分为三个不同的层次:是否拥有表达的工具(电脑及网络);是否在网络中具有可见性(能被看到或听到);是否得到承认、包容(Goode,2010:530)。萨西进一步把对数码鸿沟的研究概括为四种路径:技术专家、社会结构、信息及排斥、现代化与资本主义。技术专家路径对数码鸿沟问题持乐观态度,认为虽然公民现在在拥有硬件上有所差别,但是随着技术的进步、成本的降低,人人拥有网络的理想将会很快实现。后三种路径则持相反观点,认为要消除数码鸿沟首先要消除不平等的社会结构本身;或者认为数码媒体不仅加深了现有的不平等,而且还在制造新的不平等(Sassi,2005)。不同研究路径之间对于未来能否以及如何消除数码鸿沟分歧明显,说明哈特利"全民书写"的时代并未到来,达到文化公民身份平等仍有长路待走。

同时,古德对上述"去地域化"的观点也进行了批评,认为"地方"(place)——国家政府——仍然在网络上下扮演着重要的角色(Goode,2010:530)。特纳也早已指出,日益发展的技术实际上促进了政治监控的精熟,由此造成个人自由的式微(Turner,2001:29)。乌里奇奥则更加具体地指出,虽然政府也参与到数码媒体的实践中来了,但是,其出发点均是国家自身的利益;国家并未利用网络文化的潜能打造一个合作式共同体,也并未重新思考和定义数码媒体时代"治理"或者"公民身份"这些重要概念的含义。他更进一步指出,其实,正是由于意识到去地域化文化公民身份的迅速发展,政府甚至会日益担忧随之而来的将是公民对重塑政治公民身份的要求。因此,为扫除这种潜在的威胁,政府会选择压制文化公民身份(Uricchio,2004:143)。在这个问题上,伯吉斯等人则着眼于未来,从数码媒体的创意性质出发,认为在一个创意为重的全球时代,政府应当承认创意产业的重要性,并且要把对创意产业的支持延伸到对公民个体的支持上来(Burgess et al.,2006:12—13)。

同时,古德还提醒我们,在全民自由书写的时代,要防止脆弱的文化(比如土著居民文化)被当作商品"编修",因为那样会使土著居民文化受到消费主义去语境化(decontextualized)的滥用而消解它的意义,并由此恶化它已然脆弱的生存现状(Goode,2010:534—537)。古德的这种提醒说明,数码时代的中心问题就是如何建立起一套新的伦理规范来适应以匿名性、即时性、淡漠性为新的人际互动特征的虚拟("疏")社会。斯蒂文森这样解读伦理的含义:公民对自己幸福的关注与对社群内他人的幸福的关注,以及对社群的责任感同样重要。如果没有这些伦理感,公民就很容易出现对他人的麻木(Stevenson,2010:284—285)。这种伦理正是本文讨论的文化公民身份的含义,即一个数码时代合格公民所应当具备的、与传统概念不同的文化素养或者文化资本。实现这种文化公民身份,关键性前提就是参与者之间对"差异"的有技巧、有同情心的倾听与阅读,而对公民的这种要求"可能会在实用和政治层面都变成更加中心的问题"(Burgess & Green,2009:82—83)。的确,"数码媒体使我们得以重新思考我们对某些文化文本的定义、(我们)与它们的互动,合作式社群形成及其运作的方式,以及我们理解我们作为公民,无论在政治、经济抑或文化领域中的权利与责任的方式"(Uricchio,2004:139)。

　　简言之,在数码媒体场域,公民的参与实践促进了各种形式的合作式文化社群的形成,创造了多种文化公共领域,由此丰富了文化公民身份的内涵和外延,并改变了社会的文化图景。然而,数码时代也遭遇了旧的或者新的问题,比如数码鸿沟,政府对文化公民身份的压制,公民对有文化差异的个体或群体可能怀有的不理解、不承认以及由此带来的(进一步的)社会分化。怎样在希望与问题之间找到文化公民身份优化发展的基础,尤其是公民参与实践所需的新的互动伦理,国家在与公民的互动中又如何及时调整自己的角色,都需要公民与国家通过参与式的文化实践不断探索,并不断进行开放式的沟通。同时,目前对数码时代文化公民身份的研究仍处于起步阶段,在理论/概念和方法(论)上都有很大的探索空间。比如,个体的文化实践发展到何种程度才能被认为具有公民性? 如何选取分析对象、划分分析范畴才能揭示出数码媒体的丰富性、复杂性和流动性? 这些都依赖于我们对数码时代公民文化实践持续不断的经验研究。

　　基于此,我认为,未来研究数码媒体时代的文化公民身份,可能尤其需要关注以下几个方面的问题,它们研究已然的现实,也(或)展望未来的图景;既有理论旨趣,也有方法和实践层面的考量:

　　(1)如何应对研究数码媒体的文化公民身份时出现的方法上的挑战:如何选取研究对象,如何划分范畴或者选取变量,如何界定研究问题;

　　(2)数码鸿沟:存在哪些鸿沟,导致鸿沟存在的结构性成因,以及从体制、政策到实践中消弭鸿沟的途径;

　　(3)政治公民身份(政府治理)与文化公民身份(公民行动)的关系:如何实现从冲突到平衡的转变;

　　(4)公民参与式的文化实践塑造合作式社群的路径、结果与价值,以及所存在的问题;

　　(5)数码媒体中个体公民的创意产业:实现的路径以及所创造的经济和文化价值;

　　(6)在数码媒体这一文化公共领域中的交流伦理是什么,如何塑造;

　　(7)在新自由主义及消费文化时代变得日渐麻木、被动甚至颓丧、暴力,或只会模仿政治现实的那部分公民个体如何走出困境,最终变成具有反思性和参与积极性的伦理公民。

　　这些问题都程度不同地交织在一起,因此,在研究任何问题时,都需要同时整体性地关注虚拟社群与现实世界的互动,以及个体用户行为与宏观的制度因素以及政治—经济因素之间的相互关系。这种整体性思维会随着互联网制度化程度的加深而变得更加重要(DiMaggio et al.,2001)。这要求社会科学家尝试在传统研究的基础上发展出更加全面、同时更加复杂微妙的新思维、新路径以及新理论,以理解并应对以互联网为代表的数码媒体给当代社会(想象)所带来的希望与担忧并存的现实。这是因为,对社会(科学家)而言,数码媒体将如何转变以及如何挑战现存的社会制度、社会实践以及个体的主体性,依然是个未知数(Jackson et al.,2011)。

六、再论文化公民身份概念的必要性：世界主义与主体性的要求

辛西娅·韦伯(Cynthia Weber,2008:130—131)对于学术界出现的越来越多的公民身份的范畴感到不适。她认为,将诸如种族、性、世界主义、后世界主义等范畴加入到传统公民身份概念中之后,传统概念愈加变得支离破碎；同时,我们也很难用我们描述传统公民身份概念的方式来描述多种多样且纷繁复杂的那些新公民身份概念。认识到传统概念与新概念的不足,她提出,我们应该把重点集中于公民身份的关键性质上。当今世界自由主义公民身份概念的关键性质于她而言就是安全(safety)；同时,这个安全的性质是被国家设计出来的。传统的安全概念在韦伯看来,旨在通过创造使世界运作更加顺利的物品或者体系来解决问题。因此她认为:"设计是一种合法性话语。通过宣称某些具体的设计,设计者把其他各种宣称都权威化了:价值与地位、健康与幸福、平安与安全。"(Weber,2008:127)然而,在韦伯看来,国家并无能力完全掌控出于自身安全考虑而设计的公民身份(同上:128)。事实上,在考察了主权、规训和网络三种社会中的公民身份之后,韦伯得出了如下结论:这种安全公民身份设计的尝试——设计一种公民、国家与暴力之间的安全关系——均以失败告终,导致的结果便是这组公民/暴力关系成为对国家和公民均不安全的因素,因为

> 从国家角度而言,……公民既在对国家所声称的独占使用暴力的合法性进行挑战,也在对其所声称的独占对公民/暴力关系的合法解读权进行挑战。从公民角度而言,……国家利用向公民提供保护换取公民成为国家暴力代理的承诺意味着国家既保护公民也危及公民安全。理论上,当国家给予公民安全时就在对公民实施保护,而当要求来自公民的安全时则在危及公民的安全。
>
> (Weber,2008:126)

这种对国家权力对于公民身份的操控的担忧,在阿甘本(Giorgio Agamben)对主权权力(sovereign power)和公民身份关系的讨论中尤其令人沮丧。借用施密特(Carl Schmitt)的"例外"(exception)概念,阿甘本

认为,现代国家,无论是集权制还是代议民主制,都把国家只有处于紧急状况下才会采用的极端手段比如戒严令和悬置法律,变得越来越常规化了。悬置法律所导致的结果则是国家权力对(政治)公民权利的任意剥夺。比如纳粹上台后于 1933 年 2 月 28 日颁布了"保护人民和国家的法令",无限期地悬置了宪法中有关个人自由、言论与集会自由以及家庭、邮件、电话隐私的不可侵犯性的条款(这些实践均非纳粹的独创,而是来自之前的政府)(Agamben,1998:168)。国家之所以握有这样的权力,是因为,当国家宣称每个公民生而具有神圣的、不可剥夺的自由和权利时,公民个体非政治的自然生命即刻被纳入民族—国家的法律—政治秩序中来(同上:127)。这种被赋予的权利在紧急状况下被施予者国家所剥夺也就变得可以理解。因此,阿甘本认为,所有的法律其实都是情境性的(situational),因为都是由国家根据具体情境——紧急或常态——对采用法律还是(无限期)悬置法律作出最终决定,并且这种最终权力是由国家独占的。换句话说,国家主权其实并不决定合法与违法的问题;主权握有的真正权力是悬置法律有效性的法律权力,而这种权力能够合法地将主权本身置于法律之外。这种同时处于法律秩序之内和之外的地位就构成了阿甘本认为的主权的悖论(the paradox of sovereignty)(同上:16,15)。

阿甘本专门区别了国家权力眼中两种不同的"人民"概念:作为整体的政治概念的人民,永远需要被捍卫;作为众多个体的人民,在国家需要的时候就得作出牺牲,以成全整体的人民(Agamben,1998:177)。因此,作为个体的人民就成为了"牲人"(homo sacer):任何时候都潜在地面临着被排斥被杀戮而不受保护的命运。一个人是成为受法律保护的公民还是不受保护的"牲人",决定权都在国家主权手里。在这个意义上,阿甘本认为,主权和牲人具有对称性:"主权就是对他而言所有人都是潜在的牲人,牲人就是对他而言所有人都能够成为(他的)主权。"(同上:27)简而言之,每个公民的生命都潜在地暴露于死亡的威胁之下,因而被阿甘本称为"裸命"(bare life)。正是在这个意义上,阿甘本援用了福柯"生命政治"(biopolitics)的概念;同时,这种生命政治在上述他所解读的权力结构中也自然具有成为死亡政治(thanatopolitics)的潜在性,这种潜在性在纳粹集中营中则变为现实(同上:153)。这正是他宣称所要探讨的权力的法律—制度模式与生命政治模式之间的交叉。之所以这样宣称,是因为他相信,福柯在探讨权力渗透主体的身体与生活的具体方式时,错误地放弃了基于法律—制度模式探讨权力的传统路径。同时他还认为,生命政治身体(biopolitical body)的产生,实在就是主权权力得以建立的来源。换句话说,"生命政治至少与主权例外同样古老"(同上:5,6)。因此他也进一步否定了福柯认为生命政治源自现代制度的观点。

在此意义上,阿甘本悲观地认为,无论什么样的传统政治分野,左与右、自由主义与专制主义、私与公，它们的根本目的都是找到最合适的组织形式，以保证其对裸命的关注、控制和使用，因此这些政治分别并没有实质意义（Agamben，1998：121—122）。他甚至认为，国际人权组织对此也无能为力，因为是否拥有公民身份，有两个测量标准：出生地和父母的公民身份；人权组织无法打破公民身份的这种基础，因此要达到维护人权的目的，这些组织实际上必须同本应与之战斗的主权权力之间保持秘密的一致关系（同上：129，133）。

　　同时，在阿甘本看来，现代国家把越来越多的场所变成了类似于纳粹集中营的关押地。他所举的例子包括：1991 年意大利警方在将所有非法阿尔巴尼亚移民遣送回国之前关押他们的巴里体育馆，法国维希官方在将犹太人转交给德国人之前关押他们的冬季循环赛道，魏玛政府关押来自东部犹太难民的科特布斯锡洛外国人集中营，以及拘留寻求难民身份外国人的法国国际机场等候区。"例外"的管治由此变成了常规，我们于是都潜在地生活于各种常规"营"之中，裸命与法律同时进入这些常规"营"而变得难以区分（Agamben，1998：174）。因此，阿甘本总结道，首先，国家权力与公民身份间的契约说以及公民对政治共同体的"归属感"（无论是基于大众、国族、宗教，还是其他标准的任何认同）都是令人怀疑的理论解读；其次，西方的政治从一开始就是生命政治（biopolitics），因此试图从公民的权利当中建立起政治自由的尝试实属徒劳；最后，尝试组织起世界城市的公共空间的社会科学、社会学、城市研究、建筑学等并未意识到裸命（无论其是否在这些学科中比在主权下受到更富有人性的对待）存在于这些学科的最中心，而这定义着 20 世纪独裁国家的生命政治（同上：181—182）。

　　在 2014 年年初的一次演讲中，阿甘本（2014）继续推进他的理论，认为国家的"例外"治理法已经由一种永久的治理技术（a permanent technology of government）所代替，那就是对安全问题持续的、全方位的关注。在他看来，这种新的治理技术已将其注意力由因（causes）转向果（effects），因为对国家治理而言，因困难且昂贵，要求对其先有所认识；而对于果，国家只需要进行检查和控制。因此，他总结道：目前"国家与其公民之间的正常关系是由怀疑、警察文档以及控制所定义的"；其所含不言而喻的原则则是："每个公民都是潜在的恐怖分子。"这恰恰构成了这样一个辩证逻辑："将恐怖主义与国家紧紧捆绑在一起并形成一个无止尽的恶性循环。"同时，公民仅仅拥有一个被动的法律地位，他们自身想建构一个政治与伦理身份的尝试就变得非常困难。

　　公民在阿甘本笔下变成了一种相当抽象的、由主权权力完全操纵的被动的政治生命或者潜在的牲人。可能希望避免过度绝望，阿甘本基于海德格尔的存在哲学，指出了一个可能打破主权权力铁幕的路径。对海德格尔而言,牲人自身的生命一直存在于他的行动之中,因此他的存在及其存在方式之间、主体与质能(qualities)之间、生命与世界之间都是一个不可分割的整体;这种整体性使得他能够脱离来自外部的决定,并作出自己的决定。作为整体的他不再从(自身)中(被)分离出一个脆弱的裸命,从而成为主权权力不再能够操控的存在(Agamben,1998:153)。同时,作为具有人性(humanity)的人类(the human being),如果其人性完全被摧毁,正说明它具有真正的人性。因此,摧毁人性并非完全可能,其中总会有一些余留之物,那就是见证人(Agamben,1999:133—134)。他是救世主意义上的余留者,肩负拯救的使命,因此他就是作为整体的人民(同上:163)。这就是解决生命政治问题的可能性出路,它不再是政治性的,而是形而上或者伦理性的(Genel,2006:60)。

阿甘本的这种努力在他对权力类似铁幕政治的阐释中显得苍白无力。这也是他希望补充、修正、改进福柯生命政治理论却未达目的的主要原因。虽然在概念上将政治与生命联系在一起进行解读,他却并未如福柯般考察权力的技术。在福柯看来,生命政治或者生命权力(biopower)是现代性机制,虽然与(历史上的)主权权力(的治理方式)存在各种关系,却与后者有着本质性区别。这是一种与主权权力不同的、被福柯称为治理术(governmentality)的新的治理方式,是支配他人的技术与支配自我的技术的结合。所谓支配他人的技术也就是权力的技术(technologies of power),决定着个体的行为并使个体服从于某些目的或控制,是对主体的客体化;支配自我的技术(technologies of the self)则使得个体能够通过自己的方式或者借助他人的力量而对自己的身体和灵魂、思想、行为以及存在的方式施行若干操作,由此转变自我,以期获得某种幸福、纯净、智慧、完美或者不朽的状态(Foucault,1988:19,18)。因此,不同于我们今天把主权负面地理解为完全是国家利益侵犯法律原则、侵犯平等和人性(如上述阿甘本的立场,虽然他的生命政治理论是直接受福柯启发),国家是根据理性原则得到治理的,是一种充分而正面的治理艺术(Foucault,1991:97)。与这种治理方式直接相关的,就是主体(性)[subject(ivity)],一个阿甘本不认可,或者至多仅在抽象的形而上或者伦理层面认可的重要主题。[1]

---

[1] 从福柯思想的发展脉络来看,他有关现代国家治理的理论一直游走于乐观主义与悲观主义之间。然而,跟阿甘本的立场相比,他确实有一种基于对现代国家治理术的分析而呈现出的对未来的希(展)望或者理想;这种理想至少反映了他的(乌托邦)心愿,虽然实际上这种心愿深藏于他的悲观主义之中。从阿甘本的分析中,则完全看不到这种心愿;相反,随着理论的发展,他越来越多地把注意力集中在国家控制上,让人(也让他自己)绝望。这种绝望更有可能最终演变成一种激进的立场。福柯与阿甘本之间的这种本质性差别就是我们这一部分论述的基础框架。

福柯认为，现代历史的特点之一是人口管理成为影响现代国家（不）安全——或者说经济（不）稳定以及由此导致的社会（不）稳定——的关键问题。这一转型背后的动因是，人口成为了现代国家农业、工业以及与他国竞争的生产力，由此成为了国家权力与财富的来源与根基（Foucault, 2009:68—69）。因此，与通常否决公民意愿的传统规训政府不同，现代国家需要对其公民说"是"，以激活并且最大化它财富与权力的这个根本来源（同上:73—74）。然而，在自然环境、经济状况、体制、道德、宗教环境及其相应的行为各方面，一个国家的人口内存在很大的差异。换言之，对于主权的治理来说，其人口并非透明或可预测。尽管如此，为了一个安全的经济和社会，国家仍然需要"激励人口，或者达到一个人口与国家的资源与可能性之间的恰当关系"（同上:72）。国家的治理就逐渐演变成了对人及与之相关之物（things）的治理。"物"既包括财富、资源、生存之计、领土的质量、气候、浇灌、土地沃贫问题，也包括风俗习惯和言行方式，还包括事故和灾难（饥荒、流行病和死亡）（Foucault, 1991:93）。经济问题就此被引入政治实践中来，人口、领土和财富之间产生了持续、多重的关系，并由此构成新的网络，最终产生了一门称之为政治经济学的新科学（同上:101）。作为简单生命体的物种（种族、人口）和个体就成为国家政治策略的一部分，国家主权由此发展出最成熟的政治（治理）技术（Agamben, 1998:3）。

因此，至18世纪后半叶，旧有的权力机制无论是在顶部或底部、个体或大众层面都对很多事物失去了控制；权力过程于是在两个方面进行了调整：对细节方面的调整表现为通过运用监管和训练对个体进行规训；在人口层面的调整表现为通过对出生、死亡、生育、健康的干预对人类大众的生物社会学（biosociological）过程进行管理（Foucault, 2003:249—250）。前者是把人作为身体的个体化的权力机制，即人类身体的"解剖政治"（the anatomo politics of the human body）；后者则是把人作为物种的大众化的权力机制，也即人类种族的"生命政治"（the biopolitics of the human race）（同上:243）。与此对应的就是规训（disciplinary）与规治（regulatory）这两种权力机制。两种权力机制同时作用于诸如性（sexuality）这样的场域，共同制造出个体身体与物种身体（人口）。之所以有这种治理上的转型，是因为福柯认为，种族虽非一个新概念，但在此时却产生了不同的主题，即"国家种族主义"（state racism）。基于自然选择和生存竞争的观念，国家种族主义认为，他族是对我族生存的生物性威胁，因此需要消灭他族以保证我族的安全以及进一步的健康和纯洁。为达到该目的，首先需要对我族和他族进行优劣等级的区分，并通过18世纪至19世纪的战争达到消灭内部或外部劣等他族、纯化我族的目的。这种国家主权权力的实践成为了国家的新义务（同上:254—258）。因此，从根本上来说,这是一种社会"指向自我、自身的元素和自身的产物"的种族主义,是"永久纯化的内部种族主义",因此是"社会正常化的一个基本维度"(同上:62)。

　　种族与国家绑缚在一起时,作为物种存在的种族也就跟民族(nation)产生了认同,并通过规训与规治两种权力机制相互胶着。作为历史概念的民族(比如贵族是一个民族,资产阶级也是一个民族)此时就有了新的含义:独立于王室的自主存在体,或者历史的新主体(Foucault,2003:142—143)。换句话说,大量的人民、法律、习俗、语言和制度是组成民族的必要但非充分条件,因为这些律习语言只适用于不同群体;组成该民族(the nation)的前提是公法(common laws)和立法机构(legislature),而这既非贵族,也非神职人员可以承担。它需要一个有能力确保该民族的真实的、历史性存在的新主体,这就是资产阶级。通过书写它自己而非国家中其他民族维持并提升自身物种生命的能力,资产阶级确认了自己作为历史新主体和民族主体的地位。这种地位一开始不是通过支配其他民族,而是通过管理自我,经营、治理、担保国家及国家权力的宪法和工作来实现的(同上:220—223)。换句话说,只有资产阶级才能担当起为确保国家而进行自我治理并同时治理国家(人民)的角色。这可以从17世纪资产阶级通过教育、医学和经济学(或人口学)对性所进行的管理中看出:此时的性不光为世俗所关注,也同样受到国家(社会或者"种族")的关注(Foucault,1978:116)。因此,最严格的管理技术首先形成并集中地运用于经济上享有特权、政治上具有支配地位的阶级,尤其是新兴的资产阶级自身(同上:120)。这些技术在于关心、保护、培养资产阶级的身体,并使其免于各种危险和接触。这显示了资产阶级对其身体、感觉、愉悦、幸福和生存的政治价值的重视。这些技术的最终目标在于最大化社会或者种族生命,因此之后被逐渐扩展运用到无产阶级和其他人群当中,成为社会控制和政治征服的工具(同上:123)。这是一个资产阶级建立起自身霸权地位,并最终展开其充满活力的种族主义(dynamic racism)治理的过程(同上:125)。社会等级的分化、针对不同社会群体的治理与自我治理,以及对社会作为整体的治理,由此在同一套技术之下得以实现。

　　从以上比较中可以看出,阿甘本的悲观主义主要来自他将公民看作国家设计的公民身份框架中的被动主体;权力只通过自上而下的路径运作。福柯则认为,权力不止运作于自上而下一个方向,也运作于自下而上的方向。它不光具有压制性,也是生产性的;它可以是整体的,也可以是个体的;它是政治的,也是经济的、文化的;它是有关人的,也是有关与人相关的所有方面的——物质的或精神的;它是流动着的,而非完全受制于一个既定的框架。虽然并非专门解读公民身份,福柯的研究跟阿甘本一样,都关注国家与其公民(群体及个体)的关系。这种关注是通过关注彼此胶着的经济、社会、政治与文化问题呈现出来的，因此不是阿甘本所关注的狭义的、单纯的政治安全问题。福柯更加全面的视野使得他对国家—公民关系的解读更反映了现实的整体性；同时，只有福柯的理论表明公民都是握有权力的个体，即具有反思能力和行动能力的主体。福柯的这种解读，既具有现实基础，也具有理想性。福柯对现代国家治理特征的这种解读，似乎在艾辛具有洞见的公民身份研究中得到了具体回应。对艾辛而言，公民不仅具有根据自身社会地位开展行动的能力，他们尤其具有创造出与国家设计的"剧本"不同场景（scene）的能力（Isin, 2009: 379），以对抗（试图）独占暴力以及对公民—暴力关系进行合法解读权的国家——而这种国家暴力正是各种等级制社会关系的关键制造者。在这种理念下，艾辛将公民身份定义为：

> 一种动态的（政治、法律、社会与文化，甚至性、美学与伦理方面的）支配与赋权制度，规定在一个给定的生命政体中，谁是公民……以及这些行动者如何管理自我及彼此。公民身份不是成员资格。它是一种关系，支配着构成（主体）（社会）位置的行为。
>
> （Isin, 2009: 371）

　　将公民身份看作社会关系的视角是一种布尔迪厄式文化社会学的视角（参见上文）。在这里，公民既是国家设计框架下的主体，也是具有能动性的主体。这种能动性，是与每个公民在社会中的相对位置密切相关的；他们采取行动创造不同，根据就主要来自他们对自身社会位置的理解。因此，艾辛将他的公民身份定义为"行动主义公民身份"（activist citizenship）。这种将关注眼光移出单纯的国家框架而指向公民行动的立场也体现在上文所述辛西娅·韦伯的观点之中。她认为，公民对安全的希冀并不一定来自国家的保护，尤其不是来自公民受制于国家、为了国家利益而安全地践行国家为其设计的公民身份的行动（Weber, 2009: 139）；欲发现公民身份的本质特征（安全），不仅需要强调公民身份是什么，更要观察公民身份做什么（Weber, 2009: 129）。这样，虽然强调国家—公民关系在研究公民身份中的重要性，韦伯的视角也希望从政治关系领域延伸到了社会关系领域。这与福柯的治理术关注行为（conduct）的立场不谋而合。

　　之所以存在这些解读公民身份的差异，在我看来，主要是因为所解读的公民身份更多是一种现实，还是一种假设（理想）。如果只聚焦于一方面，被聚焦的那一方面则有被夸大因而导致观点偏颇的可能性——比如阿甘本的立场就导致了他一种悲观主义的腔调。福柯的立场则更包含着一种假设或者希望，需要通过行动来实现。这是因为，离开公民的主体行动,国家权力就会在理论上存在无限延展的可能性,并最终完全入侵、操控公民的生活世界(借用哈贝马斯的概念)。因此,理论不应该只是对现实的解读,也应该是对现实的超越(何况现实并非只如阿甘本所见,同时也如福柯所见)。这正是上文所述文化社会学立场下的文化公民身份概念:对文化公民身份的研究应该同样把精力放在思考和实践更好的公民身份的形式上,也就是探讨"应该具有的"文化公民身份形式,而非止步于描述或怀疑现存的文化公民身份形式。韦伯似乎试图在这方面作出努力;艾辛的尝试则更为明确和系统,把主要的公民身份形式都包括在他的"行动主义公民身份"的概念当中。然而,他们的立场有一个严重的缺陷,就是对当代社会世界主义特征的重视不足。正如上文所展现的数码媒体时代的公民身份所证实,民族—国家的地理和文化边界已经受到来自各方面的各种挑战,并且给政治共同体成员发展出更为宽广多重的公民身份提供了越来越多的机会。这与国家政府设计的政治公民身份往往具有很多相悖之处,甚至给政治公民身份带来挑战,因此受到国家设计者的压制。在这一点上,阿甘本的观察敏锐而充分。然而,从福柯的分析出发,如果像阿甘本那样把国家设计的政治公民身份当作公民身份的全部,既会导致过于悲观的认识,也不完全符合现实,更缺乏一个面向未来的理想。同时,如果把艾辛(和韦伯)所列各种公民身份置于同一"公民身份"主题之下,也非解决问题之道。因为这样一来,恐怕就会出现韦伯所担忧的过多的公民身份概念所带来的弊病:公民身份概念的内在碎片化,以及无法用描述政治公民身份的方法去描述其他公民身份的缺陷。

因此,在其他公民身份概念发展成熟之前,以政治公民身份代替或者包含其他所有公民身份(的维度),并非明智之举。这要么会将公民身份简单化为国家的政治傀儡,或者创造出一个在理论上包括过多维度而无限大的政治公民身份框架。这么做所导致的结果是:一方面,两种政治路径均会限制对公民身份其他研究维度更加自由广泛的探索;另一方面,后一种路径将导致实证研究的操作性即使不会变得不可能,也将变得非常困难。简言之,文化公民身份概念目前有其存在的坚实基础:第一,公民(身份)是在权力的技术和自我的技术双重作用下产生出来的主体(性)。这在全球化和数码媒体时代,更带来了超越民族—国家文化与地理边界的新的公民身份图景。这正是上文所述全球文化公共领域概念(Delanty,2011)所分析的图景:既可以是超越国家层面的向外扩展型,也可以是移出国家层面朝向不同内部社群的多元化型。无论哪种类型,都可由此锻造出与阿甘本所担忧的国家设计的公民身份相抗衡的公民力量,即文化公民身份。第二,研究方法上要求,避免实证研究因为过于碎片化或者过于繁杂化而在很大程度上丧失其操作性。因此,基于各种理论视角和解读,我遵循文化社会学路径,将文化公民身份定义为布尔迪厄式（以及行动主义的）文化公民身份概念。首先，文化公民身份就是在产生社会关系位置及相关实践的某一领域中公民的反思性行动；同时，行动不仅是对既定社会位置反思的结果，也是众多获取（新）位置的竞争性计划所带来的结果。这些竞争性计划就是艾辛所说的通过打破既有程序、理解、实践而制造新场景（不同）的行动主义公民身份（activist citizenship）(Isin, 2009：377—383)。其次，这种文化公民身份所关注的社会——或者公共领域——已不再局限于传统意义上的民族—国家，而已延展上至全球社会、下达各种内部社群的领域。同时，很多公民行动看似发生在民族—国家的语境内部，但所关注的议题却往往具有全球性影响，比如（民族—国家内部或者之间的）民主参与、平等互惠以及行动主义的理念。这些理念和行动（包括诸如很多被定义为"恐怖主义"的活动）又总是将全球议题、全球关系与地方语境（地方经验及对其的解读）结合起来，并向更加广泛的各种边界发起挑战。这是一种世界主义的想象力，既赋予政体内公民多种形式的归属与身份，也是公民进行自我转变的实践机会。

七、结语：文化公民身份的内在逻辑、问题与启示

行文至此，我们可以对文化公民身份的逻辑作出总结。公民身份的本质是排斥与包容。现代公民身份的研究发现：人都是文化的存在，而基于最小值公共规则的传统（政治—法律）公民身份概念在实质上恰恰排斥了那些在文化上不同于主流社会的群体（和个人）。这样，把文化维度纳入公民身份研究就成为必然。文化维度之所以被传统公民身份研究排斥，一个重要的原因就是文化往往意味着差异，也就意味着寻找共同的文化公共规则如果不是不可能，也将会遭遇很多困难，甚至带来（新的）不平等。因此，文化公民身份研究者最主要的努力就是为千差万别的文化群体（和个体）寻找一个共同分享的"公共文化"，以创造一个人人兴旺发展，并且具有公德心的共同体。既为"公共文化"，就说明站在任何一个文化群体[包括主流（国族、官方）文化群体]的立场上都会有失偏颇。[1]因此，以超越所有立场的一种公共文化为基础的文化公民身份就必须既跨越又包含（容）文化的特殊性，并在此基础上发展出一种普适性的文化逻辑。文化公民身份研究者指出，之所以难以找到一种共同文化，在于传统研究对"文化"本身理解的不妥当，即传统研究均抱持一种固定、单一的本质主义的文化理念。这既有悖于文化的历史发展和变迁事实，也无法反映出

---

[1] 见 Young, 1990：164—166。

新的全球化力量所带来的人类(社会)之间(更加)相互依赖、交流和吸收程度日益增加的文化事实。基于这种理解,文化公民身份研究者提出了以流动、开放的眼光看待文化的新视角,在承认现代公民身份的多元性、复杂性和争议性的同时,更需要不断通过对话与交流进一步(重新)认识自我以及自我与他人的关系,由此创造并维护一个人人都能兴旺发展并且具有公德的共同体,或者说美好社会。

这种文化公民身份概念是一种关注公民反思性认知特征的主体性视角;公民并非生而具有这种反思性的文化特征,获取它需要经过在一个民主的、多元的公共空间(包括教育、媒体、流行文化和公民社会等公共学习场域)中的学习过程。这种学习旨在培养公民日常生活中的伦理感,使得民主不仅作为一种规范而存在,更成为公民的一种日常实践和文化。不过,在一个以新自由主义为全球化主要推动力的资本主义(化的)世界里,一方面,政治精英和经济精英对社会的掌控权日益增加;另一方面,公民正在因为对市场经济和市场消费日益增长的工具性的追求中变得更加异化,更加失去对社会的反思兴趣和能力。因此,创造一个最终摒弃资本主义、实现伦理社会主义的努力注定是一场"漫长的革命"。有希望推动这场革命发生的力量恰恰是以数码化为主要特征之一的文化民主化浪潮:它能为公民建立起既植根于本土又超越本土的世界性地方主义的文化形式和文化公民身份提供机会和条件。这个文化民主化新浪潮,既可以对抗国家出于自身安全考虑所设计的政治公民身份,也希冀能由此改变国家对公民身份设计和话语的独占权,最终达到国家和公民都以福柯式的政治经济学整体观看待政治关系与社会关系,并理性地实践治理术。

当然,目前的文化公民身份理论及其实践远未达到充分成熟的阶段。首先,如何以及何时才能实现这种"美好"的伦理社会主义社会并不是文化公民身份理论家所能回答的;它需要全社会共同努力加入到这一庞大的、长期的工程中来才有实现的可能性。然而,如果公民没有预先接受文化公民身份理论家所提倡的培养以反思性为根本能力的公共民主教育,他们又如何能够自觉参与到这场"漫长的革命"中来,并积极自主地创造一个民主、多元的公共领域? 因此,文化公民身份理论家的逻辑在这里出现了一个悖论。不过,理论家们可能把这种悖论理解为一种辩证逻辑:革命是一个漫长的过程;在这个过程中,阶段性的教育成果成为促进公民实践的先决条件,公民的实践又反过来促进民主、多元的公共领域的成熟,并由此促进公共教育的深化。其次,迪兰提也对他所支持的这种指向未来的文化公民身份立场提出了批评,认为文化公民身份概念仍然缺乏一个清晰的总体理论,原因在于它对文化概念的讨论不够清晰,即"文化"在文化公民身份理论家的讨论中几乎无所不包(Delanty,2002:65)。不过,批评文化公民身份理论对各种文化无所不包的时候,也要防止把文化再次理解成文化公民身份理论家所摒弃的那种界限明确的、单一、固定的概念。第三，文化公民身份是一个连接着未来理想社会的视角，而且该理论发展时间不长，因此，它需要时间积累足够的经验研究和理论探讨，由此发展为规范性（同时具有开放性）的、成熟的公民身份理论系统（而不仅仅是一个规范性立场）。

无论怎样，文化公民身份的新视角都说明，"人"本身已经在时代的急剧变迁之下走到了公民身份研究的前台。从这个角度出发来看，即便存在逻辑上的悖论，或者理论上的不成熟，以及可操作性的欠缺，文化公民身份概念都在很大程度上纠正了传统公民身份研究中的失误，把公民身份研究引向了尊重社会历史变迁、尊重公民主体性的新方向，因此在认识论和实践层面都具有十分积极的启发意义。因为，正如恩靳·艾辛、布雷恩·特纳所指出的那样："公民权研究的根本宗旨不在于著书撰文，而是要直面和处理世界各地的许多人群所遭受的不公正，使这些不公正显形于公共领域之中，使那些遭受不公正的群体在提出承认的要求时能够明确地说出这些不公正，进而使他们的这些要求能够落实到国家的和超国家的法律和实践之中，从而带来根本性的变革。"（艾辛、特纳，2007：4）所以，不难理解，在一个社会急剧转变的时代，这种突破注重政治—法律结构以及政治—法律地位的传统公民身份概念的新的研究理念并非只催生了文化公民身份这种研究视角；它同时也催生了上文韦伯和伊辛所述公民身份研究的众多新维度，比如把对身体的治理作为公民身份研究中心议题的生物公民身份（biological citizenship）（Rose，2011），以及其他诸如生态公民身份（ecological citizenship）、世界公民身份（cosmopolitan citizenship）等视角和概念（参见 Stevenson，2001a；艾辛、特纳，2007）。这些新概念的研究路径互不相同，但是都分享一个重要的特征，就是在关注国家—公民关系这一政治维度的同时，更对与其彼此胶着的主体性以及人类关系这一社会维度进行关注。因此，对公民身份的研究既要承认公民身份是政体赋予公民的一种政治—法律成员资格，更要认识到公民身份是公民通过在政治与文化公共领域的彼此交流、对公民身份内涵进行不断调整和创造的文化实践过程，以期更加深入地理解公民身份作为一个政治经济与文化的整体性概念和实践的意义。

参 考 文 献

［澳］约翰·哈特利：《全民书写运动》，郑百雅译，台北漫游者文化事业股份有限公司 2012 年版。

简妙如：《导论：数位时代的文化素养》，载约翰·哈特利著，《全民书写运动》，台北漫游者文化事业股份有限公司 2012 年版。

［美］托比·米勒：《文化公民权》，载恩靳·艾辛、布雷恩·特纳主编，《公民权研究手

册》,王小章译,浙江人民出版社 2007 年版。

[英]恩靳·艾辛、布雷恩·特纳:《公民权研究:导论》,载恩靳·伊辛、布雷恩·特纳主编,《公民权研究手册》,王小章译,浙江人民出版社 2007 年版。

Agamben, G.. 1998. *Homo Sacer: Sovereign Power and Bare Life*, Stanford, California: Stanford University Press.

Agamben, G.. 1999. *Remnants of Auschwitz: The witness and the archive*, New York: Zone Books.

Agamben, G.. 2014. "From the State of Control to a Praxis of Destituent Power." http://roarmag. org/2014/02/agamben-destituent-power-democracy/.

Bhandar, D.. 2010. "Cultural politics: disciplining citizenship." *Citizenship Studies*, 14(3):331—343.

Boomkens, R.. 2010. "Cultural citizenship and real politics: the Dutch case." *Citizenship Studies*, 14(3):307—316.

Bourdieu, P.. 1986. "The Forms of Capital." in J. E. Richardson(ed.) *Handbook of Theory of Research for the Sociology of Education*, New York: Greenword Press; reprinted in A. H. Halsey, Hugh Lauder, Philip Brown and Amy S. Wells (eds), 1997, *Education, Culture, Economy, Society*, Oxford: Oxford University Press:46—58.

Burgess, J.. 2011. *User-created content and everyday cultural practice: lessons from YouTube*. Obtained through QUT Digital Repository (http://eprints. qut. edu. au/).

Burgess, J. and Green, J.. 2009. *YouTube: Online Video and Participatory Culture*, Cambridge: Polity Press.

Burgess, J. et al.. 2006. *Everyday Creativity as Civic Engagement: A Cultural Citizenship View of New Media*. Obtained through QUT Digital Repository (http://eprints. qut. edu. au/). Originally appeared in *Proceedings Communications Policy and Research Forum*, Sydney.

Carens, J. H.. 2000. *Culture, Citizenship, and Community*, Oxford: Oxford University Press.

Culp, R.. 2006. "Rethinking Governmentality: Training, Cultivation and Cultural Citizenship in Nationalist China." *The Journal of Asian Studies*, 65(3):529—554.

Delanty, G.. 2002. "Two Conceptions of Cultural Citizenship: A Review of Recent Literature on Culture and Citizenship." *The Global Review of Ethnopolitics*, 1(3):60—66.

Delanty, G.. 2007. "Citizenship as a learning process: disciplinary citizenship versus cultural citizenship." *Eurozine*. See http://www. eurozine. com/pdf/2007-06-30-delanty-en. pdf.

Delanty, G.. 2011. "Conclusion: On the cultural significance of arts festivals." in. L. Giorgi et al. (eds) *Festivals and the Cultural Public Sphere*, London and New York: Routledge(Taylor & Francis Group):190—198.

DiMaggio, P. et al.. 2001. "Social Implications of the Internet." *Annual Review of Sociology*, 27:307—336.

Foucault, M.. 1978. *History of Sexuality*, *Volume I : An Introduction*, New York: Pantheon Books.

Foucault, M.. 1988. "Technologies of the Self. " in L. H. Martin et al. (eds) *Technologies of the Self : A Seminar with Michel Foucault*, The University of Massachusetts Press Amherst: 16—49.

Foucault, M.. 1991. "Governmentality. " in G. Burchell et al. (eds) *The Foucault Effect : Studies in Governmentality*, Chicago, IL: Chicago University Press: 87—104.

Foucault, M.. 2003. *Society must be defended : Lectures at the Collège de France*, 1975—1976, New York: Picador.

Foucault, M.. 2009. *Security, Territory, Population*, New York: Picador.

Genel, K.. 2006. "The Question of Biopower: Foucault and Agamben. " *Rethinking-Marxism*, 18(1):43—62.

Goode, L.. 2010. "Cultural citizenship online: the Internet and digital culture. " *Citizenship Studies*, 14(5):527—542.

Habermas, J. , 1998, *Between Facts and Norms : Contributions to a Discourse Theory of Law and Democracy*, Cambridge: Polity Press.

Jackson, J. D. et al.. 2011. *Mediated Society : A Critical Sociology of Media*, Oxford University Press.

Jacobs, R. N.. 2013. "Entertainment Media and the Aesthetic Public Sphere. " in Jeffrey C. Alexander et al. (eds), 2013, *The Oxford Handbook of Cultural Sociology*, New York: Oxford University Press: 318—340.

Jenkins, H.. 2006. *Convergence culture : where old and new media collide*, New York & London: New York University Press.

Jenkins, H. et al.. 2006. *Confronting the Challenges of Participatory Culture : Media Education for the 21st Century*, The MacArthur Foundation. See http://www. digitallearning. macfound. org.

Kidder, J. L.. 2012. "Parkour, The Affective Appropriation of Urban Space, and the Real/Virtual Dialectic. " *City and Community*, 11(3):229—253.

Kymlicka, W.. 1996. *Multicultural citizenship : a liberal theory of minority rights*, Oxford: Clarendon Press.

Kymlicka, W. and Norman, W.. 2000. *Citizenship in Diverse Societies*, Oxford: Oxford University Press.

Livingstone, S.. 2003. "Children's Use of the Internet: Reflections on the Emerging Research Agenda. " *New Media and Society*, 5(2):147—166.

McGuigan, J.. 2011. "The cultural public sphere—a critical measure of public culture?" in L. Giorgi et al. (eds) *Festivals and the Cultural Public Sphere*, London & New York: Routledge(Taylor & Francis Group):79—91.

Marshall，T. H.．1950.*Citizenship and Social Class*，Cambridge：Cambridge University Press.

Murdock,G.．2004.“Building the Digital Commons：Public Broadcasting in the Age of the Internet.”available at http：//www. demostasjon. no/filer/505. pdf. Accessed October 2012.

Ong,A.．1996.“Cultural Citizenship as Subject Making：Immigrants Negotiate Racial and Cultural Boundaries in the United States.”*Current Anthropology*，37（5）：737—762.

Ong,A.．1999.*Flexible Citizenship*：*The Logics of Transnationality*，Durham：Duke University Press.

Ong，A.．2003.*Buddha Is Hiding*：*Refugees*，*Citizenship*，*the New America*，University of California Press.

Rosaldo，R.．1994.“Cultural citizenship and educational democracy.”*Cultural Anthropology*，9(3)：402—411.

Rose,N.．2011.“Biological citizenship and its forms.”in E. Zhang et al.（eds）*Governance of Life in Chinese Moral Experience*：*The quest for an adequate life*，Routledge：237—265.

Sassi,S.．2005.“Cultural differentiation or social segregation? Four approaches to the digital divide.”*New Media & Society*，7(5)：684—700.

Stevenson,N.（ed.）.2001a.*Culture and Citizenship*，London，Thousand Oaks，New Delhi：Sage Publications.

Stevenson,N.（ed.）.2001b.“Culture and Citizenship：an Introduction.”in his（ed.）*Culture & Citizenship*，Sage Publications：1—10.

Stevenson,N.（ed.）.2003.“Cultural Citizenship in the ‘Cultural’ Society：A Cosmopolitan Approach.”*Citizenship Studies*，7(3)：331—348.

Stevenson,N.（ed.）.2010.“Cultural citizenship，education and democracy：redefining the good society.”*Citizenship Studies*，14(3)：275—291.

Turner，B. S.，2001.“Outline of a General Theory of Cultural Citizenship.”in N. Stevenson(ed.)*Culture & Citizenship*，Sage Publications：11—32.

Uricchio，W.，2004.“Cultural Citizenship in the Age of P2P Networks.”in I. Bondebjerg and P. Golding（eds）*Media Cultures in a Changing Europe*，Bristol：Intellect Press,Ltd.；139—163.

van Hensbroek,P. B.，2010.“Cultural citizenship as a normative notion for activist practices.”*Citizenship Studies*，14(3)：317—330.

van Oenen，G.，2010.“Three cultural turns：how multiculturalism，interactivity and interpassivity affect citizenship.”*Citizenship Studies*，14(3)：293—306.

Vega，J.，2010.“A neorepublican cultural citizenship：beyond Marxism and liberalism.”*Citizenship Studies*，14(3)：259—274.

Vega,J. and van Hensbroek，P. B.，2010.“The agendas of cultural citizenship：a political-theoretical exercise.”*Citizenship Studies*，14(3)：245—257.

Weber,C. ,2008. "Designing safe citizens." *Citizenship Studies*,12(2):125—142.

Wellman, B. , 2001. "Physical Place and Cyber Space: The Rise of Personalized Networks." *International Journal of Urban and Regional Research*, 25: 227—252.

Young,I. M. . 1990. *Justice and the Politics of Difference*, Princeton, NJ: Princeton University Press.

差异、群体权利和多元文化主义

夏　瑛*

一、问题的提出

强调共同权利与平等原则的主流公民身份理论如何解决文化差异与少数群体权利问题？ T. H. 马歇尔所开辟的当代主流公民身份理论主张政治共同体应对拥有成员资格的公民作无差别的对待,实现这一目标的核心机制是赋予公民以共同的公民权利、政治权利与社会权利(Marshall,1950)。这种以成员资格与共同权利为基础的公民身份理论在初时被认为是调停自由主义和社群主义争论的有效思路,因为它一方面强调自由主义的平等原则和个体权利,另一方面也容纳了社群主义有关共同体成员身份和社群联系的主张(金里卡,2003:284)。然而,权利公民身份理论的局限不久也逐渐显现(夏瑛,2013)。它面临的困境和自由主义一样——平等原则和对个体的无差别对待如何体现和应对文化多元与群体特别权利的问题。对权利公民身份理论更进一步的批评认为,它对公民资格以及公民"共同权利"的界定是建立在将健康的、遵循传统两性关系的白人男性这一群体视为合乎公民资格的主流群体这一基础之上的。凡是在种族、能力、性别、性取向等方面不同于这一基准群体的少数群体(如黑人、少数民族、残疾人、女性、同性恋者等)就可能被主流社会拒斥,面临被边缘化、被蔑视或被同化的命运。

在权利公民身份观念被广泛讨论的同时,那些被主流社会所排斥的文化少数群体却开始以实际行动表达他们对这种观念以及与之相应的政治制度和文化氛围的反抗。大约从20世纪六七十年代开始,少数族群、残疾人、同性恋、女性等文化少数群体便开始在西方社会开启一场持续的、以彰显"差异"和声张"身份"为核心的新社会运动。那些不属于传统权利公民身份理论所认可的社会群体希望打破主流群体与边缘群体的边

---

　　* 夏瑛,政治学博士,中山大学政治与公共事务管理学院副教授,主要研究方向为香港政治、公民身份理论。

界,同时也希望改造以传统主流群体为基准而建立起来的"平等"原则。他们希望将"差异"纳入公民身份的理论框架,但同时也不摒弃用以维护个体自由与自主的"平等"原则。那么,如何来解决这组悖论关系?

理论与现实对传统公民身份的双重挑战让人们不得不认真思考文化多元与群体差异的问题。公民身份理论显然无法完全解决这些难题,它实际上正是上述悖论困境的来源。政治理论家最终又回到自由主义与社群主义的词典中寻找答案。因此,有关"差异"和"文化多元"的讨论初时还是在自由主义和社群主义的框架下进行,至20世纪八九十年代才大致形成独立的论证体系,即所谓的"多元文化主义"(multiculturalism)。

"多元文化主义"关心两个基本问题:如何建构一套旨在解决文化多元与群体差异的政治理论,以及如何通过一定的制度安排,如给予文化少数群体以特殊权利的方式来实践这套理论。围绕这两个基本问题,"多元文化主义"内部有着诸多完全不同甚至针锋相对的论证思路。学者在两个关键问题上存在分歧:什么类型的群体可被称为"文化少数群体",以及通过怎样的理论逻辑(自由主义的、社群主义的还是超越这两者的)承认并包容他们与主流社会的差异。对这两个问题的不同认识又导致学者给出完全不同的政策处方。"多元文化主义"的学者之所以在这些关键问题上产生分歧,一方面和他们本身所持有的理论倾向有关。另一方面则是各自理论所面对的具体经验对象的差异,比如,关注少数民族运动的学者(如威尔·金里卡)和关注女权运动的学者(如艾瑞斯·杨)就分别建构起了两套思路迥异的多元文化主义论证逻辑。对现实问题的针对性回应于是构成多元文化主义的一项重要特征。因此,明确不同流派所针对的具体群体及其所面临的问题成为充分理解它们之间差异的重要前提。

在本文中,我们将回顾多元文化主义产生的背景、相关的代表性学说,以及学说之间的对话与发展。有关背景的讨论涉及多元文化主义所关心的两个基本问题的其中一个,即如何在现有理论(如自由主义、社群主义、作为权利的主流公民身份理论)的基础上建构一套旨在解决文化多元和包容群体差异的政治理论。对代表性学说的选取则主要根据多元文化主义学者对"谁是文化少数群体"以及"如何解决文化少数群体困境"这两个关键问题的不同看法为依据。本文最后,作者将试图勾画整个多元文化主义理论体系的基本构成。

二、文化多元、差异政治与少数群体权利

多元文化主义主张政治理论应承认社会的异质性,认识到差异真实存在,并在此基础上建构理论。一味强调普遍主义和平等原则,对所有群体都一视同仁,虽避免了特权群体对其他群体的侵害与掠夺,但也可能导

致某些与主流社会存在差异并试图保持自身独特性的少数群体的利益受
到损害,并最终违背平等原则。多元文化主义的典型观点认为,若要真正
地实践平等原则并成就个体的独立,就需要对不同群体进行差异化对待,
尤其要对处于弱势地位的少数群体给予额外权利以帮助他们更充分地保
护本群体利益,帮助群体内的个体成员实现个体自主与自由。

　　因此,多元文化主义的理论体系中存在这样几个紧密关联的核心要
素:(1)社会的基本形态是异质而非同质的,差异普遍且真实存在,文化是
多元的;(2)在一个差异与多元的社会中,存在一个可被观察和界定的多
数群体(主流群体)和若干少数群体(边缘群体);(3)社会当前的制度和文
化安排主要由主流群体作出并符合主流群体的基本偏好与利益,在这样
一种制度与文化的基础上推行平等原则可能造成少数群体利益的损害并
导致实质的不平等;(4)因此,需要对少数群体补给特别的群体权利,以消
除他们的弱势地位,缩小他们与主流群体之间的不平等。“多元”、“差异”
与“群体权利”于是成为多元文化主义的关键词。其中,“多元”与“差异”
涉及多元文化主义形成的背景;而围绕“群体权利”产生的各种问题(诸如
“群体权利”的必要性、内容、范围以及适用对象)则不仅塑造了多元文化
主义内部的不同流派,同时也构成了多元文化主义本身所面临的困境和
挑战。在这一部分中,我将着重介绍多元文化主义产生的背景,而其主要
内容与面临的挑战则在后几个部分阐述。

　　多元文化主义关注文化维度的“多元”与“差异”。但在多元文化主义
之前,政治理论家关注更多的却是社会经济维度的“多元”与“差异”,多元
文化主义正是在批评这种关注的基础上诞生的。南希·伏拉瑟尔对这两
种类型的政治理论作了概括(见表1)。她将社会经济差异导致的非正义
称为经济非正义,围绕解决经济非正义所形成的政治理论是有关“再分配
政治”的理论;将文化差异导致的非正义称为文化非正义,围绕文化非正
义所形成的政治理论是有关“承认政治”(the politics of recognition)的理
论(Fraser,2009:430—460)。经济非正义来自政治经济体系中因社会经
济地位(阶层)的不同而导致的不同社会群体在经济和政治资源方面的差
异,这种非正义需通过财富“再分配”强化阶层平等的手段来解决。文化
非正义则指向文化和身份维度的差异,这种非正义需通过“承认”文化差
异与文化独特性的方式来解决。伏拉瑟尔认为,到20世纪晚期,在西方
民主社会中,身份不平等导致的文化压迫已经取代了经济结构不平等所
导致的阶级剥削而成为社会非正义的主要来源。群体身份而非阶级利益
逐渐成为政治动员的主要力量。围绕“文化身份的承认”以及对“差异的
承认”而展开的抗争成为政治争拗的主要内容。同时,在传统“再分配政
治”以外出现一种全新的政治形态,即“承认政治”。

表 1　南希·伏拉瑟尔对两种非正义及其解决机制的诠释

	再分配政治	承认政治
非正义的类型	社会经济的非正义	文化或象征(symbolic)的非正义
表现形式	• 剥夺:劳动成果被他人为了实现他人利益而剥夺 • 经济边缘化:被迫从事自己不乐意做的工作或被排除在劳动力市场之外 • 贫困:无法实现生存所需的基本物质条件	• 文化支配:被迫受制于与自己群体的文化不相容甚至相冲突的文化 • 不被认可:不被所处文化的正统模式所认可 • 不受尊重:在文化的常规公共表述或在日常交往中被边缘化或被贬低
解决机制	重构政经结构——"再分配"的政治	调整文化或象征系统——"承认(差异)"的政治
目标价值	平等主义、消除差异	承认差异

资料来源:Fraser,2009:430—460。

　　两种"政治"对差异的态度截然相反——再分配政治致力于消除差异,而承认政治主张承认并强化差异。但伏拉瑟尔认为两者相容而不相悖,并且同为民主社会解决非正义的重要机制。这意味着,一方面,主张"承认政治"并不意味着取消"再分配政治";不仅如此,由于两种"政治"旨在解决不同类型的"非正义",民主社会应同时保持并强化这两种政治,以全面实现社会正义。另一方面,两种"政治"的功能虽可互相接济,却无法实现相互替代——"再分配政治"或许能适当缓解身份不平等的问题,却无法彻底解决不同群体在社会经济利益方面的不平等。以在性别维度形成的身份差异为例,同性恋者在不同的社会阶层都可能出现,给予出身较低阶层的同性恋者一定的经济再分配利益以及普遍的公民及政治权利,虽可在一定程度上解决经济不平等的问题,却依然难以帮助他们得到异性恋主流文化的认可与尊重。

　　很显然,多元文化主义便是伏拉瑟尔所概括的关于"承认政治"的学说:它关注文化和身份的差异以及由此导致的非正义,主张承认文化差异和群体独特性。它比伏拉瑟尔的"承认政治"更进一步的是它不仅主张承认差异,还主张赋予文化少数群体以群体权利,以实际解决文化非正义问题。大多数多元文化主义学者对这一基本立场都有共识,但在何谓"文化少数群体"以及应该给予他们何种类型的群体权利这些问题上存在分歧。

　　关于哪些群体是文化少数群体,学界存在至少三种不同理解:(1)土著居民;(2)外来移民;(3)本地"身份"群体(如女性、同性恋、残疾人、美国黑人等）。对文化少数群体的不同理解直接导致多元文化主义内部的各种分歧。关于这一点，我将在下一部分作详细阐述，但简单而言，引导学者对不同类型的文化少数群体给出不同对待方式的主要依据是少数文化群体在主观上是否希望成为"多数"社会的成员，分享多数社会的文化交往模式。当少数文化群体希望并主动尝试跻身多数社会而只因资源与能力等方面的局限无法实现这一愿望时，国家就应该给予这些群体以一定的群体权利来补给他们在资源和能力方面的劣势，使他们更接近"多数"群体；但假若少数文化群体希望与"多数"社会保持距离并保持自身的群体独特性的时候，群体权利就应该发挥与前一种情况相反的作用，即帮助少数文化群体免于任何可能令其遭到多数社会"同化"的制度安排。前一种情况多见于外来移民作为少数文化群体的情况，因他们之所以成为少数文化群体，多为主动选择的结果，他们多希望取得迁入国的公民身份，与当地公民享受同等权利与待遇。而后一种则多见于土著群体与少数民族群体，他们成为少数文化群体多因历史的无奈选择（如受到侵略），他们大多希望保存自身的文化独特性，不希望被主流社会同化。多元文化主义的主要代表人物金里卡对此做了"族类群体"和"民族群体"的分类（见下文）。他在这一分类基础上开启了"自由主义的多元文化主义"理论的论证。可见，文化少数群体的类型及其形成的历史背景直接决定了不同的多元文化主义的政策立场。

第三种文化少数群体的分类逻辑与前两种有些差异。对于这一点，多位多元文化主义学者（如下文将要介绍的金里卡）都曾作出提醒。可惜的是，他们虽指出了第三种文化少数群体的独特性却未系统回答其"独特"在何处。在此，我尝试对他们之间的区别作出梳理。首先，无论是"族类群体"还是"民族群体"，区分他们与多数群体的主要依据是"种族"；但区分第三种类型的少数群体与主流社会的主要依据却并不是"种族"，而是"身份"（identity），诸如女性、同性恋者。"身份"构成少数群体与主流社会多数群体之间的差异。这套论证体系中的所谓"主流社会"群体指的是西方社会（尤其是美国社会）中遵循传统两性观念的健康白人男性；而这一群体正是主流权利公民身份理论对"公民"的经验想象。权利公民身份又经由民主的制度和体系在西方社会被确立并普及。因此，在公民身份研究的文献中，也有人将这种类型的公民身份称为"民主公民身份"。可见，"身份"维度的文化少数群体是在更针对性地批评主流权利公民身份这一具体背景下产生的。这些群体的多元文化主义诉求存在强弱两种形态。"弱多元文化主义"仅主张主流社会与主流文化模式认可，容忍与尊重那些与传统"公民"形象不符的差异性文化群体的存在；而"强多元文化主义"则不仅要求承认差异，更要求国家使用制度化手段对不同文化群体进行差异化对待——对那些长期受到主流社会排斥与压抑的文化少数群体给予更多群体权利,而多数群体的部分权利则应受到限制。

可见,文化少数群体本身的差异便已带来了多元文化主义内部的诸多分歧。因此,在理解多元文化主义理论之时,我们需要同时了解理论建构的经验基础。不同的文化少数群体以及他们与多数社会之间存在的不同的关系可能直接导致研究者采取完全不同的多元文化主义立场。因此,在下文有关多元文化主义代表性学说的分析中,我将分别介绍对不同类型的文化少数群体的研究。而这些学说之所以同被纳入多元文化主义的理论谱系,一方面因为它们对差异的强调,另外一方面则是因为它们几乎无一例外地要求国家在提供多元文化主义政策方面要积极干预,无论这种干预表现在程度较浅的引导与培育主流社会对差异的接纳与承认,还是程度更深地直接给予少数文化群体以特殊群体权利。多元文化主义在国家角色这一方面的立场因此也构成了它区别于其他政治理论,尤其是强调国家中立的传统自由主义理论的核心特征。悖论的是,多元文化主义最活跃的支持者和论证者,威尔·金里卡却恰巧是一位坚定的自由主义学者。那么,如何在自由主义的理论体系中发展出一套与其基本立场明确相悖的理论? 在下一部分的分析中,我将着重介绍金里卡的“自由主义的多元文化主义”理论,并在此基础上讨论多元文化主义的其他代表性论证思路。两个因素指导了本章的综述逻辑:相关理论所讨论的具体经验对象,即文化少数群体的类型,以及理论本身的论证思路(自由主义的、社群主义的或其他)。

关于这一点,它涉及非常复杂的个体与群体之间的关系。金里卡的一个概念分类非常重要,他认为存在两种形式的共同体——政治共同体与文化共同体。前者表示国家权力所管辖的范围,强调普遍、平等的公民身份资格,以“民族国家”为主要形式。在同一个政治共同体内时常存在多个不同类型的文化共同体,每一个文化共同体内部都有着自身独特的诠释、表达与交往模式。政治共同体出于统治稳定的考虑通常在其内部推行一个共同的民族文化,试图整合不同类型的文化共同体。但是在很多具体的实践中,一些文化共同体试图抵制政治共同体的这种意图,拒绝被纳入一个统一的民族文化之内。同样道理,有些文化共同体却努力希望被整合与容纳进共同的主流文化圈内。这个时候就发生了所谓“多元文化”的政治。在这场政治中,个体与群体的关系变得复杂:个体是政治共同体同时也是文化共同体内部的成员。当个体所处的政治共同体与文化共同体不一致时,多元文化主义政治便有了发生的基础:(1)是否保持个体所属的文化共同体与政治共同体(以及该政治共同体主动构建的文化共同体,如统一的民族文化)之间的不吻合还是试图实现后者对前者的整合;(2)无论是哪种选择,应通过怎样的方式进行? 是通过直接将个体整合进政治共同体的平等公民资格范畴而不问其文化身份(传统自由主义的路径)？还是对每一个个体做双重对待——作为政治共同体成员,给予个体普遍公民身份;作为文化共同体成员,由国家通过群体权利的方式对个体所处的少数文化群体集体整合进主流文化共同体,或通过群体权利保持个体所处的文化少数群体相对于主流社会的独特性(如金里卡的自由主义多元文化主义路径)？[1]还是不问个体在政治共同体内的普遍成员身份,而由国家直接对不同个体所属的文化共同体实行差异化的公民身份(如艾瑞斯·杨的女性主义路径)？围绕这两个基本问题发展起来的有关文化差异与群体权利的论证继而构成了多元文化主义内部充满张力的复杂理论体系。

三、自由主义、社群主义与多元文化的早期讨论

在多元文化主义作为一个独立的理论体系出现之前,有关群体差异、多元文化和少数群体权利的讨论多在自由主义和社群主义的阵营中展开。最初,人们普遍认为那些承认文化差异并要求对文化少数群体给予特殊权利的主张是典型的社群主义观点。而那些反对群体权利,并主张对所有个体平等对待的观点则是典型的自由主义。

社群主义强调人的社会性,认为人“内嵌”于复杂的社会关系中。个体的价值、偏好、选择等都必然地受制于其所处的群体环境,个体的利益来自集体共同利益的荫蔽,个体存在的意义由集体决定。社群主义因此认为集体在道德上先于个体,集体利益不能简化为个体利益的加总。自由主义则主张人的自主性,认为个体有能力独立作出对他而言有意义的选择。若太强调集体利益,则可能造成对个体利益的侵害。自由主义因此认为个体在道德上优于集体,个体利益不能用集体利益来替代。为了保证个体的独立与自由,在处理个体与国家关系的时候,自由主义主张(1)平等原则,即国家应平等对待所有个体而不论其从属于哪个群体,国家应向所有个体提供同等权利以保障个体自由,使其免于国家权力体系的侵害;以及(2)国家中立原则,在基本权利之外,国家不应干预个体生活,宗教信仰、民族身份、性别取向等都是个体私人领域的事务,由个体自由选择。

社群主义批评自由主义过分强调个体主义,忽视个体的社会性,忽视社群在塑造个体身份、实现个体自由等方面的作用。最典型的批评认为,

---

[1]　多元文化主义(尤其是其中的自由主义学派)主张通过群体权利的方式来实现群体内个体成员面临的困境,因为一方面个体面临的困境缘于个体在某文化共同体内的成员身份;另一方面它假设群体内部的个体成员面临同样且同等的由其所属的文化共同体带给他们的困境,因此,只需要对群体进行整体救济就能实现其中个体成员所面对的共同问题。

个体不可能实现彻底的独立,个体当然应该被允许按照自己的意愿和偏好自主地做出各种选择,但这种意愿与偏好并不是个体与生俱来、自主形成的,而是由他们所处的社群及其共同文化塑造的(Taylor,1985:204—209;Miller,1999:172)。实际上,许多社群主义学者并不反对自由主义学说中对人的"自主"与个体自由的追求,但他们反对自由主义在论证个体自主与自由的过程中完全抛弃"社群"或"集体"概念的思路。比如,社群主义的核心代表人物泰勒就曾指出他虽同样支持个体自由,但他反对自由主义使用原子论(atomist view)的个体观来论证个体自由。所谓原子论的个体观,就是将社会理解为所有个体简单加总的集合,而个体的身份、能力和行为动机都是个体与生俱来,无关环境的(Taylor,1985:187—188)。泰勒认为,个体"独立"作决定的时候,他对好坏的判断必然地受到他所处的社会和文化环境的影响。因此,个体的能力,尤其是自由主义者津津乐道的个体的理性与自主,与他在某个社群的成员身份密不可分。泰勒认为在论证个体自由的时候,应该使用社会理论替代自由主义的原子论个体观。所谓社会理论也就是将个体的社会性带入有关个体自治的论证过程(Taylor,1985:189—193)。而在个体与国家关系方面,社群主义认为国家中立原则并非铁律,当国家干预有助于实现社群共同利益的时候,这种干预就具备了道德上的合理性。

自由主义和社群主义在个体与社群(集体)哪个更具有道德优先性这一问题上的不同立场使得人们直观地认为,在少数群体权利这一问题上,持支持观点的多为社群主义者,而自由主义者则一定反对。对于自由主义者而言,国家给予某些少数群体以特殊权利便意味着国家不平等对待不同类型的群体及其个体成员。而这种做法与自由主义的平等原则与国家中立原则是必然矛盾的。

少数群体权利理论的这种模糊状态到 20 世纪末尾阶段出现转变。在这个时期,移民问题和少数民族权利问题在一些西方社会逐渐成为主要社会矛盾和国家面临的核心政策难题。国家亟须调整政策思路,解决矛盾,而学界也需要就这些实际问题提供更全面系统的理论讨论。一些学者意识到,这些有关文化多元和少数群体权利的问题恰巧都发生在西方自由主义国家内部,那么多元文化和少数群体权利问题理应不是社群主义的专利,反而需要引起更多自由主义学者的关注。自由主义需要解决这一难题——自由主义的国家如何解决文化多元和少数群体权利问题。在这一背景下,自由主义学者开始积极研究如何将文化多元与少数群体权利整合到自由主义的理论体系之内,并在 20 世纪 90 年代形成了"自由主义的文化主义"(liberal culturalism)学派(Raz,1994;Tamir,1993;Kymlicka,1989)。"自由主义的文化主义"试图完成的主要论证任务是证明少数群体权利和自由主义的自由平等原则并行不悖,甚至是充分实现自由平等原则的重要机制。而他们完成这一论证的主要方式是证明在西方自由主义国家中,有些少数文化群体中的个体成员无法如主流社会中的个体成员一般实现个体的自由与自主,尤其是个体在文化生活方式方面的自由,因为他们所属的少数群体受到主流社会的蔑视、排挤而处于边缘与弱势地位。因此,为了帮助这些个体更充分地实现自主,国家应该"补贴"给他们一定程度的特殊权利。这种权利应该以群体权利的方式出现而不是直接补给到个人,因个人在文化选择上的不自由缘于其少数文化群体的成员身份。

"自由主义的文化主义"成功地将多元文化与少数群体权利的问题纳入自由主义的框架内,打破了早前人们将这类问题与社群主义挂钩的刻板印象。此后,有关多元文化与少数群体权利的问题在自由主义阵营内被广泛讨论。自由主义内部也出现了很多争论。争论的焦点随即成为如何区分那些可以帮助文化少数群体内的个体成员实现个体自主的"好"的群体权利,和那些可能造成少数群体成员遭到本群体压迫而限制个体权利与自由的"坏"的群体权利(金里卡,2003:339)。到 20 世纪末期,在自由主义学者金里卡发表一系列有关"多元文化主义"的著作之后,"多元文化主义"取代"自由主义的文化主义"成为多元文化与少数群体权利研究的标签。作为自由主义阵营中多元文化主义研究的核心代表人物,金里卡的研究也奠定了整个多元文化主义理论的论证与论辩基础。

四、自由主义的多元文化主义

金里卡尝试在自由主义的框架内建构与发展少数群体权利以及多元文化主义理论。个体"自主"(autonomy)是金里卡用来嫁接自由主义与多元文化主义的桥梁。他认为,个体自主是自由主义最核心的原则。西方社会普遍实行的以自由主义平等原则为基础的权利公民身份并未能帮助所有拥有公民资格的个体实现自主性,尤其是那些长期遭到主流社会排斥的少数文化群体的成员。因此,需要对这些群体给予一定方式的权利"救济"以帮助他们与多数群体的成员一样自由实践个体(文化)自主。金里卡对多元文化主义的论述非常系统。他对少数文化群体的分类以及"群体权利"的定义,作为他整个自由主义的多元文化主义理论的基础部分,也均成为经典。

(一)核心概念与分类

1. 文化少数群体的两个类别——"民族群体"与"族类群体"

金里卡的自由主义多元文化理论建立在他对少数民族(土著民族)群体研究的基础之上。在建构理论体系之前,金里卡首先谨慎区分了"民族"与"族类"这两个塑造"文化多元"的不同来源,并强调他所论述的"多元文化主义"是基于"民族"维度产生的差异。

在金里卡看来,"民族"是指或多或少保持着完整性、占有一定领土、享有独特的语言和文化的历史共同体。"少数民族"是那些存在于一个国家中的、规模较小的文化共同体。金里卡认为,从历史过程来看,不少民族是在不情愿的情况下——如被外来强势民族侵占而不得已成为帝国权力统治下的"少数民族"。经由这种历史逻辑而形成的少数民族对于由外来民族所构成的主流社会存在天然的抗拒心理。他们不积极甚至不情愿融入主流社会,并积极寻求自治,试图保留自己的文化独特性。

与"民族"相对的是"族类"。"少数族群"在现实政治中所对应的主要群体是国际移民。一般而言,这些移民都是主动从相对落后的地区迁移至相对发达的地区以谋求个体与家庭更好的生活境遇。来自不同文化共同体的移民带着各自迥异的文化特征加入新的社会,为接纳移民群体的主流社会带来了文化多样性。由"族类"所形成的"少数"与依"民族"逻辑所形成的"少数"最明显的区别在于两者与主流社会的关系——前者主动加入主流社会并努力融入主流文化,而后者则被动纳入主流社会并且抗拒融入。换言之,前者追求的是融合与平等共享,后者追求的却是自治与保留独特性。金里卡关于少数群体权利的论证正是从区分"民族"和"族类"开始的。而他的兴趣是"民族"维度下的少数文化群体。金里卡观察到,在一些国家,由种族文化差异造成的冲突甚至暴力已然成为严重问题(Kymlicka,1995)。因此,需要建构一套扎实的有关少数群体权利的理论以解决这些问题。

那么,如何保护族裔少数群体的身份与权益?学者从多个途径寻找方法。"人权"路径一度成为第二次世界大战后最流行的思路。它由自由主义阵营的学者提出,强调人类的所有个体,无论其文化身份,都应普遍且平等地享受共同的公民权利和政治权利。平等原则与共同权利将防止出现族裔少数群体的权利被压制或被剥削的情况。"人权"路径认为,"人权"涵盖了天下所有公民实现个人生存发展以及获取个体尊严所需的基本权利。普遍"人权"一旦实现,则无论个体是否为族裔少数群体成员,均不再需要特别权利的保护。"人权"路径有着典型的自由主义特色。一方面是它的"个体主义"视角,强调摘除个体自身的社会属性和成员身份,将所有人看作完全平等、一致的个体。另一方面则是它的"国家中立"原则,认为"宗教"、"种族"等构成文化差异的要素是个体私人领域的事情,国家不应使用公共权力在公共领域加以干预。这种干预包括国家使用权力手段强制剥夺人们在宗教、族群认同等方面的自由选择权利,包括在制度安排和利益分配上正式确认或强调少数族裔与主流族群的差异,也包括对不同族群的身份、信仰、习惯等作出评判甚至使用权力手段进行打压。总之，"种族"、"宗教"等因素不得构成"国家"干预及资源分配的依据。

"人权"思路背后隐含的假设是，族裔少数群体的基本权利与社会多数群体的基本权利没有区别，族群差异即使存在也不会导致不同族群在基本权利需求方面的差异，因此无须向族裔少数群体提供专门的少数群体权利来保障他们的利益。但显然这种假设与现实政治存在差距。另外，"人权"思路对现实政治实践的指导作用甚微，比如，虽然人权强调每一个个体都平等地拥有言论自由的权利，但是言论应该用何种语言来表达，"人权"思路却无法向决策者提供非常细致的答案。而语言政策又恰巧是一个多民族国家不得不面对和处理的一项重要政策。语言是非常重要的文化要素。在一个多民族国家，政府是否应该强制所有公民（包括少数民族）说同一种语言，还是对少数民族群体给予例外政策，允许他们讲自己的语言？前一种思路更加接近自由主义的平等原则，然而会对少数民族的文化传承造成伤害，也事实上限制了少数民族成员在文化选择方面的自主性，很容易对族裔少数群体造成强制性的"同化"。后一种思路能够有效防止"同化"情况的出现，更好地保障族裔少数群体成员的权益，但又显然违反了"人权"路径的个体主义立场与平等原则。

这种两难困境削弱了"人权"路径的现实指导意义，也突出地反映了自由主义与多元文化之间的矛盾。金里卡试图解决后一组矛盾，试图在自由主义框架内，寻找一条有别于"人权"路径的、能够解决少数群体权利问题的道路。

主流自由主义以及自由主义的批评者均认为少数文化群体与自由主义的基本原则是不相容的。但金里卡指出这种判断是鲁莽不恰当的。原因在于这种判断是针对"美国黑人"这类文化少数群体的。但美国黑人只是一种类型的文化少数群体，他们与同为族裔少数群体的加拿大印第安土著居民有着完全不同的情况。前者希望取消种族隔离，融入主流社会；而后者希望维系本民族与主流社会的距离（Gross,1973）。[1]美国黑人的隔离直接意味着他们无法拥有主流白人社会的普遍权利，而他们渴望得到与主流社会成员同等的权利，他们的隔离因此造成他们"低人一等"（金里卡,2005:139）。黑人主动希望摘除这种低人一等的标志，融入主流社会，享受与白人同等的公民权利和公民待遇。然而，加拿大的印第安土著社群虽也是少数族群，但他们与加拿大主流社会的关系却和美国黑人有着完全不同的情况。他们希望并致力于保障本族群的独特性，保持与主流社会的距离与差异。因此，他们希望某种形式的"种族隔离"的存在。在他们的故事里，"隔离"是"对优秀价值文化遗产的维护"，反而是隔离的

---

[1]　如迈克尔·格罗斯在其对黑人和印第安人的研究中指出，黑人和印第安人对种族隔离有着完全不同的态度：前者希望取消隔离，而后者则偏爱隔离。

取消形成了令印第安人"低人一等的标志"(金里卡,2005)。

因此,作为土著居民的加拿大印第安人通常希望"限制"非土著居民或主流文化社会的"侵犯",以保证土著社群的完整性与独特性。而作为"外来者"的美国黑人却希望解除主流社会强加于他们的"限制"并充分"融入"主流社会,取得与主流社会成员均等的身份、权利与待遇。金里卡因此推论,为了保存少数群体的文化,某些已被认可的自由主义公民身份的权利和自由必须受到限制,某些资源和权利的分配必须体现差异(金里卡,2005:145)。简言之,需要对某些处于弱势地位的族裔少数群体给予特殊的群体权利。当然,金里卡也承认,忠实的自由主义者依然可以找到充足的理据来反对这种对不同族群实行差异化对待的方式。理由在于,这种方式可能成为某些族群压迫其他族群以及族群压迫其内部成员的工具。这两种情况都明显地违背自由主义的平等与正义原则。对于这两种情况,金里卡也给出了相应的预防措施。对于族群间压迫的情况,他认为可以通过宪法来实现:通过最高法禁止族群压迫情况的出现。当然,宪法本身的内容需要经过复杂、充分、审慎的规范层面的论辩和讨论。关于族群内压迫的情况,金里卡认为可以通过明确两种类型的"群体权利"来解决。这成为其理论体系中除少数群体分类以外的另外一个基础性要素。

2. 群体权利的两种类型——"内部限制"与"外部保护"

上文提及,金里卡在自由主义当中找到的解决多元文化问题的道路是向族裔少数群体提供专属的群体权利。他认为应该给予这些群体以"群体差别权利",即"群体权利",以改变他们相对于主流文化群体的劣势地位。"群体差别权利"有三种基本形态:(1)自治权利,指通过某种联邦形式赋予少数民族某种形式的自决权利;(2)多族类权利,指对一些特定族群或宗教群体的某些活动,提供经济支持和法律保护;(3)特别代表权利,指在国家的中央机构中,保证少数族群占有一定的席位。

但对特定群体给予特殊群体权利向来是主流自由主义反对的做法。主流自由主义认为这种做法可能导致族群间压迫和族群内压迫的情况。两种情况(尤以后者为甚)都可能导致群体对其个体成员的限制与压迫。他们因此认为群体权利与个体权利之间存在必然的冲突。金里卡对这种判断不以为然。他认为群体权利同样可以促进个体权利,而不必然损害它。关键在于区分两种类型的群体权利,把那些限制个人权利的"坏的"群体权利与那些有助于补充个人权利的"好的"群体权利区分开来。金里卡认为存在"内部限制"与"外部保护"这两种不同类型的群体权利。内部限制型群体权利可能会限制群体内成员的部分个人权利,多由少数群体领袖以维护少数群体独特性的名义向国家争取而来。外部保护型群体权利则针对群体以外的社会,旨在保护群体不受主流社会上多数人决策的损害,并使群体成员能够更充分完整地享受自由权利,实现自主性。

　　和主流自由主义一致，金里卡反对内部限制型群体权利，但他支持外部保护型群体权利。他认为后者是对个人权利的补充和促进，和自由主义是相容的。其他自由主义学者之所以反对群体权利，正是因为他们混淆了这两种不同类型的群体权利。外部保护型群体权利于是成为金里卡在自由主义框架内建构多元文化主义的重要支柱。

　　金里卡有关群体权利论述的最大难点在于，如何判断哪些少数群体权利为外部保护型群体权利，以及如何决定应该给予族裔少数群体多少外部保护型群体权利？金里卡认为，判断群体权利类型的关键在于观察这些群体权利是否旨在防止少数文化群体遭遇多数政治对其充分享受平等权利的压迫与侵害；一旦群体权利成为少数文化群体压迫其他群体或其群体内成员的工具的时候，它们就不再是正义的群体权利，也不应再被鼓励。这种思路随之而来的问题是，在实证层面，人们如何判断群体权利是否恰到好处地补充了少数群体的平等权利还是已经对其他群体构成了威胁。金里卡在其学说中对这一至关重要的问题没有给予充分论证，而只是简单地推断：(1)在西方民主社会中"绝大多数民族文化群体与多数人一样分享着自由主义的基本价值"；(2)大多数少数文化群体面临着"较大社会对较小群体的侵犯"所造成的潜在威胁或事实伤害(金里卡，2003：339、341)；(3)在大多数情况下，西方民主国家的种族文化群体事实上并不寻求限制内部成员的基本自由，也不试图组织自己的成员去质疑和修正有关本群体的传统惯例和习俗(金里卡，2009)。另外，他认为，在西方民主国家中，现有的少数民族的自治权一般都符合保护个体基本公民权利和政治权利的宪政原则。只要宪政约束持续有效，少数民族自治的主要功能就是提供"外部保护"而非"内部限制"。也就是说，他认为在西方民主国家，宪政已经有效地防止了内部限制型群体权利的出现。西方社会普遍存在的是少数群体遭遇多数社会压迫和破坏的情况，急需补充的是外部保护型的群体权利(金里卡，2003：344)。

　　可见，金里卡对群体权利的理解建立在两个基本假设之上。首先，在现有制度下，大部分族裔少数群体成员都面临基本权利得不到充分实现的困境，需要国家提供额外权利改变这种状况。其次，国家有能力保证群体权利只发挥它积极的一面而不损害个体权利。但实际上，这两个假设都还需要更充分的经验事实的验证。金里卡虽作出了一些说明，但他的说明毕竟只是建立在他对有限类型的族裔少数群体(如他所关注的加拿大的土著民族群体)的研究基础之上，无法概括所有少数群体的情况。这种情况再次提醒我们在讨论多元文化主义理论的时候，必须了解相关理论所关联的经验世界中的少数群体类型。唯此，方可对理论有深入的理解，也能更好地发现具体理论的贡献与局限。

　　无论金里卡对少数群体权利的理解是否存在漏洞，这一概念都确已成为其理论体系的基础要素。作为"外部保护"的少数群体权利能够保障少数群体内个体成员的自由与自主,也能够促进群体之间的平等关系而非统治关系(金里卡,2003:340)。在金里卡看来,这两点都足以说明少数群体权利与自由主义并行不悖甚至是帮助自由主义更加充分地实现其正义原则的必要条件。

(二)金里卡的多元文化主义:经历社群主义改良的自由主义

自由主义学者反对少数群体权利的主要理由是后者违反了自由主义的平等原则。如何解决少数群体权利与普遍平等原则这对看似显而易见的矛盾便成为金里卡在自由主义框架内构建多元文化主义理论的主要任务。而他的尝试突出地体现他已吸纳了社群主义对自由主义,尤其是自由主义"个体主义"观的批评——金里卡在他对个体的认识中加入了个体所处的文化结构这一颇具社群主义色彩的要素。金里卡的论证过程可拆解为以下几个部分。

1. 区分"个体选择自由"与"个体选择集合"

如何在自由主义的框架内包容与发展少数群体权利及相应的文化公民身份? 金里卡认为讨论这个问题首先要明确一个前提,即我们是在文化多元国家而非单一民族国家的语境下讨论文化权利与自由主义普遍平等原则之间的关系。金里卡从剖析两位自由主义代表人物德沃金和罗尔斯的学说开始。他认为,两位学者的学说都强调自由主义的基本原则——人有选择如何行为的自由。他们的学说似乎对少数群体的文化权利并不友好甚至看似有所排斥,但实际上已含蓄地隐含了他们对少数群体文化权利的关心和容纳,或者说,他们学说的逻辑必定需要文化公民身份或少数群体文化权利这类分析要素的辅佐。以罗尔斯为例,他强调个人有能力、有自由作出他认为有价值和有意义的选择。至于这些"有价值和有意义"的选择来自哪里,罗尔斯认为个体在作出具体选择之时面对的"选择的集合"是既定的,无须加以考察。这是因为罗尔斯关注个体根据个人偏好和判断作出选择的自由,他的学说并不追问影响个体偏好和个人决定的客观"选择集合"包括什么以及如何形成。而后一点,恰恰是金里卡学说的切入点。他试图明确为个体选择提供依据的这一客观"选择集合"的构成。

他认为,这些选择的集合是由个体所处社群的文化结构决定的(金里卡,2005:157)。他认为,"只有凭借一种丰富、可靠的文化结构,人们才能对各种可得到的选择有一个清晰认识,进而对它们的价值作出明智的判断"(金里卡,2005:158)。可见,金里卡的观点是实现了社群主义改良的自由主义——它既强调个体的自由与自主,同时也承认文化结构对个体自由自主的必然影响。

在此基础上,金里卡进一步论证文化成员身份的价值并不是反自由主义的。首先,他认为罗尔斯的自由主义学说已经隐晦地承认了文化成员身份也是基本善的一种具体表现方式。支持罗尔斯所强调的个人有选择的自由这一核心观点,也就意味着支持文化作为选择的背景这一引申观点。其次,金里卡又试图说明他本人对于文化的定义如何帮助他实现多元文化主义的论证思路。金里卡指出,"文化"在他的学说中并不指一个历史社群的某些具体文化特征,而是指文化社群或文化结构本身。某个历史时期的某些具体的文化特征是这个历史时期下人们选择的产物,而作为文化成员身份的文化则是帮助人们作出合适选择的背景或情境。在金里卡看来,"文化"对个体自由的影响存在两个不同层面的机制:其一,在分析维度层面,文化结构构成独立个体作出自由选择的背景,在这一层面,文化是个体选择的依据;其二,在经验层面,在任何一个特定时点上的某个社群的文化都具备某些具体特征,在这一层面,文化是个体基于更广泛层面的文化(如历史遗产、社群现有的普遍价值等)选择的产物。真正的自由主义者承认前一种面向的文化,因为它是个体实践自由必不可少的背景;但拒绝在某一个特定时点,通过权威的力量要求某个文化社群保留或改变其当下的具体文化特征。

金里卡对文化的这一定义在其整个多元文化主义学说的论证体系中都是至关重要的。因为这样的定义可以让他推导出这样的观点:无论文化的具体特征如何变化,文化社群仍会继续存在;另一方面,任何不顾文化社群中个体的选择而刻意改变或维持其文化的某种或某些特征的做法都是非自由主义的。而只要是由社群中的个体按照自由意志所作出的选择,即使改变了该社群的历史文化特征,也应该予以宽容和支持。

金里卡因此认为,把人视为文化成员的观念并不是反自由主义的,自由主义的文化成员观念强调个体作为某个文化社群的成员,能够与其他成员一样平等地、自由地选择。这样一种文化成员身份能够做到平等地关注每个成员的利益,而不是如社群主义那样一味强调社群比构成它的个体更重要。

2. 区分"政治社群"与"文化社群"

既然作为自由主义最有影响力的学者(罗尔斯和德沃金)都没有忽视文化结构对个人选择自由的重要性,那么是什么要素的缺失使得他们的学说看上去和多元文化主义毫不相关? 金里卡认为,问题的关键在于无论罗尔斯还是德沃金都简单地假定一个政治社群内部的文化结构是单一的。原因在于他们的理论是建基于民族国家这一单一政治社群的分析框架之上的。他们简单假设在单一的民族国家内部,其文化结构亦是单一的,即,政治社群与文化社群重合,有且只有一个。在同一个文化社群内部,其成员做出自由选择所面对的文化背景自然都是一样的,因此无须对文化作单独的论述。但问题的关键在于这种假定是违背实际情况的,因在现实中,在同一个政治社群的疆界范围内总是存在不止一个文化社群。一旦这个假设不成立,那么文化成员身份这个被自由主义者忽略的问题就可能成为不平等及非正义的来源。强调平等原则的自由主义学者就需考虑将文化成员身份正式纳入自由主义的论证体系当中。而这,正是金里卡多元文化主义的起点。

金里卡提出"少数群体文化"这个概念,认为自由主义的平等公民身份虽保证了政治成员身份的平等原则,却难以保障少数群体的文化。少数群体的文化需要另外的公民身份来保障。这同时意味着不具备这种特殊公民身份的其他群体的基本权利将受到某种限制。泰勒在一些论著中也谈到类似问题,他认为应该区分政治共同体与文化共同体。在很多情况下,两者的边界并不一致——同一个政治共同体内部可能存在多个不同的文化共同体。作为文化共同体成员的印第安人应有的平等与作为政治共同体成员的印第安人应有的平等之间可能存在冲突(Taylor,1988)。

如果认可金里卡有关自由主义包含而非排斥文化公民身份的演绎逻辑,紧接着的问题就是为何同样是在自由主义的框架下,少数群体文化成员却要比其他成员享受更多的自由与资源(为什么土著人应该享有超越共同权利和平等资源之上的特别宪法地位呢)?仅仅以保护他们所重视的文化遗产作为理由足够吗?金里卡继续用加拿大的土著人作为例子,他认为摆在研究者面前的事实是土著人并未获得与其他加拿大人同等份额的社会资源。金里卡认为虽然加拿大目前的宪法及政治安排大体上做到了罗尔斯所倡导的平等原则,但问题在于当前这种"保证每个人的选择都被给予平等重视的决策程序"是由社会上的主流人群制定的,作为少数群体的土著人可能从一开始就在市场资源的竞争中被抢占了先机,或在一些对其社群生存极为关键的问题上,他们所拥有的政治决策权从一开始就被边缘化了(金里卡,2005:173)。民主政治的多数统治逻辑因此导致土著人相比多数群体在运用经济资源或政治程序把个体选择转变为政策结果的过程中处于不利地位。

金里卡再次剖析自由主义平等观和正义观的主要内涵,认为它们所要求的平等和正义主要体现在经济与政治两个方面:前者指所有公民在经济市场中享有同等机会,后者指公民享有普遍政治权利,公民依循多数政治的决策逻辑共同决定政治共同体中权力的归属与资源的分配。所以,自由主义所强调的是源头和程序上的平等。但这种平等,在金里卡看来可能在事实上导致少数群体在市场竞争中处于弱势。而按照多数原则运行的政治决策程序已事实上削弱甚至排除了少数群体对各种涉及其切身权益的政策的决定权,因为作为少数的他们,在投票上总是处于劣势。这些事实上的劣势使得少数群体在将"选择"转化为"结果"这一过程中处于明显的弱势地位。

这里存在的另外一个矛盾是，一方面，特殊群体权利对维护作为基本善的文化公民身份是必要的；另一方面，这种特殊权利也可能损害整个政治共同体中按照民主原则建立起来的决策程序的公正性。因为，少数群体为了保持自身的文化独特性，防止多数社会对本群体的"同化"，他们可能要求国家对多数群体成员的某些个人权利（如迁入土著群体生活、与土著人联姻等）作出限制。后者似乎违背了自由主义对尊重个体权利的坚持以及平等原则。所以自由主义的多元文化理论需要非常谨慎地拿捏特殊群体权利与民主公民身份之间的关系，既要对确实处于劣势地位的文化少数群体提供分量适当的特别权利，同时也要避免这种额外补给不至于伤害民主制度保护下的普遍公民身份。

3. 区分"选择"与"境遇"

自由主义强调个体的机会均等，而如何选择这些机会以实现自我目的则完全是个体自己的事务。个体资质和能力的不同导致个体行为所得到的结果不同。换言之，自由主义所要解决的问题是保证每一个公民能够普遍地、平等地接触到同样的"机会池"，没有哪一个个体因特殊身份而享有比别人更多的机会；至于公民个体如何从这个"池子"中挑选合适的机会以及如何实践这些机会以实现自己的目标，则完全是私人领域的事务，不应由公共的法律制度和程序来干预。总之，因为选择而造成的差异是人们自己的责任。那些否定文化公民身份的自由主义者正是基于这一理由而拒绝向少数文化群体提供额外机会。

但金里卡指出，实际上这一派的自由主义学者忽视了自由主义的另外一个重要观点，即需要区分"选择"与"境遇"（circumstance）这两个概念。人们固然有"选择"的自由，但"选择"本身是个人"境遇"（如社会环境或个人天赋）的产物。每个人所面对和经历的"境遇"不同，导致其形成的"选择"也不同。我们固然可以将因选择而造成的结果的差异列为个人的责任，但却不能鲁莽地将由"境遇"而导致的差异也一并认定为个体责任。

相对于多数群体，少数群体的成员遭遇着天生的不平等和事实的非正义。这种不平等和非正义，正是由他们的"境遇"而非个体的"选择"造成的。"境遇"是先天的，在个体做出选择之前便客观存在，非个体选择的结果。而赋予少数群体以特殊的政治权利可以帮助他们纠正"境遇"带给他们的事实上的不平等，并真正地使其平等地与多数群体成员共享个体能够实现的各种"选择"。这个问题解决之后才是以罗尔斯为代表的自由主义学者所倡导的平等和正义原则的开始。金里卡认为他的这套分析逻辑是对主流自由主义正义观和平等观的补充和延伸，而非违背。

到此，金里卡已经完成了他在自由主义的框架下对文化公民身份的演绎。但他马上预料到这样的演绎可能遭到某些自由主义同伴以及社群主义者的批评。因为双方都认为自由主义的要义在于,不考虑个体与他们所属的文化社群之间的关系,将个人看作纯粹的原子化的个体,不带有任何具体的社会背景。言下之意是,假如一旦考虑了公民的文化群体联系并试图给予少数文化群体以特别照顾,那么作为自由主义基础的平等原则就被根本性地违背了。

对于这一点,金里卡认为自由主义的这种观点是在第二次世界大战后才形成的,早期自由主义学说(如穆勒、格林、霍布豪斯和杜威的著作)实际都不同程度地承认了文化成员身份的地位与作用。也就是说,文化公民身份的内容本来就在自由主义的考虑范围之内,只是在后来的发展过程中被丢弃了。至少有两桩事情让自由主义学说经历了这样的转变。其一,第二次世界大战中纳粹对少数群体保护的滥用让人们对少数群体权利非常戒备与抗拒。第二次世界大战后,"民族国家"成为安全与稳定的主要载体。少数群体的文化权利让步于民族国家的统一、安全与稳定,任何可能对后者带来威胁的安排均被拒绝。其二,第二次世界大战后,尤其是 20 世纪六七十年代,美国黑人争取平等权利的运动让舆论与更广泛的意识形态转向少数群体权利的对立面,禁止给予任何族群特殊地位成为黑人抵抗种族隔离运动的产物。正统自由主义接过"无种族歧视"的道德旗帜,建立起当代主流自由主义的平等论与正义论。理论最初产生的具体情境(美国黑人的平权运动)被剥离,取而代之的是自由主义的普遍平等原则。这一原则被无差别地推广至黑人以外的其他少数群体,尽管某些少数群体(如金里卡所关心的加拿大的印第安土著人)并不像被种族隔离的美国黑人那样希望消除与主流群体之间的界线并渴望同等权利和地位。金里卡因此把当代主流自由主义中的"无种族歧视"观点称为"霸权"。他认为这种霸权已经粗糙且鲁莽地伤害了某些希望保持文化社群独特性的少数群体,导致了对他们而言实质上的非正义与不平等。这样的结果显然已经是对经典自由主义的背叛。

4. 区分"宗教"与"民族"——关于自由主义的"国家中立"原则

金里卡也不同意其他自由主义学者有关"完全中立的国家角色"的观点。这些观点主张国家在处理与文化少数群体关系的时候应该与其处理宗教一样,将文化与宗教归入私人领域,国家不应予以干预,不应有明确的价值导向,而应扮演开明角色,给予个体以选择不同文化和宗教信仰的自由权利。[1]自由主义国家需要做的就是按照正义的原则和民主的程序界定并保障统一的国家公民身份。假若某个少数群体向国家寻求特殊权利,便是对自由主义传统的偏离。假如国家应了这些需求,那么这样的国

---

[1]　如迈克尔·沃尔泽认为应该将国家与种族严格分离。

家就变成"种族国家"而非"公民国家"了。但金里卡认为自由主义者这一把种族问题与宗教问题等量齐观的做法是存在问题的,因为前者通常是个体无法选择的,而后者则更多的是个体的主动皈依。

到此,金里卡对可能出现的攻击一一竖起了盾牌。他认为,自由主义的经典学说本来就尊重社群差异和文化成员身份。在特殊历史背景下发展起来的当代自由主义主流学说却在并不算审慎的推论过程中将自由主义推到了文化成员身份和少数群体权利的对立面,而金里卡所要做的只是指出这个推论过程中的鲁莽所在,重新在自由主义的框架下论述文化成员身份和少数群体权利。

金里卡坚持认为他对文化社群的承认是不折不扣的自由主义思路,而非社群主义的。他认为,社群主义非但不能保证少数文化群体的权利,相反,它对"共享意义和实践"(shared meanings and practices)的特别强调,虽然看上去是加强了文化成员身份的重要性,但实际上却削弱了其对支持少数群体权利的论证(金里卡,2005:207)。在金里卡看来,社群主义的一大漏洞在于它虽然一再强调社群之内的"共享意义"对各项政治安排的重要性,却没有区分政治社群与文化社群——在同一个政治社群内部常常存在多个文化社群。社群主义者大多只强调政治社群内部的公共决策与政治分配应根据社群内部公民的共享意义来做,但他们没有回答清楚一个关键问题——在作决策时,谁应该被视作权威,少数文化群体所理解的"意义"在指导与其自身利益有关的事务的决策过程中是否享有更多的权威? 金里卡认为,主流社群主义者只是试图以牺牲历史与文化社群的方式去实现公共的公民身份——他们强调"民族国家"框架下"公民"身份作为其中所有个体的共性,并赋予这种共性以作为道德典范的善,而这种共性和少数民族的文化毫无关系。主流社群主义论证过程中存在一个棘手问题:当少数群体为了保护其文化独特性而向政治社群要求限制主流社群成员根据其"公民"身份而作出的某些选择和诉求之时,究竟应该忠于政治社群的公民身份还是应该忠于特定少数文化社群的独特历史和文化价值? 这个问题暴露主流社群主义论证体系的最大难点——他们难以清楚说明在什么境况下,少数群体权利可以被证明是正当的。

五、多元文化主义的其他路径

金里卡的多元文化主义不仅成为自由主义阵营中多元文化主义的基础,同时也称得上整个多元文化主义理论体系的奠基者。在金里卡之后,有关文化差异与群体权利的问题分别在自由主义内部、社群主义以及后来的女性主义等诸多阵营中展开讨论,并因此成就了丰富的多元主义理论体系。

(一)多元文化主义的其他自由主义版本

多元文化主义的自由主义学者尝试在自由主义理论体系中寻找到某个能够与群体差异与群体权利相挂钩的核心原则,并基于这一核心原则来建构多元文化主义理论。学者所诉诸的"核心原则"的不同造就了自由主义阵营内部的不同派别。金里卡以"个体自主"为基础。对金里卡理论持批评态度的盖尔斯顿则追溯自由主义容忍差异的古老传统。但两者依然要求一定程度的国家干预。要求国家干预似乎是多元文化主义的必然要求,而它也因此成为自由主义论证思路的最大难点。但库克瑟试图解决这一难点。他主张国家应该时刻保持中立,不干预任何文化社群的内部事务,哪怕某些群体内部存在明显非正义的文化实践。库克瑟解决了国家中立原则,却放弃了自由主义对个体权利、自由及尊严的坚持。

1. 盖尔斯顿的"合理差异"学说

金里卡从自由主义的个体"自主性"原则建构他的多元文化理论。他试图证明在权利公民身份制度下,族裔少数群体正遭受多数社会的文化压迫;族裔少数群体成员的个体自主性受到限制。因此,需要向受到压迫的族裔少数群体提供特殊群体权利以帮助其个体成员实现全面自主。金里卡这一论证思路存在一个重要前提,即能够得到群体权利的族裔少数群体必须是那些珍视和践行自由主义平等、自主原则的群体。也就是说,只有那些在自由主义原则管理下的少数群体才能得到群体权利。他在回顾自由主义是如何从社群主义手中接过多元文化主义的思想棒的时候谈到,多元文化主义之所以与自由主义而非社群主义有着更强联系,是因为现实政治中大部分少数文化群体都希望能够在现代自由主义社会中成为与多数者完整和平等的参与者(金里卡,2003:605)。即使有些少数群体希望从主流群体中分离出来,他们依然希望建立一个现代自由主义社会。在金里卡看来,真正符合社群主义理论所推衍的少数群体是那些努力与多数社会隔离而完全孤立并我行我素的社群,而这些"社群主义群体"在国际上都是极少数的。金里卡的主要目的是说明,对个人自由的尊重和追求是跨越种族、宗教、性别等诸多维度的;即使是少数文化群体,他们在追寻个体的自由上也有着基本的自由主义民主共识。少数群体与多数社会的分歧仅在于如何在种族多元的社会里阐释这些原则,以及通过哪些具体制度与政策(如一国的语言政策、宗教政策、种族政策等)来落实这些原则。简言之,少数群体是分享自由主义基本原则的。

这一前提后来遭到诸多诟病。批评者认为,现实生活中存在着诸多并不鼓励其成员做自由、自主选择的非自由主义少数群体(Galston,2002:21)。当面对这类少数群体时,金里卡的论证就会陷入困境:若要给予这样的少数群体以群体权利就得首先强制他们认可与实践自由主义原则,强制行为本身违背自由主义精神;但若不要求他们实行自由主义原则,他们便被排除在金里卡的理论体系之外,这样一来,金里卡理论对差异的包容性便会被极大地削弱。

金里卡对差异的包容也因此被认为只是一种"伪"包容或有限包容,因为它无法包容非自由主义的少数群体,或不得不强制非自由主义少数群体实践自由主义精神。自由主义阵营中的另外一位学者威廉·盖尔斯顿提出"合理差异"(legitimacy diversity)理论,试图扩大自由主义理论对差异的包容度。"合理差异"理论认为只要是在合理范围内的文化差异(包括一些非自由主义的少数群体),国家都应该予以包容,而不妄自干预群体内部的文化实践。何谓"合法范围"? 盖尔斯顿认为,只要不违背自由社会基本公共目的的文化实践和少数群体,都是合理存在的。这些基本目的包括:(1)保护人类的生命,比如国家应该干预某些以人作为祭祀物的文化实践;(2)保护并促进人类基本能力的正常发展,比如国家应该干预那些束缚儿童智力与身体发展的文化实践;(3)促进社会理性(social rationality),比如对于有系统地伤害人们获取参与社会、经济与政治活动所必备的理解能力的教育形式,国家应该予以干预(Galston,2002:23—24;Galston,1995)。

可见,盖尔斯顿奉行的是一种"底线"思路——对哪些文化少数群体应该被合理地赋予群体权利设置一条能够被明确界定的"底线"(即所谓的"自由社会的基本公共目的")。只要不违背这一"底线"的少数文化群体,包括被金里卡排斥的非自由主义的文化少数群体,都应得到自由主义国家的认可与权利扶持。相对于金里卡的学说,盖尔斯顿的理论一方面确实能够包容更多差异,另一方面也绕开了金里卡学说中无法解决的难题——也就是上文所提及的如何判断特定少数群体是尊重与践行自由主义精神的。

2. 库克瑟的"消极容忍"学说

库克瑟主张"容忍"差异,但必须严格遵守自由主义国家中立原则。他的论证是基于他对国家的不信任。他认为国家并不一定"善",即使是自由主义国家也可能压迫而非保护少数文化群体。库克瑟也反对通过使用国家外力干预的方式来纠正少数文化群体内部的压迫与不平等现象。他认为这种干预也许会让情况变得更糟糕。基于这些判断,库克瑟认为国家不应直接干预文化不平等与文化非正义的现象,而应该鼓励以及帮助文化少数群体进行自我规制与调整,国家只需负责普遍的法律和秩序即可。

那么,少数群体一定有动力和能力来解决其内部的不平等与非正义吗? 库克瑟给出了两个不太有说服力的理由。其一,他认为由于这些少数文化群体在一个更大的、讲究自由主义平等原则的政治共同体里面生存,为了更有合法性地存续下去,他们有这样的自觉动力来解决其内部存在的不平等和不公义的问题。也就是说,自由主义社会能让处于其中的某些不那么自由和平等的文化社群自觉解决自己的问题。其二,他认为存在文化压迫或有类似倾向的少数文化群体相对于庞大的自由主义国家而言,实在显得微不足道。它不至于对自由主义国家中的平等原则构成实质性的威胁(Kukathas,2003:265—266)。库克瑟所有论点的关键在于,他承认有文化非正义的情况存在,但他认为,不应该设置任何一种形式的"权威"(包括国家)来扮演正义者的身份消除这些非正义(Kukathas,2003:260—261)。因此,他认为在一个文化多元的社会中,尊重与保持文化多样性就意味着国家不干预任何文化少数群体的内部生活,即使这些群体内部存在损害个体成员权利与自由的、非正义的文化实践。

纵观自由主义阵营中的这三种代表性观点,盖尔斯顿的"合理差异"学说试图在金里卡学说的基础上扩大自由主义对差异的容忍范围,但他依然为能够得到自由主义国家"容忍"的少数群体范围划了界限——至少不能违背"自由社会的公共目的"。而库克瑟则为了忠实于"国家中立"原则而主张撤除所有界限,国家对任何类型的文化实践都不得干预,哪怕某些文化社群存在明显的违背自由主义精神的文化实践。关于这一点,金里卡在其学说中已给予了明确的反对。他在论证国家干预的合理性的时候谈到,若少数文化群体内部存在违背基本"人权"的文化实践之时,国家就应该对其进行干预(Murphy,2012:108)。

总而言之,自由主义者建构多元文化主义的方式多是从自由主义的理论体系中寻找能够将自由主义和文化多元、特殊群体权利相挂钩的元素——对于金里卡而言是个体自主,对于盖尔斯顿而言则是自由主义容忍合理差异的古老传统,对于库克瑟而言是国家中立原则。他们之间虽然存在分歧,但依然同属自由主义阵营,根本原因在于他们对差异容忍和特殊群体权利的论证的最终归宿都是个体。在这一点上,社群主义者就表现出了根本性的差异。社群主义对文化差异和群体权利的理论建构则总是围绕群体的福祉。他们更关注单个社群本身的完整利益,而非社群内部个体成员或社群之间的关系。

(二)多元文化主义的社群主义思路

多元文化主义的社群主义流派关注的核心问题是如何保护社群主义的少数群体免遭自由主义的多数社会的侵蚀。从这一问题可见,社群主义对多元文化主义理论的发展主要也是基于其对自由主义相关理论的批评。当然,自由主义学者对社群主义的批评不以为然。他们认为社群主义只关注群体利益的思路将导致诸多与多数社会相互隔绝的孤立存在的少数群体。社群主义也很难防止发生在社群内部的群体对个体成员的压迫,以及发生在社群之间的压迫现象。因此,看似与群体权利最相近的社群主义思路,实际上可能比自由主义更难解决少数群体权利的社会正义问题。

泰勒的"承认政治"(the politics of recognition)主张对不同文化群体给予同等分量的"承认",认为这才是真正的包容文化差异的做法。自由主义的平等原则并未将群体差异考虑进来,只是一种流于形式的"平等"。泰勒的论证体系开始于他对三个相近概念——"多元文化主义"与"多文化"(multi-cultural)、"多元化"(pluralism)的区分。这三个概念虽都主张认可与尊重"多元",但后两者强调多元之间的平等,常在自由主义的学说中出现。社群主义学者认为这两种观念实际上为主流社会或当权者忽视少数群体特殊需求与利益提供了冠冕堂皇的理由和幌子。社群主义强调他们的多元文化主义更加突出对多元的"承认",要求承认社会上不同族群之间的差异,尤其是他们之间的文化差异。因此而出现所谓的"承认政治"。承认政治学说的奠基者泰勒认为,对差异的承认,与平等的价值同为人类的基本需要。"承认"有两种基本形式,第一种形式的"承认"强调个体与他者之间的相同点;相关的表述在自由主义学说中颇为常见,如个体作为政治共同体中的平等成员,个体作为人类这一物种的平等一员,或个体作为上帝的平等造化,以及泰勒学说中说到的"平等自尊"(equal dignity)概念。另外一种形式的"承认"指向本者与他者的差异,主要是身份和认同方面的差异;这种差异不仅包括个体与他人的差异,也包括(文化)群体与其他(文化)群体的差异(Blum,1998:52)。泰勒认为后一种形式的"承认"构成多元文化主义理论的基础。

泰勒"承认"学说的论证核心体现在两个方面。首先,他指出人类要求承认个体(或群体)与其他个体(或群体)存在差异的要求,与要求承认个体(或群体)之间完全平等的要求同为人类的基本需要。自由主义只认识到人类对平等承认的需求,忽视了人类对承认差异的需求。其次,对差异的"承认"应如何履行? 泰勒认为需要做的就是认可每一种文化都具有同等的存在意义以及同等的价值。存在意义与价值共同构成各种文化的合法性。在此基础上,社会对每一种文化都给予等量的尊重(Taylor,1994:64)。泰勒提出的观点虽然美好,但批评者也质疑这种美好观点的不可证性。关键就在于如何来衡量所谓的"等量"尊重。首先,我们难以对某一个文化群体的总体文化进行测量;其次,我们也实在难以对不同的文化进行测量与比较,难以发展出那样一套公允而充分的指标体系,用来衡量不同种类的文化并在同一个维度上对它们进行比较;最后,即使在同一个总体文化内部,部分文化要素对文化总体的价值也是难以衡量与比较的(Blum,1998:57—58)。

泰勒的这种对各种不同的文化给予同等价值与同等尊重的要求在他

的"承认政治",尤其是第二种类型的承认政治(即差异承认)中有着重要位置。这种论证逻辑带来一些质疑,即泰勒出于承认差异的初衷却让他回到了承认平等(即第一种"承认"类型)的逻辑里,而后者正是主流自由主义学说的核心主张。若此,则泰勒作为一位对自由主义作出批判的社群主义学者,却可能让自己的思路回到自由主义的论证思路。泰勒学说的支持者试图为他理论中的这一可疑思路辩护。他们认为,泰勒的所谓对一致性的承认(即平等)是严格地针对个体而言的,而他有关对差异性的承认则指向群体。因此,要更准确地理解泰勒的承认政治,需要明白,这套学说所针对的经验现象是:一些受到主流文化群体歧视与排斥的少数文化群体要求主流社会认可其价值与存在的合法性。为泰勒辩护的社群主义观点同时也认为,过于强调不同文化存在同等价值是无意义的,因为文化实在难以测量与比较,但在经验维度,我们可以观察与证实哪些文化群体正经历着被歧视、排斥甚至侵害的遭遇。

(三)超越自由主义和社群主义——女性主义的"第三条道路"

无论是金里卡,还是泰勒,他们所关注的多元文化主义中的"文化"主要是指"民族文化"(ethno-culture),而非其他形式的文化。尤其是金里卡,在其不同著作中都曾明确说明他所讨论的多元"文化"不包括从新社会运动中出现的,以身份为基础的少数文化社群(如女性、同性恋、残疾人等)。多元文化主义发展到后期,学者逐渐将视角转向根据另外一个维度划分的文化少数群体。新的维度不再是民族群体(ethno-group),而是性别(如女性相对于男性)、性别取向(如,同性恋相对于异性恋)以及特定背景下的种族(特指美国黑人相对于白人)。在这些维度上长期被多数社会贬低的少数群体被理解为文化少数群体。不难发现,这些划分少数群体与多数社会的新维度产生的来源是在西方民主制度保障下的权利公民身份所定义的公民形象。

女性主义学者在这一阵营中表现得尤为活跃。艾瑞斯·杨便是其中一位代表人物(Young,1990:176)。她所发展的"差异政治"学说试图在自由主义和社群主义有关社会正义的辩论之外找到另外一条专门解决群体差异的道路。相比于社群主义,杨对自由主义的批评更加严厉。杨的"差异政治"学说正是建立在她对自由主义普适公民身份的批判基础之上。杨认为传统的强调共同权利的公民身份观念最初是由身体健康的、持传统两性观念的、白人男子所界定的,因此从根本上就是不能包容其他群体的需要的。杨因此要求一种差别对待的公民身份。这种差别对待的公民身份要求从根本上改革公民身份的制度设计——公民身份应以群体而非个体为单位。对个体权利的补给经由群体权利来实现,要给不同的群体以不同的群体权利,以此来解决弱势群体的客观劣势问题。

1. 杨对自由主义与社群主义的批评

杨认为自由主义正义观从根本上否定社会差异的存在。她对自由主义的这一批评和其他自由主义的批评者,尤其是社群主义者所使用的方法别无二致——都认为自由主义正义观建立在自由主义理论纯粹"个人主义"的所谓"中立分析"的基础之上。社群主义者对自由主义的最大批评在于他们认为自由主义者对人作为完全独立理性的、不带有任何情感认同、不受任何情境因素影响,并且总是能够根据正义原则行事的个体的基本假设缺乏现实基础,因为在实际的社会生活中,人总是处于各种社会关系中,并总是存在某个或某些具体社会身份。但杨又努力表现她与社群主义思想的不同。她试图用她的理论来替代自由主义与社群主义有关正义理论的论辩。她反对"社群"观念,认为"社群"观念与自由主义的正义观一样固然地悖离群体差异。原因在于社群主义假设社群成员之间的社会关系为"面对面的直接关系",即社群成员之间有充分的了解和交往,并且因分享共同的文化与历史而清楚了解彼此的价值与行为偏好。但现实生活中的社会关系通常必须经过"中间协调机制"的沟通,并非直接接触关系。从属于同一个文化社群的成员可能因为时间与空间的阻隔而永远无法进行面对面的接触与交流。这就意味着在现实生活中,即使有着同样文化标签的群体,其成员之间都通常存在差异。社群主义一味强调社群内部的同质性,否定了事实存在的社群内部的差异,导致社群内主流群体对边缘群体的压迫。

简而言之,杨认为自由主义的正义观要求个体在进入公共领域之前剥离身上所有的标签和社会关系,作为完全独立且一致的个体出现,这种思路很显然否定了事实存在的个体与个体之间的差异。社群主义虽然反对自由主义对公民个体作原子式的、完全去情境化的假设,但他们又过分强调社群内部以及社群之间的同质性。社群主义把社会上的个体全部归入贴着不同文化标签的社群"篮子"里,不同"篮子"之间相互独立不重叠,每一个个体都必然地属于一个"篮子"中的一员,不允许落单。可惜现实却不像社群主义所想象的那样,一方面总是存在落单现象;另一方面,每一个个体通常同时具备不同的文化或社会身份,又从属于不同的社群。也就是说,社群之间总是相互交叠而非绝对独立的,而且社群之间的成员之间也总是存在差异。所以,杨认为社群主义和自由主义一样,都试图证明社会成员的同质性而否定普遍存在的"差异"(Young,1990:240—241、229)。从此出发,杨试图构建一套全新的有关差异的政治学说。这套学说建立在对社会的基本属性作异质性而非同质性的假设,强调社会群体之间,甚至社会群体内部都存在根本性的、不可被消除的"差异"。为了防止一个社会群体压迫另一个社会群体的现象出现,应该承认并尊重"差异"的存在,并在公共决策体系中建立一套"基于社会群体的差异"的制度,给予不同社会群体尤其是其中的弱势或边缘群体在公共决策体系中以更高的权重,拒绝以同样的原则一刀切式地对待社会中的所有成员。

2. 对自由主义"普适"公民身份的批判

杨对自由主义传统下的多元文化主义提出了严厉批评。她批评自由主义的论调无视现实社会生活中差异的存在,在"平等"与"自由"的幌子下纵容实质的不平等与压迫。杨认为,我们应该视个体为某个特定社会群体的成员而非去社群联系的原子式的公民。在这个基本观点之前,她首先讨论了"社群"(social group)和"集体"(aggregate)以及"团体"(association)这几个概念之间的区别。她认为学者当前对"社群"的定义实际上是对"集体"或者"团体"的定义,而后两种概念有着明显的个体主义特征。"集体"是对具备某个或某些共同特征(如人的眼睛的颜色)的个人的集合体的统称;"团体"则是指由个体自愿组织而成的正式机构,如俱乐部、政党、教会、利益团体等。无论是集体还是团体,都隐性地假设个体先于集体存在——在"集体"这一定义中,集体之所以形成是因为个体具备某些共同特征,而团体之所以形成在于个体的主动联系与组织(Young,1990:43—45)。

但是"社群"对个体有着重要的塑造与建构的作用,并不是成熟且独立的个体的简单集合(Young,1990:45)。所谓"社群",就是按照人们的文化表现、文化实践或生活方式来区分的群体。人们之所以成为某个特定社群的成员,是因为相似的经历和生活方式让他们有着相似的文化特征和偏好。杨认为,社群是社会关系的一种具体表现形式。特定社群总是存在于与其他社群的复杂关系当中,正是在认识到自身与其他社群之间存在差别的情况下,人们对自己所属的社群的认同感才更加深刻。

她认为,自由主义公民身份强调政治共同体内所有人,无论财富、权力、地位的差异,都平等地拥有"公民"这一法律身份,平等地享受公民权利与政治权利。杨认为这种强调平等的自由主义公民身份观有其固有的局限性,事实上也没有完成其实现实质平等的历史使命,在实行自由主义民主制度的国家中,人们虽已实现法律地位上的平等,然而在实际的政治与社会生活中,弱势群体或少数群体依然被排挤,社会正义依然未实现。因此,不应再站在道德高地一味强调"普遍公民身份",而应承认社会群体之间差异的存在,并因此建立与发展"差异公民身份"(differentiated citizenship)。自由主义公民身份的另外一个特性也让它颇受质疑。杨认为自由主义公民身份是根据资产阶级白种男性的标准而确定的,它假设资产阶级白种男性具有理性、自律,保持着人性的纯洁,因此能够为了公共利益而战胜各种私利诱惑。但事实却显然与这个假设相悖。

杨认为,现实生活中的个体并非纯粹孤立存在的个体,而是实实在在地身处某一群体,其成长与生活的经验都受限于该群体的关系圈,他们对其他群体的公民的看法因此也受到群体身份与群体经验的影响。杨称这种内嵌于群体生活的个体经验为"境况性的经验"(situated experience)。她质疑传统自由主义的"个体主义"假设,认为个体不是完全孤立存在的,而是固有地处于与某个群体之间千丝万缕的关系之中,因此个体的经验与观念天生地刻有群体的烙印。已有的体现"平等"的各种公民权利与规则规范实际上是由主流社会按照其偏好而设定的,这种设定从一开始便未考虑少数群体的偏好与利益。语言政策便是一个典型例证。有关台湾地区"国语政策"的研究就认为,在许多本地中学,学校的各项奖励都偏向说国语的学生,这种做法的直接后果是造成来自"非国语"族群的学生的自我认同受到贬抑,长此以往则将导致少数族群语言文化的流失。杨因此认为,由主流群体所创制并通过制度维系的所谓"普适的"、"平等的"标准实际上不仅造成少数族裔的观点不受重视,并反而使他们的价值和认同受到贬抑并逐渐消失。用平等观念去组织社会,实际上却是意味着变相的社会歧视。

因此,自由主义的多元观所体现的实际是一种"假平等",是主流的、优势群体将其利益合法化、制度化、普遍化,并纳入统治秩序,再强制要求其他群体及阶层均无差别地接受与服从。杨认为在自由主义的普遍、平等原则之下,族群差异被忽视,少数族群被同化、被排斥,继而面临消亡的可能。在实际的政治生活中,一个族群若长期被歧视便将造成该群体成员自我认同的扭曲,久而久之便可能造成群体的自我矮化与信心危机,形成自我排斥、自我放逐、自我隔离与自我归因。这些"自我排斥"又进一步强化了被排斥者的边缘性。

在杨看来,之所以出现这种情况,其根源在于自由主义"普适公民身份"对"公""私"概念的两分法,其中"公"被定义为所有特殊性都被排除在外的一般性领域,而"私"则被定义为包括情绪、感情以及对身体需求的特殊领域(Young,1989:255;Kymlicka,1995)。在现实生活中,不同社群的特殊性真实存在,由此造成的差异不可避免,但大多自由民主国家的制度安排实际都建立在优势群体所规制的标准之上,对于与主流优势群体存在差异的其他人群而言,他们的特殊性被由优势群体所定义的"普遍性"强势占领了。也就是说,自由主义者认为公共领域只处理社会上所有人群所面对的共同事务,即公共事务,凡是体现个体之间差异的问题全被划为私人领域,属个体私人事务,不再置于公共场域予以讨论、争辩与维护。它强调或努力塑造社会上所有人群之间的同质性。杨抨击这种旨在强调同质性的"普适公民身份"观违背现实。她认为应该正视切实存在的社群之间的差异性及不同群体之间的强弱势之分。公民身份的理论与制度构建应从这种正视开始,将原初假设由社群同质性转向承认社群异质性,公开地承认社群之间的差异及他们之间的强弱力量对比,设计并发展"差异公民身份",对不同社群采取不同的对待方式。

3. 杨的"群体差异权利"

杨认为传统的强调共同权利的公民身份观念最初是由身体健康的、持传统两性观念的、白人男子所界定的,因此从根本上就不能包容其他群体的需要。杨认为,社群差异已实际地造成了优势群体与劣势群体的差别,前者享受优势,而后者遭遇压制。她进而定义了社群"压制"的几种形式,包括剥削、被边缘化、无权、文化殖民、遭受来自其他群体的暴力攻击与骚扰等。她列举了美国社会中的一些"受压群体",如女性、黑人、同性恋者、工人阶层、穷人等。所以,杨思路中的"差异",实际上多指社群在权利"强弱"方面的对比差异。她所关心的是,如何帮助社会上的弱势群体或劣势群体抵抗与摆脱来自主流社会强势群体在"普适"价值幌子下给他们带来的实际的歧视与压制。

对于如何解决这些问题,杨认为,由性别、认知等造成的差异不应再被一味地置于私领域,而应被纳入公共领域的框架加以看待与处理。除了自由主义所强调的普适公民身份之外,还应对特定的少数族群给予特定的、额外的权利,以帮助他们实现实质上的平等。关于如何解决这一问题,杨提出了两个方案。首先,通过建立"群体代表"机制(group representation)使得边缘或弱势群体在普适的公民权利、政治权利以及民主程序之外获得额外的话语权与参与权;通过制度上的补给来改变弱势群体与主流优势群体之间存在的实质上的不平等。其次,应区分"普适权利"与"特殊权利"。普适权利适用于政治共同体下的所有个体,而特殊权利针对不同的群体。

4. 对杨学说的批评

杨的差异政治学说当然也遭到诸多批评。金里卡批评杨没有能够区分少数族群(尤其是他所研究的土著族群)与新社会运动中出现的社会弱势群体之间的区别。前者是反对被纳入或同化进共同的民族文化当中的,而后者更多是在接受或支持民族整合的前提下,要求国家在实现民族整合的过程中对不同的群体差别对待。金里卡举了同性恋者的例子来说明这种差异:这类少数群体反抗的是传统民族文化中以异性恋为基础并因此蔑视和排斥同性恋的这一具体文化要素,同性恋者并不要求完全和这一民族文化分离,而是希望改造民族文化中以异性恋为基准的这一文化要素,以使得同性恋者能够堂堂正正地被共同的民族文化包容和接纳。这一思维路径和那些明确要求与主流民族文化保持距离并维持自身民族独特性的少数群体的抗争完全是两码事。金里卡所研究的族裔少数群体就存在不情愿被整合进统一的民族文化的情况,他们乐于并致力于保持自己群体的独特性,并因此向由主流社会所主导的政治共同体要求特殊权利(如自治权)以实现保持其独特性的目的。

特玻尔认为,杨的差异政治学说虽然从批评自由主义的普遍原则出发并雄心勃勃地试图超越自由主义及其主要批评者——社群主义,但实际上并不比这两者高明,甚至暴露了其学说在根本上的自由主义式的假设(Tebble,2002)。杨隐性地假设了社群之间是彼此不理解、不合作的。因为社群要求重塑现实政治当中的政治体制以明确政治社群中每一个个体成员的社群所属,而不是简单地将属于不同文化社群的个体同等地视作无差异的公民。但杨的这种看法和她的学说整体的判断又是自相矛盾的,因为假如她所倡导的对少数文化群体给予特别的群体权利,这依赖于其他社群(至少是主流文化群体)的理解与合作(Beiner,2006)。

另一位女性主义学者南希·伏拉瑟尔开出了另外一个处理文化差异的方子:她主张提高弱势少数群体的价值(revalue),以使得他们与现有的优势群体实现价值平等(Fraser,2009;2000)。弱势少数群体是被多数文化所贬低与排斥的。这一个论断是伏拉瑟尔所有论证的基础。因此她想要做的是把那些贬低与排斥拿走,让这些群体与主流群体在文化价值维度上有同等的分量,平等地存在。在伏拉瑟尔看来,"文化群体"(cultural group)实际上就是那些被主流文化贬低、排斥、压迫的"身份群体"(identity group),这从她有关身份政治的论述中有意省略民族群体这样的做法中可见一斑。

伏拉瑟尔的理论开始于她对基于经济不公义和文化不公义所构建的两套理论思路的反思。前者指向政治经济体系中因社会经济地位(阶层)的不同而导致的不同社会群体在经济和政治资源方面的差异,而后者却是在文化和身份的维度的差异。自由主义的早期作品仅仅关注经济不公义,而以泰勒为代表的社群主义学者又太关注文化不公义。伏拉瑟尔想整合两种不公义,她认为两者并行不悖,相互重叠;并且,在一个成熟的民主社会中,两者应被同时推进。原因在于这两种差异存在于两个相互交叉但并不完全重合的维度,经济的不平等或许能适当帮助、却不能彻底解决身份的不平等。以围绕性别维度形成的身份差异为例,同性恋者在不同的社会阶层都可能出现,给予出身较低阶层的同性恋者一定的经济再分配利益以及统一的公民和政治权利,虽可在一定程度上解决经济不平等的问题,却依然难以帮助他们得到主流异性恋文化的认可与尊重。因此,完整的解决差异的思路,应是兼顾"经济不公义"与"文化不公义"的。

虽然伏拉瑟尔对泰勒的批评有理,但她似乎犯了另外一种错误。虽然同样致力于研究那些具备自己文化独特性的少数群体,伏拉瑟尔的学说却几乎完全摒弃了对"差异"的承认,并转向强调"同一"承认的平等原则。换句话说,她对"差异"的补救式关注是通过如何更好地践行平等原则这一路径来实现的。伏拉瑟尔所缺失的也正是泰勒所拥有的,那就是她混淆了差异承认和同一承认这两种人类基本需要之间的区别。即使是对她所关注的身份群体进行论述的时候,她的出发点都是首先说明这些群体当下正遭受着歧视与排斥等不平等的对待,因此需要一套解决机制消除在他们身上发生的不平等,以使得他们实现与主流文化群体的同一性。但实际上,一些少数民族群体希望实现的,不仅仅是个体能与多数社会中的其他个体拥有同等的权利和机会,他们还存在另外一个愿望,那就是希望主流社会对他们群体的独特性给予认可和尊重。打个抽象的比方,这就好比穿着不同颜色的主流文化社群和少数文化社群站在高低不一的两个平台上,少数文化社群要求登上与主流文化社群同样高的平台,但登上之后,他们不希望更换自己衣服的颜色以与主流文化社群看上去一样,相反,他们依然穿着醒目的、区别于主流文化社群的衣着,以显示平等平台上他们的独特性。伏拉瑟尔的分析止于登上同一平台这一动作,而泰勒则强调两个步骤兼顾,且将更多精力放置于后一个步骤,即对群体差异的承认。

六、讨论与结论

多元文化主义是为解决差异而生的理论。它始于对传统自由主义平等原则不加批评,认为自由主义平等原则无法解决群体差异问题,文化少数群体与主流社会之间依然存在实质的不平等。要解决这一问题,国家必须主动承认(recognize)少数群体的特殊性,并在共同的法律框架之外对部分文化少数群体给予额外的、具有针对性的法律及政策救济机制。

"什么类型的差异"以及"如何解决差异"成为划分多元文化主义内部不同学说的主要维度(见表2)。在差异类型这一维度,形成了以"民族文化"与"自由主义普适公民身份"为维度来区分文化少数群体与多数社会的两种不同方式。而在差异解决机制这一维度,又分别出现了自由主义、社群主义路径以及旨在超越两者的第三条路径(以女性主义学说为代表)。这一章节的内容分别介绍了多元文化主义两个维度下的代表学说。金里卡的"自由主义多元文化理论"与泰勒的"承认政治"理论分别从自由主义和社群主义两条路径解决在民族文化维度形成的文化差异。而女性主义的代表人物,艾瑞斯·杨和南希·伏拉瑟尔则尝试在自由主义和社群主义之外发展一套专门解决差异和群体权利的独特理论,而她们的研究对象也从族裔少数群体转向被自由主义普适公民身份边缘化的、基于"身份政治"而形成的少数群体,如女性、同性恋者、残疾人群体等。

表2　多元文化主义的学说构成

差异解决机制 差异类型	自由主义	社群主义	两者兼反对
民族群体	威尔·金里卡	查尔斯·泰勒	—
自由主义普适公民身份	—	—	艾瑞斯·杨 南希·伏拉瑟尔

　　主流多元文化主义旨在解决两大问题,首先,建立差异理论,将"差异"纳入实现社会正义的必须路径,让人们了解"差异"的重要性;其次,建立群体权利理论,通过群体权利机制解决"差异"问题,并为群体权利建立道德合法性。由于多元文化主义关注文化少数群体,它所建立的一套理论又被称为有关文化公民身份的理论,以有别于在自由主义体系下建立起来的权利公民身份(也被称为普适公民身份)。有关群体权利的理论从最初被认定为社群主义的理论并必然与自由主义相悖,到后来却在自由主义和女性主义阵营中大放异彩。

　　无论哪一种版本的多元文化主义,都需要政府的适度干预。这一观点遭到来自自由主义阵营的诸多批评。布莱恩·巴瑞便是其中一位坚决反对多元文化主义的自由主义学者。巴瑞认为,无论多元文化主义学者如何辩护,少数群体权利和自由主义都是根本矛盾的。他批评多元主义者主张国家对文化少数群体给予特殊权利和额外保护的观点本质上是要求一个自由国家做不自由的事情,实已违背了自由主义有关国家应保持中立和最小化的基本主张。他认为,有关避免主流文化对少数群体文化歧视的任务应交由私人领域(在家庭教育中)实现,而不应该由一个本应中立的国家去做(Barry,2002)。另外,多元文化主义也违背自由主义平等原则。自由主义的平等原则就是要坚决地对所有个体一视同仁,无论个体在宗教、种族或语言方面存在怎样的差异。

　　但大多数多元主义者都反对巴瑞的这种观点。他们认为对于文化少数群体而言,实践自由主义平等原则在某种意义上便意味着要对他们区别对待,比如,允许他们免于某种法律的规管,或给予他们特殊的群体权利以保护其语言与文化传统。他们认为,在一个文化多元的社会中,应变通而非僵化地理解与实践平等原则。根据古典自由主义平等原则和国家中立原则建立起来的制度体系和社会系统事实上已明显偏向主流文化群体,而不利于文化少数群体的存续与发展,或至少没有给予他们足够的关注与保护。这已是一个基本事实。因此需要国家的干预,以将这种局面扭转回来。

　　从整个多元文化主义的论证体系来看,似乎主流自由主义的路径更具说服力,尽管它也遭遇了诸多批评。原因在于它为国家对群体权利的提供以及对文化少数群体的包容和保护设置了一定的(符合自由主义基本原则)的底线。这种底线防止了不问少数群体本身类型而一味给予保护的情况出现,也避免国家对一些违背基本人权原则的文化实践也采取一味放任与包容的态度。

参 考 文 献

[加拿大]威尔·金里卡:《当代政治哲学(上)、(下)》,刘莘译,上海三联书店 2004
　　年版。

[加拿大]威尔·金里卡:《自由主义、社群与文化》,应奇、葛水林译,上海译文出版社
　　2005 年版。

[加拿大]威尔·金利卡:《多元文化的公民身份:一种自由主义的少数群体权利理
　　论》,马莉、张昌耀译,中央民族大学出版社 2009 年版。

夏瑛:《当代西方公民身份概念批判》,《武汉大学学报》(哲学社会科学版),2013 年第
　　6 期。

张培伦:《差异、文化容忍与自由主义多元文化论》,台湾哲学学会"价值与实在"哲学
　　研讨会,2007 年。

Barry, Brian. 2002. *Culture and Equality: An Egalitarian Critique of Multicultura-
　　lism*. Cambridge: Polity Press.

Beiner, Ronald. 2006. "Multiculturalism and Citizenship: A Critical Response to Iris
　　Marion Young." *Educational Philosophy and Theory*, 38(1).

Blum, Lawrence. 1998. "Recognition, Value, and Equality: A Critical of Charles Taylor's and
　　Nancy Fraser's Accounts of Multiculturalism." *Constellations*, 5(1).

Fraser, Nancy. 2000. "Rethinking Recognition." *New Left Review*, 3.

Fraser, Nancy. 2009. "From Redistribution to Recognition? Dilemmas of Justice in a
　　'Post-Socialist' Age." in Anne Philips ed. , *Feminism and Politics*, New York:
　　Oxford University Press, 430—460. Fraser, Nancy 2000, "Rethinking Reco-
　　gnition." *New Left Review*, 3.

Murphy, Michael. 2012. *Multiculturalism: A Critical Introduction*. New York:
　　Routledge.

Galston, William A. . 2002. *Liberal Pluralism: The Implications of Value Pluralism
　　for Political Theory and Practices*. New York: Cambridge University Press.

Galston, William A. . 1995. "Two Concepts of Liberalism." *Ethics*, 105.

Gross, Michael. 1973. "Indian Control for Quality Indian Education." *North Dakota
　　Law Review*, 49.

Kukathas, Chandran. 2003. *The Liberal Archipelago: A Theory of Diversity and
　　Freedom*. New York: Oxford University Press.

Kymlicka, Will. 1989. *Liberalism, Community, and Culture*. Oxford: Oxford University
　　Press.

Kymlicka, Will. 1995. *Multicultural Citizenship: A Liberal Theory of Minority*

Rights. New York: Oxford University Press.

Marshall, T. H.. 1950. *Citizenship and Social Class*. Cambridge: Cambridge University Press.

Miller, David. 1999. *Principles of Social Justice*. Harvard: Harvard University Press.

Raz, Joseph. 1994. "Multiculturalism: A Liberal Perspective. " *Dissent*.

Tamir, Yael. 1993. *Liberal Nationalism*, Princeton: Princeton Universtiy Press.

Taylor, Charles. 1985. *Philosophy and the Human Sciences: Philosophical Papers 2*. Cambridge: Cambridge University Press.

Taylor, Charles. 1988. *Multiculturalism: Examining the Politics of Recognition*. Princeton: Princeton University Press.

Taylor, Charles. 1994. "The Politics of Recognition. " in Amy Gutmann ed. *Multiculturalism*. Princeton: Princeton University Press.

Tebble, Adam James. 2002. "What is the Politics of Difference," *Political Theory*, 30(2).

Young, Iris Marion. 1989. "Polity and Group Difference: A Critique of the Ideal of Universal Citizenship. " *Ethics*, 99(2).

Young, Iris Marion. 1990. *Justice and the Politics of Difference*. Princeton: Princeton University Press.

Michael Gross. 1973. "Indian Control for Quality Indian Education. " *North Dakota Law Review*, 49.

公民身份教育

全球化背景下公民身份与教育述评*

许瑞芳**

如何培养符合社会发展要求的公民是各个国家在各历史阶段所面临的重要的教育议题。在全球化作用下世界各国的联系日益紧密,地球村的形成意味着全球政治、经济、社会事件对各个国家的教育政策及实践有更快速和深刻的影响。与此同时,世界上各区域和国家正在经历相似的问题,特别是一些关于治理形式和国际关系的问题、社会平等和公民政治参与的问题。这些问题带来了新的挑战,反过来又在考验公民教育的传统观点与实践,促使公民教育不断与时俱进。比如,大规模的人口流动不仅对个体的身份认同构成了挑战,社会和社区融合也成为了一个棘手的问题。人口的多样化也就意味着文化的多元化,如何培养能够良好地处理文化多元带来的潜在冲突的公民也成为了影响各国公民教育发展趋势的因子。

另外,全球化与现代化使得非政府组织的重要性与日俱增,它们给公民提供了参与机会和施展才华的平台,公民的参与途径更加多样化,如何促使公民更加积极、有效地进行政治参与和社会参与,如何利用这样一些平台开展公民身份教育都是各国教育面临的新课题。现代化也使人们更多地接触新媒体,如何利用新媒体发挥作用,也成为了各国公民教育不得不面对的挑战。同时,现代化不可避免地带来了利益的多元化,如何处理利益不平衡的状况,也是公民需要学习的内容。因此,近年来,不论是西方社会还是东方国家,都兴起了对公民身份教育问题的研究热潮。

一、参与型公民身份教育研究

对于公民和公民身份教育问题的探讨肇始于古希腊城邦时代,在有

* 本文为 2012 年度国家社会科学基金教育学青年课题"学校积极公民培育研究:理念、方法和技能"(课题批准号:CEA120115)的阶段性研究成果之一,课题组成员杨华欣硕士对本文亦有贡献。

** 许瑞芳,教育学博士,华东师范大学政治学系副教授、复旦大学马克思主义学院在站博士后,研究方向:公民教育。

关公民或公民身份的研究主题上,都强调了背景脉络(context)和文化(culture)在了解公民教育的目标和方法上扮演重要的角色(Nelson & Kerr,2006)。在当代社会,公民通过一定的权利和义务在国家中获得了现代性的社会身份。公民教育不仅仅是一个教育问题,它是民族国家得以凝聚、延续、稳定的根本所在,也是公共知识、态度、价值观和群体认同被赋予个人意义并且内化为行为准则的过程。

(一)参与与民主

随着时代的发展,在西方发达国家民主政治却出现了这样一种趋势,随着公民权利的实现,公民角色逐渐陷入了一种相当尴尬的处境:除了定期为有限的政党投票外,很少有政治参与活动。公民尤其是年轻公民参与公共生活的意愿与水平持续走低。罗伯特·普特南指出,几十年来,由于受过分注重个人主义的影响,美国人与其社区的联系减弱了,主要表现在公民参与比托克维尔时代明显地下降了,相当一部分美国公民不再对投票站感兴趣,参加投票的人数20年来下降了25%。不仅如此,美国人参加教会组织、学校事务团、退伍军人团体和扶轮社等各种社团活动的积极性都比以前大为降低(李惠斌、杨雪冬,2000:7)。这种情况同样出现在了英国、爱尔兰、加拿大、澳大利亚等发达国家。国际教育成就评价协会(IEA)20世纪90年代中期进行的一项针对24个国家和地区的公民教育调查研究显示,许多国家的学生对于公民教育与民主公民素质所知有限,对政治和公共生活漠不关心,学校的民主实践处于表面化(Torney-Purta,1999)。

新生代公民表现出对政治领域的更加冷漠和消极以及对诸如家庭、职业和个人事业等私人领域的更加关注。而由于受教育水平的影响,社会的少数群体如土著居民、残障人士以及文化水平不高的人群即使拥有正式的公民身份,也不能对社会产生系统的政治影响。这种状况在发展中国家更令人忧心。在这种情况下,公民教育刻不容缓。在21世纪初的国际社会,公民教育重新关注"民主公民的培育"(education for democratic citizenship)。许多学者认为,在现存和新建立的民主国家中,即使举行定期的投票,但没有积极参与公民社会的公民,这个政府仍然会被视为是脆弱的(Osler & Starkey,2006)。"参与是定义民主公民和他/她在政治过程中的角色的主要尺度,也是关于民主哲学文献的核心词。"(Dalton,2008:25)这是因为在政治中的公共参与被视为是民主公民身份的一个基本要素(Dahl,1998)。汉娜·阿伦特指出,理想的共同体源自公民的积极参与,在公共生活的参与中人们才能真正获得作为人的自由和幸福。不断下降的公民参与引起了人们的严重担忧,因为这将会导致公民社会活力的丧失、社会资本的萎缩、社会凝聚力的减弱、共同体精神价值的迷失,甚至直接威胁到民主的未来。民主本身就意味着参与,而更深入的考察可以看到,投票仅仅代表一种弱势的"自由民主"(liberal democracy)的消极参与方式,并未达到强势的"参与式民主"(participatory democracy)要求的积极参与水平,所以如果公民连投票都疏于参与,权力就会成为少数人而不是多数人的工具,民主政体便岌岌可危。杜威提出:"作为一种生活方式的民主的主旨可以表达为……需要每个成年人参与形成约束他们共同生活的各种价值;无论是从全社会福利的角度还是从个人全面发展的角度来看,这都是必要的。"(巴伯,2011:165)

(二)参与式公民教育

在对公民身份的不同层面进行分析的时候,道尔顿(Dalton,2008)指出,公民身份的一个维度是基于各种公民义务,诸如按时纳税、遵守政府法律、服兵役、投票等,这些作为公民主体责任的公民义务反映了公民身份的传统内涵。这种公民身份被称为"基于义务的公民身份"(duty—based citizenship),公民身份的另一个维度为"参与式公民身份"(engaged citizenship),其中,参与是参与式公民身份的最基本要求。道尔顿通过比较进一步指出,参与式公民身份与自由主义和社群主义的公民身份模式有所交叉,如也强调了公民身份中的权利和责任。但与传统的基于义务的公民身份不同,参与式公民身份所强调的"参与"(participation)不仅仅是政治参与,如投票的义务,而是更为广泛地参与到公共生活中来,参与式公民身份也包含了对社会其他公民的责任(Dalton,2008:27—29)。这种广泛式的参与体现了那些隐含在本杰明·巴伯"强势民主"(strong democracy)(Barber,1984)理念中的价值。为了挽救公共生活衰落的局面,培育参与式公民身份,推进公民对于民主社会的广泛参与,各国政府和政治家们开始探索从各种渠道尤其是公民身份教育的方式推进公民参与的举措,因为教育自身可以推动个人的政治参与,"教育是政治态度的最重要的决定因素,而且它也是最可用的手段"(阿尔蒙德、维巴,2008:446)。在此背景下,世界各国的学校普遍增设了公民教育的相关课程。2002年,英国首次将公民教育引入国家课程中。在美国,社会科(social study)课程是公民教育的主要体现,在墨西哥、日本、南美等多元国家中以不同形式呈现。

当然,旨在促进公民进行广泛的民主参与,并不是许多国家出现公民教育的唯一原因。积蓄和充实建构社会民主体制的社会资本也是一些国家诉求公民教育的目标。"社会资本是指人们可以据此来解决常见问题的社会信任、规范和网络资源,凡是社会资本存量高的共同体,更有可能建立重要的民主体制,并积极、有效地回应社会和经济的挑战,尤其是这种挑战是来自城市内部。公民教育是学校用来帮助国家充实正在枯竭的社会资本的一个重要手段。"(Potter,2002:37)可见,为了维护社会秩序,推动当前政治制度的优化以及政治机构的发展,倡导公民教育是合理的。"无论是对于教师、学生,还是对于那些关注我们民主生活方式质量的利益相关人,公民身份教育是一个挑战。"(Potter,2002:1—2)

二、积极公民身份及其培育

与参与式公民身份相近的表述还有责任公民身份(responsible citizenship)、有效公民身份(effective citizenship)和积极公民身份(active citizenship)。尤其是积极公民或积极公民身份在目前的国际公民话语体系中,是一个流行的术语,并逐渐形成公民教育中一股重要的研究路向。

(一)积极公民身份的缘起与内涵

自由主义和共和主义是西方公民身份理论的两大传统取向。虽然前者支配了最近两个世纪的公民风尚,但后者却是公民身份理论的起源,历史悠久可以追溯到古希腊罗马时期。"公民"(citizen)一词源自拉丁语的civis,意思是城邦(civitas)的成员。在古希腊思想家亚里士多德的眼里,人类是天生的政治动物,参与政治是一种人性的实现、一种追求"至善"的活动,进入公共领域人们才能摆脱私人领域的物质束缚而获得真正的自由,过上幸福高尚的生活,因此"公民不仅仅只是有资格(was intitle to)参与公共事务,而且他还被要求(was expected to)参与公共事务"(艾辛、特纳,2007:203),这就意味着参与城邦政治不仅是公民的权利,同时也是公民的责任。"好公民"、"真正的公民"是指"一个具有公共精神的人,他将共同体的利益置于个人利益之前"(艾辛、特纳,2007:203);他不仅能严格遵守法律规定的义务,而且会主动参与公共事务、承担公共责任、奉献公共利益——把公民身份从法律名义化为积极的实践。古罗马思想家西塞罗强调:"一名真正可敬而勇敢的公民,以及有资格担任政府管理者的人们,将会避免和厌恶(纷争、骚乱和内战),并将完全献身于公共服务,但却不是出于追求个人财富和权力的目的。他将对整个共同体萦萦于怀,不会忽视其他任何的部分……他宁愿将生命置之度外,也不愿做任何违反美德的事情。"(艾辛、特纳,2007:47)相反,"坏公民""名义上的公民"则是仅仅在法律上获得公民地位却在实际生活中回避政治、逃脱公共责任、一味追求自我利益的人。

可见,共和主义公民身份观超越了简单的法律维度,内含着对公民美德的一种要求——"对于公共利益的责任承诺和对于公共事务的积极参与"(艾辛、特纳,2007:202),它凸显了公民身份的公共性,并使公民身份发展成为一种精神气质、一种主动实践以及一种生活方式。"积极公民"

由此而来,它是共和主义的理想公民。

共和主义在古典时期为积极公民概念提供了经典阐释,在当代复兴的过程中更是带来了"积极公民"的强势回归。古典公民理想的复兴"部分是由于自由主义传统中存在的弱点或者对它的反对,部分是由于公民共和主义具有的内在价值"(希特,2007:70)。美国著名政治思想家汉娜·阿伦特相信积极公民身份所具有的内在价值。她在著作《人的条件》中继承了亚里士多德的观点,认为人的天性是政治性,积极投身公共领域参与政治交往活动才是人真正的生活,是人存在的条件,"一个人仅仅去过一种私人生活,如果像奴隶一样不被允许进入公共领域,如果像野蛮人一样不去建立这样一个领域,那么他就不能算是一个完完全全的人"(阿伦特,1998:70)。阿伦特所刻画的"完完全全的人"就是一个积极公民的形象,所描绘的共和主义政治图景"始终洋溢着一种现代民主政治文化——公民文化气息,时刻提醒人们作为一个民主社会的公民,应该秉承公共精神,关心公共领域,积极参与社会政治生活"(陈海平,2006)。

共和主义积极公民观在反对自由主义消极公民观中展现得更加清晰。自由主义公民观是革命暴动和契约主义的权利理论相结合的产物(希特,2007:1),从18世纪晚期开始占据主宰地位。随着封建时代的"君主—臣民"关系转变为现代的"国家—公民"关系,一切以"个体"为中心的自由主义理论着力进行国家制度设计,以保证个人免受国家干预的自由和尽可能扩大公民的权利。按照洛克的观点,人们通过契约建立的国家应扮演"守夜人"的角色,其唯一职责就是保障个人的安全和自由,而个人则仅需承担非常有限的义务即可换取国家对其权利的保护。公民的权利不仅要得到充分保护,还要得以扩大增加,马歇尔提出的发展"社会权利"(social rights)的观点为此作出了贡献。这种强调权利的制度设计意味着个人只要不违反公共领域的基本规范,完全可以远离公共生活,安心地在私人领域肆意追逐自我利益。青睐制度设计、注重个人利益、强调权利的自由主义理论衍生出的是"孤立的原子"个体,是一种背离传统共和国公民意义的消极公民身份。在回应消极公民观造成的政治和社会问题时,积极公民观与其划清了理论界限,彰显了自身的特征。

共和主义积极公民观所说的共同体特指"国家",仅在"国家—公民"的框架下讨论公民身份,它所鼓励的公民参与也仅停留在政治层面,也就是所谓的"公共领域"、"公共生活",纯粹指的是政治领域、政治活动。然而,托克维尔在《论美国的民主》一书中说明了"民主是一种社会状态,它可以在没有国家的状态下枝繁叶茂"(艾辛、特纳,2007:225)。普特南更向前推进了一步,"一个强大的市民社会将导致一个更强大的、在其中民主将得以开花结果的国家"(艾辛、特纳,2007:225)。因此,不仅国家政治领域需要公民的积极参与,市民社会同样也呼吁活跃的公民。由于"共同体"概念在社群主义的理论中更为丰富灵活,适用于邻里、社会团体、地区、国家、世界等各种层级的群体,所以社群主义的介入就把"公共领域"由单纯的政治领域延伸到了市民社会,把"公共生活"由单纯的政治活动扩展到了所有"第三部门"(the third sector)[1]的活动。由此一来,积极公民概念所涉及的"参与"就不只限于政治参与(civic participation),也包括社会参与(civil participation)。

作为政策话语中的积极公民身份,"在 20 世纪 80 年代是一个激励年轻人积极从事福利国家未完成的、必需且有价值的任务"(Harber,1992:17)的政治口号。20 世纪 70 年代起,西方福利国家普遍遭遇了经济衰退、滞涨、极高的失业率以及政府公共供给失灵、官僚化和低效率等一系列危机,传统福利国家体系难以得到维系。从 20 世纪 80 年代开始,一些福利国家政府就尝试着手改革不堪重负的福利体系,英国是其中的代表。90 年代中期,执政的新工党通过宣扬"积极公民身份"的观念来"提醒民众他们是共同体的成员,而这种成员身份同时授予了他们权利和责任"(*Active Citizenship*,http://extra. shu. ac. uk/alac/activec. html)。政府试图降低公民对公共供给的期待,改变他们被动接受者的身份,动员他们承担起对自己和他人的责任,主动为社会做贡献,以填补福利国家减负后部分公共服务的空缺。在其政府发布的《克里克报告》中已明确把培育积极的公民身份视为公民教育的主要目标,而公民教育涉及了三个相关的素质维度:社会参与、政治素养、社会和道德责任(Lee,2012)。英国的公民教育出发点在于社会性,强调社会责任。认为作为公民个体不应该只问政府应该做什么,也要问公民之间应该为对方做什么,为本地和国际的志愿团体做什么。而在新加坡和日本,积极公民的发展是由培育一种国家归属感的愿望,以及一种积极地贡献社会和建设国家未来的道德义务所支撑。这意味着积极参与,至少部分上是有关发展年轻一代的爱国主义情感、一种道德义务感和对社会凝聚力重视(Nelson&Kerr,2006:15)。

当然,对于何为积极公民身份的界定,学界并没有完全的定论。保罗·道格拉斯和艾丽斯·麦克马洪在《怎样做一名积极的公民》中提出一种"理性—主动性"模型。认为"一种成功的民主制度要求公民投身于政治并积极行动,获得有关政治的信息,以及发挥影响。此外,当他们必须作决定时,特别是在怎样投他们的选票这样重要的决定上,他们必须使其决定确立在对事实的仔细评价并对选择对象反复衡量的基础之上"(阿尔

---

[1]　根据联合国宪章第 71 条的定义,第三部门(the third sector)指的是非政府组织,即在国际范围内从事非营利性活动的政府以外的所有组织,包括慈善机构、志愿组织、宗教团体、合作协会、青少年团体等。所谓"第三部门"的称呼是以区别在国家层面运作的第一部门(public sector,即政府机构)和在市场层面运行的第二部门(private sector,即私人企业)。

蒙德、维巴,2008:422)。科林(Colin)则认为"积极公民身份应还包含对于生活在民主和自由社会益处的理解,尊重法律制度,关注自己的义务甚于权利;致力于为老年人、残障人群和环境的志愿社区服务"(Wringe,1992)。

但英国的课程和评估架构互联网档案国际评论机构(International Review of Curriculum and Assessment Framework Internet Archive,INCA)的积极公民主题研究曾对这些问题进行探究后发现:(1)"积极公民"这一名词尚未被清楚地了解或定义;(2)积极公民与变动中的公民和公民教育的观念和定义有关,且它的使用与公民教育的发展息息相关;(3)在许多国家,积极公民的提升被连结到一种更多公民的参与形态,这表示公民教育的发展是一种在学校内外脉络中的积极过程;(4)国家促进和支持积极公民的理由,存在于文化及历史的脉络中;(5)人们对积极公民概念的探究相当有限,导致对其来源和定义缺乏清楚与普遍的了解(Nelson & Kerr,2006)。在分析了积极公民身份的相关要素之后,尼尔森和科尔进而得出积极公民具有以下特征:最为基本的是参与行为,包含政治参与和社会参与;日益置于终生学习与广泛学习的背景;不仅涉及知识和理解,还包括参与所需的技能与行为;包含了"积极的"和"消极的"维度;包含了自由主义的、社群主义的、公民共和的理论研究路径。可见,终生学习与广泛学习是定义"积极公民"的新视角。积极公民有"积极"与"消极"维度:积极维度代表一种动作,也就是"做"(doing),消极维度则是一种状态,即"是"(being)。主张对于"积极公民"的定义应当基于各国的文化历史背景,以及他们研究公民教育的方法来确定(Nelson & Kerr,2006)。

香港的肯尼迪教授在一篇未发表的论文中对积极公民身份的概念进行了一项试验性的理论建构。他提出积极公民身份同时包含"积极"(active)和"消极"(passive)两种成分:"积极"成分比较关心的是"做"(doing)的问题,关心公民身份作为一种积极实践的背景脉络;"消极"成分则更多地关心"存有"(being)的问题,关心公民身份作为一种身份地位的背景脉络(Kennedy,Unpublished paper)。这篇文章为积极公民身份搭建了较为完善的概念架构,是积极公民身份理论研究的突破性成果。除了从理论上的推进,肯尼迪教授也重视对积极公民身份的实证研究,他发表的论文《学生建构的"积极公民身份":参与对学生意味着什么?》就是利用调查数据去探索学生自身是如何建构积极公民身份的(Kennedy,2007)。调查显示了学生对积极公民身份的认识、对政治机构和社会组织的态度以及对政治参与和社会参与的倾向,从全新的视角给出对积极公民身份的解释。因此,在不同的国家,"积极公民"包含的要素并不一定一致;即使在同一国家,随着时间的变化,"积极公民"的概念也在变化。

(二)积极公民身份研究的三种路向

进入21世纪以来,随着积极公民身份教育在各国政界受到愈加普遍热切的关注,其研究在学界也迅速发展起来,研究的角度愈加丰富,研究的程度愈加深化,不少重要的研究成果都是在这一时期取得的。香港教育学院的肯尼迪教授2007年对已有研究作了清晰的分类,即按研究路向将它们分为三类:政策描述、理论分析和实证研究(Kennedy,2007)。

1. 政策描述

这种政策性的描述一般而言是作为与现代政治相契合的政治性口号而被采用的,呼吁广大公民通过积极参与公共政治生活,与政府一同承担起关乎自己和他人美好生活的责任(刘丹,2010)。不同国家的政策对积极公民身份的理解是不一样的。

英国资格和课程管理机构(Qualifications and Curriculum Authority, QCA)和国家教育研究基金会(National Foundation of Educational Research,NFER)2005年至2006年进行了一项由INCA组织系统里的14个国家参与的积极公民身份的专题研究,纳尔逊(Julie Nelson)和克尔(David Kerr)撰写了最终研究报告《INCA国家的积极公民身份:定义、政策、实践和成果》(Nelson & Kerr,2006)。该报告详细阐述了不同国家的教育政策对积极公民身份的不同理解和对积极公民素养培育的不同目标,分析和提炼了他们的共同点,并指出了某些国家的独特之处。报告还呈现了各国的教育机构开展积极公民素养培育的实践案例,这些案例反映了实践和政策之间存在的差异,以及各国在实践中探索的方法和取得的成果。该报告在积极公民研究领域是一份重要的文献,因其全面翔实的内容而被广泛引用,为积极公民的相关研究提供了丰富的素材,在推动研究的发展中具有举足轻重的作用。劳森(Helen Lawson)在《学校和社区中的积极公民身份》(Lawson,2001)一文中专门探讨了英国政府对积极公民身份的认识、政府利用积极公民身份说辞的意图以及这些意图如何进入学校的环境中。英国是积极公民身份教育的主要倡导国,这篇文章清晰地展示了英国政策中的积极公民身份图景,对我们理解政策视域下的积极公民素养具有很大的参考价值。

2. 理论分析

从理论上看,相关研究的核心脉络主要是延续共和主义和自由主义两大公民理论传统,结合民主进程的现代演变,从不同角度作出对积极公民及其相关概念的当代解释。1998年在英国,由克里克教授(Bernard Crick)主持的公民素养顾问小组(Advisory Group on Citizenship)发表其研究项目的一份最终报告《公民身份培育和学校中的民主教学》(Crick, 1998),这份报告就是公民教育界为人所熟知的《克里克报告》。该报告回答了什么样的公民才是积极公民、为什么要培养积极公民等关键问题,梳理了积极公民的理论渊源,并且创造性地提出了积极公民身份的三大构成要素,也是积极公民素养培育的三大主题:社会和道德责任、社区参与和政治素养。这是《克里克报告》最杰出的贡献,它在积极公民素养研究和培育的实践进程中迈出了实质性的一步,成为后续研究不能不考察的理论。

与积极公民相关的周边概念很多,如公民参与、公民社会、志愿组织、社区服务等,要全面阐释积极公民的内涵就必须对这些周边概念及它们之间的关系进行仔细的考察。英国的另一个机构全国志愿组织委员会(National Council for Voluntary Organisations)2005 年发布的小册子《公民复兴和积极公民身份——争论的指南》(Jocuhm, Pratten & Wilding,2005)就公民社会、公民身份和积极公民身份、公民的政治参与和社会参与、社会资本、志愿组织和社区部门等主题进行了充分的讨论,凸显了积极公民身份和参与的关系,并对公民参与作了深入的剖析,是一份从公民社会的背景研究积极公民、参与型公民的颇有价值的文献。

3. 实证研究

现在已有一系列关于积极公民的实证研究,它们主要是采用定量研究和定性研究相结合的方法,通过调查数据而不是理论推衍来建构积极公民及其相关概念的框架。一项由澳大利亚研究委员会资助的研究项目"积极公民身份的比较维度:公民社会中包容性和排他性指标的一项分析"(Comparative Dimensions of Active Citizenship: An Analysis of Indicators of Inclusivity and Exlusivity in Civil Society)2011 年发表了一篇研究成果《积极公民身份:一项实证研究》(Onyx, Kenny & Brown,2011)。这项实证研究的主题是:从活跃在第三部门组织的公民的视角来诠释积极公民身份的内涵。研究采用了问卷调查和访谈的方法,共涉及来自 6 个国家的 11 个城镇的 1610 位公民。通过收集受访者对社会变革的态度、积极公民身份的实现形式和实践方式等数据资料,该研究探索了积极公民身份是如何显现的。论文清晰地展现了研究目的、理论基础、研究方法、数据分析和研究结论,是积极公民身份实证研究的一篇范例。

这些研究也表明,积极公民身份还没有一个完善的概念框架,它的解释还须依靠流变的语境背景。但如果要解决现代转型社会治理所面临的各项治理矛盾,仅仅关注个人自由的消极公民身份的概念是无法满足社会对公民角色的需求的。而积极公民的概念将公民积极主动地参与国家政治生活而非消极被动地适应国家政治生活的要求视为公民身份内在的价值。其概念内含了公民身份就是一种生活方式,这种生活方式包含着一种对共同体及其成员的承诺,包含着对公共事务的一种积极参与,并且包含着一种将个人自己的利益置于更广泛的公共利益之下的意愿。因此,培育关注共同善、集体幸福、共同幸福的积极公民身份必然成为各国公民教育研究的重要走向。

三、政治自由主义与公民身份教育

由于公民与国家之间的本质关系是可变动的,对于公民身份的分类有很多种,但正如上文所述,常见的分类为"自由主义"和"共和主义"(Heater,1999)两大公民观传统。自由主义公民观关注国家赋予个人的权利,而"公民共和主义"强调公民对城邦的义务,特别是积极参与决策的义务。自由主义公民观和公民共和主义公民观的区别在于是否关注政治参与。自由主义认为不应该强迫人们把政治参与作为有意义的生活的来源。公民共和主义则认为个人积极参与政治和公民社会是很重要的,能有效维护民主社会和个人福利。但公民共和主义和自由主义的公民身份观并非决然对立的。正如德里克·希特所认为的"通过作为一个在公共事务中有道德的、具有社群意识的参与者(共和主义的要求),公民个体可以提升他或她自己个体的发展(自由主义的目标),公民身份并非是非此即彼的,而是可以兼顾的"(Heater,1999:177)。

这两大公民观传统本身亦有许多的分支流派,下文着重介绍的是政治自由主义视角下的公民身份教育。

罗尔斯在《政治自由主义》中,阐释了在他所建构的政治自由主义的社会中,教育儿童成未来公民和培养公共理性的重要意义。"政治自由主义的要求也低得多。它认为,儿童教育的目的是让他们知道,在他们的社会里存在着良心自由,所有这些将保证随着他们年龄的增长,他们持续拥有的成员身份不是建立在对他们基本权利的无知或恐惧的基础上。而且,他们的教育成为充分参与合作的社会成员准备条件,并使他们能够具有自我支撑的能力;它也鼓励这种政治美德,以使他们在其与社会其他成员的关系中尊重公平的社会合作项目。……在此请注意:我们是完全在政治观念的范围来回答儿童教育的问题。社会对儿童教育的关切所在是他们作为未来公民的角色,所以,社会关切诸如他们获得理解公共文化并参与公共文化之各种制度的能力,关切他们终身成为经济上独立和自我支撑的社会成员,关切他们发展各种政治美德,而所有这些关切都是从一种政治观点内部出发的。"(罗尔斯,2000:211—213)

由此可见,政治自由主义视角下的公民身份教育侧重以下几个方面:首先,公民身份教育是将人们塑造成为未来能充分参与合作的社会成员。其次,罗尔斯试图完全在政治观念之内来回答儿童的教育问题,培养的内容亦主要是政治方面的公共理性。国家在儿童教育问题上主要关心他们作为未来公民的角色,如他们获得公共文化的能力和参与能力、政治美德的发展等。罗尔斯提到：“我们尝试着在正义的政治性概念中去完整地回答孩子的教育问题。社会对教育的关注依赖于人们作为未来公民的这一角色，也基于一些基本的事情，如：获取理解公共文化的能力、参与社会组织的能力、经济独立、一生都能够自给的社会成员，也依赖于他们能够使自给的政治美德得到发展。而这所有的一切都源于政治的视角。”（Rawls，2005：200）最后，作为社会制度的订立者的国家，以及它所制定的法律，应当关注儿童的教育问题。罗尔斯关于公民身份教育的讨论应该被理解为反映了他所认为在秩序良好的社会中应该具有的公民身份教育的内容。而社会的公正制度和公共政治文化在教育年轻人作为公民的权利和义务方面，扮演着重要的角色。

布莱恩·诺伊费尔德在《政治自由主义与公民身份教育》（Neufeld，2013）一文中也一直聚焦于“秩序良好的社会”需要怎么样的公民教育，什么样的公民身份教育形式、内容才适应这样一个“秩序良好的社会”。同时，他十分强调公民身份教育应注重自由、平等、公平等，这些观点与罗尔斯所倡导的基本相符。此外，他也指出，基于政治自由主义的公民教育只有在诸如美国这种自由民主的社会中才有可能得以实现，并且需要考虑“非理想型”的社会环境。但是，布莱恩·诺伊费尔德同时也指出，尽管完备性自由主义更多的是强调道德自主性，完备性自由主义与政治自由主义在公民身份教育的核心概念上仍是保持一致的。例如，完备性自由主义与政治自由主义在对诸如相互尊重这类“善的概念”都有着相同的诉求。

（一）培养“公民尊重”（civic respect）的政治美德

在政治自由主义的视角下，培养“公民尊重”的公民品格是对公民进行身份教育的基础内容。但是什么是政治自由主义界定的“公民尊重”呢？“罗尔斯在《正义论》中提出的相互尊重的概念与政治自由主义的核心特征是不相容的。这是因为这个观念违反了独立的条件和基本的结构限制。为了替代完备主义相互尊重这一概念，我们提出了一种‘政治’的概念，把它叫作‘公民尊重’。我们认为公民尊重能够在多元社会的自由和平等公民间作为基本观念而发挥作用。”（Neufeld，2013）

对于这一概念的提出，可以从三个方面去理解。首先，公民尊重是有条件限制的，只有公民知晓并承认在现实社会中理性是多元的，只有在承认理性多元主义的前提下，公民尊重才可能成为现实。其次，公民尊重是“认同尊重”的一种。公民尊重是认同尊重的一种形式是因为人们凭借他们作为自由和平等的公民身份。当个体与其他公民伙伴决定基本的政治问题时，这个个体通过考虑到这种身份来表达这种尊重。第三，公民尊重要求公民以一种互惠的标准和方式来决定基本的政治问题，它本质上与公共理性的理念是一致的。因为,这两者都承认理性多元,都是一种特定身份的要求,即只有公民才具备的特性,都是有限制的,只在一些根本的宪法问题、基本正义问题上体现和适用,都反应的是一种平等性和相互性(Neufeld,2013)。政治自由主义的公民身份教育要教会学生相关的技能和必需的观念使他们能在公民尊重的基础上与他人交流。

可见,"公民尊重"是一个以理性多元主义为特征的社会中公民平等合作的基础。基于这一基础,多元社会的自由、平等、公平、正义才得以体现。作为社会成员的公民,当然也必须具备"公民尊重"这一基本的品质。而公民对公共理性限制的普遍尊重,实质上就是对公民基本权利、自由,以及与之相应的义务的尊重,这对于增进社会整体的重要价值是必要的。

(二)政治自主与道德自主

罗尔斯指出:"当政治自由主义赋予所有人政治自主性时,也即是把道德自主性的重担留给了公民自己,让人们独自根据'全能教义'去作出选择。"(Rawls,2005:78)由于政治自主性是与"独立条件"和"基本的结构限制"相符的,因此,基于这一点,它是能够与道德自主性区别开来的。不论人们是否接受罗尔斯关于政治自主性与道德自主性间是存在区别的这一理论上的合理性,艾米·古特曼提出:"这两者间是没有'实践性'的区别的,或者说至少在涉及公民教育上,这两者是没有'实践性'的区别的。"从更普遍的意义上来说(而非政治层面):"这是因为,在自由民主社会中,大部分(如若不是全部)相同的技能与美德是为公民教育孩子所必备的,也是充分的,而这些技能与美德对教育孩子认真思考自己的生活方式也是必要的和充分的。"(Gutmann,1995:573)根据古特曼的说法,教育学生使其获得政治自主就相当于教育他们获得道德自主。

古特曼提出政治自主性与道德自主性间是没有"实践性"的区别的,或者说至少在涉及公民教育上,这两者是没有"实践性"的区别的。为了支撑她的"趋同理论",古特曼进一步提出了第二个论据,这一论据依赖于教授学生相互尊重这一公民美德的重要性。事实上,她认为完备性自由主义与政治自由主义唯一可以辨识的区别就是运用不同的理论基本原则来否认家长们在教育讨论中的观点。因此,古德曼的"趋同理论"坚持认为,虽然基于不同的原因,但是完备性自由主义与政治自由主义在公民教育的核心概念上仍是保持一致的(Gutmann,1999)。

(三)公共理性的塑造

在罗尔斯的理论中,公共理性(public reason)是现代民主国家的基础特征之一,它对全体公民和社会的根本政治问题具有某种强制性。无论是秩序良好的社会还是秩序混乱的社会,都需要将公民塑造成理性公民,以便达成理性共识,形成"公共理性"及"拥有善的理念"。在此基础上,诺伊费尔德进一步提出,因为公共理性是良序社会的基础,所以良序社会公民教育的根本目标是培育理性公民,公民个人具有了这种理性能力,理性才会具有普遍性和一般性的特征。这种理性在本质上是公共的、公民的、民意的,是一种社会约定意识,具有"公理"性质。更是协调人与政治、人与社会、人与人之间文明关系的一种规导性手段,在一定意义上,这种理性也可以说是尊重公民个体利益基础上的公共利益(Neufeld,2013)。要实现公共生活的自由、民主与和谐,就需要公共生活中的公民能够履行这种义务,在公共利益的基础上提出自己的意见,并倾听和接受他人的意见,具有与他人进行公平合作的能力。作为一种道德能力的理性,在这个层面对于公民来说便是一种公共伦理。

"公共理性"是人们能够从事公平的社会合作的根基。人们要在社会生活中获得这种公共理性,教育发挥了不可忽视的作用。"教育的价值不仅仅根据经济效率和社会福利来评价。还要注意到教育的一个作用是使一个人欣赏他的社会文化,介入社会的事务,从而以这种方式提供每一个人以一种对自我价值的确信。"(罗尔斯,1992:101)教育在挖掘个人自我价值,培育自我认同与社会认同方面发挥着重要作用。在公民身份教育中培育公共领域中公民在共享知识资源的基础上各种价值的交流和尊重的传统是极为重要的。

公共理性的塑造,还强调能够培养相互平等、相互尊重地看待他人的观点,即公民尊重的培育。公民尊重更强调主体间的相互包容,在求同存异中达成共识。对于反对我们或我们不赞同的观点,"我们要尽量先努力去理解它;为了有可能理解这种观点,我们要尽量先少一些冷漠甚至敌意,而多一些宽容和尊重;尤其是,来自他者的哪怕是恶意挑战而不是盛情邀请,我们在正当防卫的同时也应该尽量同时视之为一次学习机会,而真正意义上的学习,往往不仅是充实自己,而且是调整自己"(童世骏,2008)。多元社会中公共理性的培育,需要公民尊重这一公民良好政治素养的培育。最终,使公民成为理性公民,并最终上升到社会、国家层面,形成全社会、全国家的普遍理性、共同理性,以为良好秩序的社会(自由民主社会)的构建奠定基础。

政治自由主义视角下的公民身份教育应该教学生成为自由、平等、有责任的公民所必备的技能、概念与美德,还应该教学生与他们息息相关的政治权利与自由,培育他们的理性能力。培育学生成为一个理性的人,具备公民尊重的美德,理解并认可合理多元主义的事实与互惠准则。他们坚信,只有通过公民教育的历程,才有可能将维系民主社会稳定运作的价值体系传承给下一代,也只有在稳定的公共秩序下,古德曼称之为公民个体的"理性的自由"才能得以体现。这种理性自由必须通过公民教育才能培育出来,公民个体自由与社会的正义才能达到最大的平衡点。

四、全球化背景下的世界公民身份教育

全球化使世界的相互依赖性得以加强的同时,产生出全球资本等超越国界的主体,其影响范围覆盖全世界。在民族国家内部,移民和移民劳动者的增加使国籍所属国和居住国家不一致的情况已成为普遍现象,社会成员中的民族和文化的多样性正逐渐扩大。"全球化引发的人口的跨国流动带来了个人身份的多样性,公民身份在全球化世界中正变得越来越国际化和多层次。"(Lister,1997:196)公民身份正在发生变化,狭隘地将公民身份理解为一种国籍属性功能已经远远不够了,这里面的理由有很多,其中之一就是全球化已使人们的多重身份意识得到了发展。换言之,个人身份已经远远超出了国家主义者所提出的单一概念,狭隘地将公民定义为仅仅与国籍相关,正变得越来越不符合现实。全球化和国籍移民已经产生了跨国社区和多元文化社会(奥斯勒、斯塔基,2012:22)。可见,在全球化中,所有人都同时兼有所属国家、社区、世界之公民的特性。也就是说,所有人既是特定国家公民,也是国际社会、地区共同体的一员。

在全球化急剧发展的今天,人们赋予"公民教育"的任务不再仅限于传统的"培养民族国家之建设者"。各国的公共教育不仅需要培养相对独立于国家、积极参与公民社会的"公民",还必须培养出具备全球胸怀、新素质的"国民"。从这个意义上说,怎样培养出国家和区域社会这两个共建社会的建设者和成员,是各国公民教育肩负的重要责任(岭井明子,2012:2)。

(一)从国家主义的公民身份教育到区域公民身份教育

在公民教育的传统研究中,国家公民身份或对国家认同、公民与国家的关系的相关研究是研究的主流。从公民身份的建构以及政治共同体尤其是民族国家的建构,到对公民身份的教育都离不开国家的语境。格林指出,在前几个世纪里,公民身份首先在城邦中然后是在民族国家中发展起来,国家中的身份认同和统一性天然不存在问题,或因对少数族群的意识形态控制或暴力的压迫而减少问题(Green,1990)。因此,传统的公民身份教育主要就是以国家为导向的身份认同教育。"传统"的公民教育是国家主义/民族主义(nationalist)的。就此,纳尔逊提出在学校层面进行国家主义公民教育方案的三个维度:(1)培养对表达国家价值观的仪式、典礼、标志、想法、人的积极情绪;(2)培养作为国家公民的能力(投票、阅读、言论);(3)培养对反国家的国家、意识形态、标志和人的消极情绪(Nelson,1978:142)。

　　许多以国家主义为取向的公民教育致力于在分散的文化和政治因素中形成共同的身份认同(Green,1990)。公民教育的价值在于"重要的是国家的身份认同,这种身份认同是组成本国的国人呈现出区别于其他国族人的特征……他们可以有相同的文化特征,分享相同的价值观、品味和感受。因此,只有在移民者能够接纳这些国民品格时,移民才不是一个国家的问题"(Miller,1993:7)。因此,麦考恩批评道:尽管以国家主义为取向的公民身份认同教育能够形成善的力量、合理的政体和道德共同体,但是,在许多情况下,这种身份认同教育很难达到目标,相反国家认同成为压迫少数民族、少数文化、少数意识形态和少数宗教团体的工具,阻碍独立的批判思考,导致帝国主义、仇外心理和狭隘(McCowan,2009:13)。哈贝马斯也强调"从规范角度看,民主过程深入到一种共同的政治文化当中,所具有的不是一种排斥意义,不是要突出民族的特性,而是一种包容的意义,这是一种自我立法的实践,它把所有的公民都平等地包容了进去,所谓包容,就是指政治共同体对所有的公民都保持开放状态,不管他们有怎样的出身"(哈贝马斯,2002:86)。在公民教育中,协商民主比大多数其他形式民主更进一步。它会教孩子不仅要尊重人的尊严,更要欣赏其在基于道德动机可接受的公民间所起的维持政治合作的作用,这种欣赏反过来也要求孩子们应该"理解他们的同胞的多样的生活方式"(Gutmann & Thompson,1996:66)。

　　随着20世纪后期骤增的移民浪潮和科技的发展,以及经济关系的改变使国家的统一认同受到威胁。以国家主义或国家公民身份认同为取向的公民教育逐步呈现出缺点,而"全球化"意识的觉醒也呼吁公民教育的新形式。于是,公民教育是要培养地方的公民身份、国家的公民身份、区域的公民身份、超国家的公民身份还是世界公民(或国际公民)身份成了一个新近的研究路向。

　　以欧洲社会为例,公民身份在这个新的"全球化"和"后殖民化"的欧洲需要重建"共同体"的概念,这个"共同体"应包含现在个体同时在移动的地方的、国家的、区域的和超国家的环境。乔治在《公民塑造:青年和欧洲的公民身份教育》(Georgi,2008)一文中就提出了是否需要重新思考民族—国家模式下的公民身份以包含一个超国家的欧洲公民身份的问题,以及何种公民教育能回应新的公民身份的要求的问题。为解决这两个问题,文章强调了在公民教育中融入欧洲维度的挑战并审视了旨在提升青年公民身份的欧洲项目。这篇论文在呈现了欧洲社会各国青年人对于欧盟的认知和态度之后,通过最新的对比研究,探讨了在欧洲开展公民教育的微弱根据。提出欧洲的公民教育在基于更有力度的科学依据的前提下,应通过项目的开展去推动,当然要求更有科学的根据。

(二)关于世界公民身份教育的研究

科学技术的发展,尤其是信息与通讯技术的发展把整个世界变成了密切联系的整体。世界的发展对每个国家、每个人都会产生影响,同样,每个人也都有可能对世界的发展产生影响,尤其是许多世界问题的出现,如地球生态的破坏、战争、经济危机等,这些世界问题需要所有国家站在全人类的高度予以重视,并协同解决。世界公民身份(cosmopolitan citizenship、global citizenship 或 world citizenship)的概念应运而生,呼唤新的教育形式以应对。世界公民身份教育是关于如何使学习者在他们当前的环境和全球环境之间建立起联系,它将包括公民身份学习在内的一切作为一个整体(Osler & Vincent,2002:124)。

威廉斯认为,"在可见的未来,民族国家可能继续成为大多数人公民身份链接的点"(Williams,2003)。但她坚持认为,并不需要把国家作为一个想象的共同体的"情感依恋"。世界公民身份的培育呼声越来越强。在《自由民主社会中的公民身份与教育》(McDonough & Feinberg,2003)一文的开篇就提出世界公民是可以并且应该培养的,"我们不仅是生活在自己的本土社区,还生活于世界这个大范围",反驳了"世界公民是伪命题"的说法。玛莎·纳斯鲍姆(Martha C. Nussbaum)认为我们应该培养世界公民,培养对全人类的关心。而反对者认为这种世界性的观点会使人们丧失直接、具体的关心。教儿童成为"世界公民",可能不仅没法使他们世界化,还会导致爱国教育的失败。对此,纳斯鲍姆反驳说,世界公民教育是从爱家人、朋友、祖国推演出来的,所以世界公民教育不会妨碍爱国教育(Nussbaum,1994)。她认为,人们因此应当大量学习其他人与他们的生活方式。只有这样,人们才能超越文化狭隘,真正成为平等共生在同一个世界里的"世界公民"。她进一步指出,我们应当进行一种既强调批判性思维与相互尊重的辩论的教育,也注重多元化,理解与我们在国内以及国际间交往的群体的历史与贡献的教育。最重要的一点是,教会人们怎样严格地、批判地思考、辩论,这样才能唤醒他们自己的意识(Nussbaum,2001:295)。因此,纳斯鲍姆呼吁应当支持这一旨在培养"世界公民"的教育,使公民掌握自己的理性,拓展公民的思维,增强公民的能力。

关怀伦理学家内尔·诺丁斯(Nel Nodings)提出对于世界公民身份的内涵应该进行追问,"世界公民身份——部分定义为激活迄今为止既已确认的关怀事项——是否与国家公民身份具有相容性。我们应该把关心世界放在第一呢,抑或把关心国家放在第一,或者这是一个拙劣的问题?我们的选择应基于现时考虑中的特殊关怀吗?在爱国心与世界公民身份之间,是不是存在着固有的抵触?能否把爱国心重新加以定义,以便除去这项抵触"(Noddings,2008:5)。从关怀伦理学的视角提出世界公民的关怀应超越经济正义,而延伸至社会/政治正义(social/political justice)。在塑造世界公民的教育中必须注意"和平"的概念,事实上,和平与世界公民身份互相缠绕纠结。和平可能是世界公民身份的先决条件;反过来说,为公民身份的教学,也有可能帮助促进和平(Noddings,2008:27)。

2003年,马尔斯特德以联合世界学院(the United World Colleges,UWCs)为例,开展了考察全球公民教育实践的相关研究。这项研究旨在探讨教育世界公民的价值观是否可能,以及如何进行教育。越来越多的研究文献以及国际社会理论(world society theory)和课程理论都在为世界公民教育概念的界定提供资源。通过文献分析、问卷调查和采访,作者阐述了联合世界学院教师教导学生世界公民价值观的教学过程,得出结论:UWCs老师所使用的方法实际上是运用了文献研究中的理论描述,和在实践中创造的全球公民教育的案例(Mahlsted,2003)。麦金托什(McIntosh)认为要教育国际社会成员成为世界公民,必须培育他们具备一些特质,包括"把世界公民的概念与心智、感情、身体及精神习性联系在一起。这些习性与下列两桩事情息息相关:努力去建立并维持关系网以及跨越差异与特性界限之连结,同时还要保持并加深一个人自己的身份和完整性意识"(邱连煌,2008:36),尤其是要培养跨文化沟通的素养。拜拉姆(Byram)就指出,一个真正具有跨文化特质的人,必须对文化之间的接触感兴趣,同时也必须能以批判的视角思考自身民族的文化,再者,发掘有关外国文化的新资讯的技巧,以及掌握适当的社交礼仪,都是必须的。若教育要培养跨文化特质,重点则不应该停留在语言技巧的提升,而应着眼于态度和价值观的改变(Byram,1996)。"世界公民需要学习判断哪些是特定的文化价值观,哪些是普适价值观,此外,他们必须发展参与技能和乐于接受多样性的思想倾向。简言之,世界公民不是与生俱来的,是正式和非正式的教育使人们变成了世界公民。"(奥斯勒、斯塔基,2012:26)

传统的公民教育一直是致力于建立公民对国家的忠诚。"世界公民"教育自提出之后,虽然对人的发展与社会的发展都有良好的愿景,但不少学者坚信:尽管在全球化的背景下,"国民身份"受全球化的影响,会与"世界公民"有着矛盾的存在。但"国民身份"依然是我们身份认同中十分重要的部分(梁恩荣、阮卫华,2011:83)。由于公民教育实践终究要以国家作为行为主体,而国家作为教育行为主体势必仍会强化国家取向的公民身份认同,培养公民对国家的忠诚。若要使当前的公民教育不只局限于本国的视野,而是向外延至世界和人类视野下的认同和关怀,在当前民族国家利益至上的国际社会始终是有理想化的色彩。当然,国家取向的身份认同也必须放置在全球化的视野下去审视。赖恩就明确地指出国民身份需要与全球化并存和相互协调的现实，指出若是有人认为全球公民身份已取代了其他诸如宗教、文化及国民等身份，只是抽象现实的空想；相反，若民族主义被过分推崇，也只会带来排外和缺乏包容的态度（Ryn，1994:100—101）。

参 考 文 献

［德］哈贝马斯：《后民族结构》，曹卫东译，上海人民出版社 2002 年版。

［美］本杰明·巴伯：《强势民主》，彭斌、吴润洲译，吉林人民出版社 2011 年版。

［德］汉娜·阿伦特：《公共领域和私人领域》，载汪晖、陈燕谷编，《文化与公共性》，生活·读书·新知三联书店 1998 年版。

［美］加布里埃尔·A. 阿尔蒙德、西德尼·维巴：《公民文化——五个国家的政治态度和民主制》，徐湘林等译，东方出版社 2008 年版。

［美］约翰·罗尔斯：《正义论》，何怀宏等译，中国社会科学出版社 1992 年版。

［美］约翰·罗尔斯：《政治自由主义》，万俊人译，译林出版社 2000 年版。

［日］岭井明子：《全球化时代的公民教育：世界各国及国际组织的公民教育》，姜英敏编译，广东教育出版社 2012 年版。

［英］奥德丽·奥斯勒、休·斯塔基：《变革中的公民身份：教育中的民主和包容》，王啸、黄玮珊译，教育科学出版社 2012 年版。

［英］恩靳·艾辛、布雷恩·特纳：《公民权研究手册》，王小章译，浙江人民出版社 2007 年版。

［英］德里克·希特：《何谓公民身份》，郭忠华译，吉林人民出版社 2007 年版。

陈海平：《公共领域与人的自由——汉娜·阿伦特的积极公民观及其启示》，《河北学刊》，2006 年第 5 期。

李惠斌、杨雪冬：《社会资本与社会发展》，社会科学文献出版社 2000 年版。

梁恩荣、阮卫华：《公民教育，香港再造！迎向新世代公民社会》，香港：基道出版社 2011 年版。

刘丹：《国际公民教育的视界：主动公民身份再造》，《比较教育研究》，2010 年第 1 期。

Nel Noddings：《公民教育：培养全球性意识》，邱连煌译，台北文景书局有限公司 2008 年版。

童世骏：《关于"重叠共识"的"重叠共识"》，《中国社会科学》，2008 年第 6 期。

Barber, Benjamin. 1984. *Strong Democracy: Participatory Politics for a New Age*, Berkeley: Universtity of California Press.

Byram, M. . 1996. *Describing Intercultural Communication and the Intercultural Speaker*, Occasional Paper for National Foreign Language Centre, Washington, D. C. : National Foreign Language Centre.

Crick, Bernard. 1998. *Education for Citizenship and the Teaching of Democracy in Schools: Final Report of the Advisory Group on Citizenship*. London: Qualification and Curriculum Authority.

Dahl, Robert. 1998. *On Democracy*, New Haven: Yale University Press.

Dalton, Russell J. . 2008. *The Good Citizenship: How a Younger Generation is*

Reshaping American Politics. Washington D. C. :CQ press.

Georgi, Viola B. . 2008. Citizens in the Making: Youth and Citizenship Education in Europe, *Society for Research in Child Development*, 2(2):107—113.

Green, A. . 1990. *Education and State Formation: the Rise of Education Systems in England, France and the USA*, London: Macmillan.

Gutmann, Amy. 1995. Civic Education and Social Diversity, *Ethics*, 105.

Gutmann, A. and Thompson, D. . 1996. *Democracy and Disagreement: Why Moral Conflict cannot be Avoided in Politics and What Should be Done About It*, Cambridge, MA: Harvard University Press.

Gutmann, Amy. 1999. *Democratic Education*, Princeton, NJ: Princeton University Press.

Harber, C. . 1992. *Democratic Learning and Learning Democracy: Education for Active Citizenship*, Ticknall: Education Now.

Heater, D. . 1999. *What is Citizenship?* Cambridge: Polity Press.

Jocuhm, V. , Pratten, B. and Wilding, K. . 2005. *Civil Renewal and Active Citizenship: a guide to the debate*, National Council for Voluntary Organizations.

Kennedy, Kerry J. *Towards a Conceptual Framework for Understanding Active Citizenship and Passive Citizenship*, Unpublished paper.

Kerry J. Kennedy. 2007. "Student Constructions of Active Citizenship: What Does Participation Mean to Students?", *British Journal of Educational Studies*, 55 (3):304—324.

Lawson, Helen. 2001. "Active Citizenship in School and the Community. " *The Curriculum Journal*, 12(2):163—178.

Lee, Jerome. 2012. "Service learning and active citizenship education in England. " *Education, Citizenship and Social Justice*, (7):59.

Lister, R. . 1997. *Citizenship: Feminist Perspective*, London: Macmillan.

Mahlstedt, Andrew. 2003. *Global Citizenship Education in Practice: An Exploration of Teachers in the United World Colleges*, International Comparative Education School of Education, Stanford University.

McCowan, Tristan. . 2009. *Rethinking Citizenship Education: A Curriculum for Participatory Democracy*, London: Continuum International Publishing Group.

McDonough, K. and Feinberg, W. . 2003. *Citizenship and Education in Liberal—democratic Societies*, New York: Oxford University Press Inc.

Miller, D. . 1993. "In Defence of Nationality. " *Journal of Applied Philosophy*, 10(1).

Nelson, J. . 1978. "Nationalistic political education: An examination of traditions and potentials. " *Cambridge Journal of Education*, 8(2).

Nelson, J. and Kerr, D. . 2006. "Active Citizenship in INCA Countries: Definitions, Policies, Practice and Outcomes: Final Report. " London: Qualification and Curriculum Authority [Online]. Available: http://www. inca. org. uk.

Neufeld, Blain. . 2013. "Political Liberalism and Citizenship Education. " *Philosophy Compass*, 8/9:781—797.

Nussbaum,Martha C..1994. "Patriotism and Cosmopolitanism." *Boston Review*, 19 (5):3—34.

Nussbaum,Martha C..2001. *Cultivating Humanity and World Citizenship*,London: Cambridge University Press.

Onyx, J., Kenny S. and Brown, K..2011. "Active Citizenship: An Empirical Investigation."*Social Policy and Society*,11(1):55—66.

Osler,A. and Vincent,K..2002. *Citizenship and the Challenge of Global Education*, Stoke-on-Trent:Trentham.

Osler,A.,and Starkey,H..2006. "Education for democratic citizenship:A review of research,policy and practice 1995—2005."*Research Papers in Education*,21(4): 433—466.

Potter,John. 2002. *Active citizenship in schools*,London:Kogan Page Limited.

Rawls,John..2005. *Political Liberalism*,New York:Columbia University Press.

Ryn, C..1994. Democracy and nationhood, In N. V. Chavchavadze et al. (Eds.) *National identity as an issue of knowledge and morality*, Washington, DC: Council for Research in Values and Philosophy.

Torney-Purta,Judith. 1999. *Civic Education Across Countries: Twenty-four National Case Studies from the IEA Civic Education Project*,Delft:Eburon Publishers.

Williams MS..2003. "Citizenship as identity, citizenship as shared fate, and the functions of multicultural education."In *Citizenship and Education in Liberal-Democratic Societies: Teaching for Cosmopolitan Values and Collective Identities*, ed. K. McDonough,W. Feinberg. Oxford,UK:Oxford University Press.

Wringe,Colin. 1992. "The Ambiguities of Education for Active Citizenship."*Journal of Philosophy of Education*,26(1),29—38.

公民身份前沿

世界主义与公民身份：世界与民族的折衷

托马斯·雅诺斯基[*]

李斯旸/译　郭忠华/校[**]

一、前言

"我们不再是居住在一个由分散的民族国家所组成的世界中。相反，我更愿意把它称作'交织的命运共同体'，因为国家的轨迹已彼此深深地交织在一起。"（戴维·赫尔德，2003：p. x. ）

"……资产阶级，由于开拓了世界市场，使一切国家的生产和消费都成为世界性的了。"（马克思恩格斯，《共产党宣言》，1952：42）

"你是哪里人？"门卫打量着我。我说："我曾经在底特律、洛杉矶、旧金山、达勒姆（北卡罗莱纳州）、韩国和德国居住过。""喔，这么说你是'居无定所之人'！"他俏皮又恼人地答道（我在一所新大学与门房的初遇对话）。

"世界主义乃'旅游达人的阶级意识'。"（克莱伊格·卡尔霍恩，2003）我们常常认为每个人都是世界主义者，因为我们的确如此。那么，能否在以上四则短评和这幅 2010 年《经济周刊》卡车销售漫画之间找到一个共同点呢？本文的旨趣即在于此，即力图在世界主义与世界体系理论之间找到一些共同点。

世界主义具有悠久的历史，它可以追溯至古希腊、罗马以及伊曼纽尔·康德那里，但其在社会科学中仍然是一个新概念：主要得益于英国、德国慕尼黑大学（如 David Held、Ulrich Beck）的社会学家和政治学家以及美国哲学家（如 Kwame Appiah 和 Martha Nussbaum）等的推动。在此不得不提及的是《英国社会学刊》（*British Journal of Sociology*），作为一本综合性社会科学期刊，它引领了世界主义的研究，对推动这一领域的发

---

[*] 托马斯·雅诺斯基，美国肯塔基大学社会学系教授，主要研究比较公民身份、劳工政治。

[**] 李斯旸，中山大学政治与公共事务管理学院政治学博士。郭忠华，中山大学政治与公共事务管理学院教授，博士生导师。

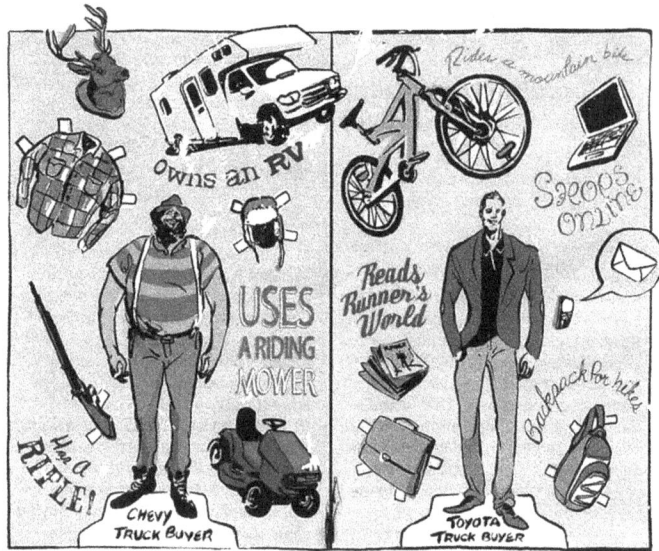

展作出了巨大的贡献（例如 2006、2010 年出版两期专刊）。然而美国社会科学界对于世界主义的关注却十分有限，目前仅能找到罗伯特·安东尼奥（Robert J. Antonio）发表在《美国社会学评论》（*American Sociological Review*）和《美国社会学刊》（*American Journal of Sociology*）上的两篇文章。尽管没有提及世界主义，但美国的知识精英仍然在政治理论和社会学领域探讨了全球化、全球公民社会和普遍正义（universalistic justice）等议题。这一理论在经验社会学研究和社会学理论层面的使用相对较少。然而，这并不意味着世界主义不具有在美国、中国以及世界其他地方产生深远影响的可能。本文旨在探讨这种可能性，并表明在哪些地方这些潜在的影响或挑战最有可能——或者最不可能——发生。我的基本观点是：公民身份存在于世界主义与民族国家之间的中间点上。我将通过以下两部分进行论证：首先，世界主义的理论和方法给我们带来了重要的启示，但需要对它们进行某些修正；其次，在更具体的层面，我会解释多民族国家的本质、治理结构、世界公民权的司法执行、群体代表权以及多元价值等五个要素。

二、世界主义理论的本质

世界主义理论肇始于一种显而易见的理论缺失，是为扩展全球社会时代公民身份和公民社会的理论而诞生的。这种理论缺失起源于世界对当前的全球化程度缺乏清晰的认知。有三种技术变迁深刻影响了全球化进程：一是 20 世纪 60 年代飞机运输业的发展和 80 年代航空管制的解除大大降低了机票的价格，使移民和世界旅游发生革命性变革。二是集装箱货船和 4100 艘拖船在 80 年代投入运力[1],大幅削减了长距离运输的成本。最后——或许也是促进世界主义的最强大技术变革——则是来自互联网的兴起,它提升了以数据和观念流动为基础的全球社会交往的可能性。它尤其改变了服务的供给方式:即便员工们远隔重洋,却有如在办公室中与你比邻而坐一样。航空运输使移民更加方便,集装箱货船使离岸生产更加便捷,互联网则跨越社会的边界,甚至使"边界"本身变得模糊,使服务供给发生革命性变革(Levy & Goelman,2005)[2]。世界主义得益于以上三个过程的推动,并在 20 世纪 90 年代变得成熟和显而易见。这一理论的进一步发展则在于认识到,社会和政治制度尽管在一个预想和期待中的国际公民社会中越来越得到成长,但它们与处于支配地位的全球经济力量却并不匹配。这要求我们探索一种更加广博的有关世界社会的社会和交往理论。

　　本研究的一个重要观点认为,民族国家,这个本身极为有害的概念,已经不再足以承载全球性的思想和行动。有关这一主张的方法论方面将在后文加以讨论,但这一主张所关注的核心问题在于决策层制定的核心。决策制定可以发生在全球、国家或者地方层面,跨国公司和世界"自治市场"现在在跨越民族国家边界的层面运作,民族国家对此或多或少感到无能为力。更具体地说,不是民族国家已经丧失了权力,而是它们以关税或者其他控制方法来行使权力的方式将对其自身的经济增长和进口价格造成极大的负面影响。虽然民族国家在限制方面可能是低效率的,但它们可以引导和加速跨国公司的成长和扩张。世界贸易组织(WTO)最近采取了各种形式的惩罚措施以弥补原来的非正式惩罚的缺点,以便形成非正式市场惩罚与正式贸易制裁相结合的格局。世界主义理论还宣称民族国家在国家和地方层面已拥有更少的权力,这一主张尽管常常被提及,但因为不同民族国家内部的权力和集中程度存在较大差异而变得具有争议。最后,世界主义理论认为,民族国家已被全球经济力量以及影响不断提升的全球公民社会所取代,后者填补了民族国家所带来的治理间隙。

　　金融服务市场是最早迈向全球化的领域,其他市场尽管也在不断走向全球化,但其程度较弱。例如,托马斯·弗里德曼(Friedman,2005)以

---

　　[1]　TEU 是英文 Twenty-foot Equivalent Unit 的缩写,是以长度为 20 英尺的集装箱为国际计量单位,也称国际标准箱单位。通常用来表示船舶装载集装箱的能力,也是集装箱和港口吞吐量的重要统计、换算单位。2004 年全球有超过 100 艘 8000 TEU 货船,2010 年有两艘马士基 15200 TEU 货船。这一单位的使用提升了标准化科学管理的程度。扩宽后的巴拿马运河能够保证这些大型船通航,然而苏伊士运河和马六甲海峡的深度阻碍了它们更大程度的使用。要不是有了它们,哪来的沃尔玛呢?

　　[2]　互联网也增加了劳工的权利,他们可以借助互联网在工厂外集合起来。然而,这项潜在的权利还未被全世界的工人所意识到。

劳动者对于工作的全球竞争来表明"世界是平的",外包和离岸服务等也是全球化的例证。就生产而言,许多产品的生产和服务已从西方工业国家转移到世界各个地区。不只在经济领域,全球性的灾难和问题亦是全球化的有力证据,例如全球变暖、全球污染、艾滋病、SARS、移民问题和全球难民庇护等。

这些主张具有许多有力之处,但也存在诸多不足[1],接下来的三部分将就这些优点和不足展开讨论,并且试图提出一种折衷的立场(a compromise position)以避免被称作"庸俗的世界主义"(vulgar cosmopolitanism)。

三、世界主义的理论主张

世界主义理论既包括理论假设也包括方法论预设,处理起来因而会有些麻烦。理论层面的麻烦包括:(1)要避免对统一性(convergence)的过分依赖;(2)其对于自然权利理论所有预设的全盘接受;(3)轻视暴力与冲突;(4)力图发展一种解释性的社会科学理论。

首先,许多世界主义含有强烈的统一性和功能主义意涵,这从其对"世界"的定义——"一个有秩序的、和谐的、整体的世界"(Merriam Webster,1993:262)——中可见一斑。他们本质上认为,世界主义能够为全球经济和社会提供更富有成效的途径,以实现多重需求。经济全球化即是世界主义世界存在的证据,又是许多社会问题的始作俑者。在一定程度上讲,经济全球化催生了只有发展中的政治结构才能解决的问题[2]。按照米尔森(Millsen)的理解,世界主义主要建立在一致的基础上,较少关注差异性,或者说除了能够回答为什么有些地区(而不是指国家)要比其他区域的全球化程度更低这一问题外,它无法为其他差异性问题提供更好的解释。因此,对于世界主义的统一性、功能主义和系统理论弱点,应持谨慎的态度。

第二,世界主义与自然法和自然权利等关系紧密。必须认识到,自然法的哲学思想与对普世基本权利的形而上学思考关系密切(例如,康德)。这种思想流派在其历史进程中经历了数次起伏(例如在20世纪初以及八

---

[1] 对全球化的批评可见 Calhoun(2008,2010),Fligstein and Merand(2002),Gilpin(2001),Hurrell(1999),Keohane(2002),Leamer(2007),Harvey(2009、2010),Heater(2000),Shapcott(2008),Tyfield and Urry(2009),and Wade(1996)。

[2] 世界主义在贝克的观点里有第一和第二现代性之分。第二或当前现代性的特征之一是:对处于高速发展中的国家的公民来说,现代化或世界主义化的过程是高度浓缩的。对此过程的论述可见 Kyung-Sup(2010),Levy(2010),Han and Shim(2010),Kyung-Sup and Min-Young(2010),以及 Suzuki 等(2010)。从某种程度上说,世界主义不是一种后现代理论,而是第二现代性理论。

九十年代处于低谷）。与此同时，还存在着诸如法律实证主义（legal positivism）和法律现实主义（legal realism）等其他理论体系。尤其是汉斯·凯尔森（Hans Kelsen）将"基础规范"（Gundnorm）视作特定法律秩序的基础，并认为它由许多不同乃至对立的法律体系构成，而非源自统一、一致的基础。在斯蒂芬·佩珀（Stephen Pepper，1942）有关世界的假设里，世界主义更接近于把形式主义或者有机体主义作为理论的基础机制，而不是语境主义（contextualism）。尽管世界主义的自然法思想可能强调其自然性，但法律实证主义和法律现实主义俨然提到了法律和政治这两个竞争者的存在（见附录表1）。自然法的缺陷让世界主义变得具有瑕疵，尽管世界主义的旨趣可能强调自然法传统（Neff，1999；Deflem，2006；Garcia-Vellegis，2006；Gessner，1995；Halliday ＆ Osinsky，2006；Heller，1997，1999；Hirsch，2005；Marks，2008）。[1]

在通往大同世界的道路上，世界主义理论将视线主要聚焦在全球公民社会，并视精英主导的国际性组织和 NGO 为主要行动者。在这些组织中，不仅有类似于乐施会的慈善机构，也有政治导向非常明显的例如大赦国际——它们自然是十分重要的行动主体。然而，在许多情况下，民族国家仍然是推进或违反人权的关键决策者。即便非精英的声音能够被听到，他们通常强调的是经济不平等而非性别或族群的权益（参见关于女性割礼的文献）。不要忘了公民社会中也有追求冲突性目标的组织：考虑公民社会不应发生直接性冲突，它们的存在似乎是异类。换句话说，有许多公民社会组织的目标并不是促进天下大同，它们也并不赞同个人权利的扩展（例如三 K 党、基地组织、国际犯罪集团和反移民团体等）。

因而，我们需要的是一个能够解释全球性利益团体是如何形成并如何互动的理论［例如全球保守主义、社会民主党、全球工会（global trade unions）和妇女团体等］。如果能够解决这个问题，一种由多层级和多边协商的理论便更容易建立起来。

世界主义理论的第三个缺陷是关于暴力的问题。人们似乎普遍认

---

[1]　自然法创立了天赋人权的形而上的观点（例如，托马斯·杰弗逊在《美国独立宣言》中所述："我们认为下述真理是不言而喻的：人人生而平等，造物主赋予他们若干不可让与的权利，其中包括生存权、自由权和追求幸福的权利……"）。然而这一观点受到了来自经验和诞生于 20 世纪早期的逻辑实证主义的挑战。当这一立场面临这些挑战的时候，许多社会科学选择了社会建构主义的路径，认为存在先于本质（例如，社会化理论在这一方面具有广泛的影响力，它认为一个本质主义的自然个体先在于生命实体的诞生）。因此，自然法理论难以在社会科学中操作化。因为世界主义本质上采取了价值优先的立场，所以在人权运动早期，它能够有效地运用自然法。但是自然法无力解释不同权利的基本要素，从而法律实证主义、法律现实主义成为更好的解释工具。例如，追溯到"不可分割的自然权利"并不能区分不同权利安排，识别不同群体的权利偏好，以及不同类型法律和制度的话语结构。

为,世界主义的全球化有助于减少暴力。但大量事实证明,情况并非如此(Doubt,2000;Kahler,2006;Hagan,2003;Hagan & Levi,2005;Hagan & Kutnjak,2006)。世界主义自然呼吁一种有力和有效的全球法律秩序。倡导者们也常常提及世界法庭和对斯洛博丹·米洛舍维奇、奥古斯托·皮诺切特的审判(Deflem,2002,2006)。[1]但是,我们不得不承认,民族国家的法律与司法体系是对全球化的最顽强抵抗(Gessner,1995;Halliday & Osinsky,2006)。不仅如此,世界主义思想家通常认为,过去缺乏全球公民社会(Russell,2006)。例如,20 世纪初全球公民社会的思考者包括柯南· 道尔的《刚果之罪》(*The Crime of the Congo*)以及马克·吐温的《国王利奥波德的独白》(*King Leopold's Soliloquy*)。在后者的影响下,利奥波德国王将他个人的殖民地给了比利时政府并逐渐减少了国家在那块殖民地上的暴行。我们应当明白,法学院往往是大学中国际化程度最低的学院。它们通常是为培养能够胜任国家或省级层面从事法律实务工作的学院。美国则在各州设置律师职业资格考试,从业者必须通过考试才能在该州从事法律工作。虽然这看起来似乎无足轻重,但它指出了这样一个事实,即司法体系不仅在国家层面有所不同,甚至在各州或各省都存在区别。

戴维·哈维(Harvey,2009:81—82;还可见 Hardt & Negri,2009)认为,世界主义理论的先行者乌克里希·贝克和玛莎·纳斯鲍姆实际上隐晦地"支持进一步的新自由主义和加强阶级统治"。卢克·马切尔(Martell,2008:129)更直白地指出,贝克所承认的地方层面的冲突在其有关世界政治的理论中消失了。我们必须要追问,那些因在国家层面制造争端而闻名的利益集团或政治党派,是否会消解在国际层面中。或许世界主义对国际 NGO 和世界政府充满信心,政治党派则不然。

赫尔德(Held,2004:119—51)则认为,冲突本身是世界或全球体系中的重要组成部分。国际刑事法院的确能在很大程度上弥合主权与战争罪行之间的鸿沟,但它们要做的还有很多。赫尔德还发现,人权体制的落实必须:(1)使全球、地区和民族国家之间惯例和制度重叠起来(Held,2004:125—26;Bassiouni,2003);(2)符合下述非正式规范:"一个合法的国家必须坚持民主的某些核心价值"(Held,2004:129);(3)在国际和地区层面更加关注最近不断增长的族群间冲突——正如联合国少数民族高级专员办公室(Office of High Commissioner for National Minorities)所警示的那样。然而,这些机制的确非常脆弱,同时还面临国家主权的隔

---

[1] 事实上民族国家都介入了这两起案子。皮诺切特案始于西班牙法庭请求英国政府引渡智利前总统。比利时法庭对战争罪的判决适用更广泛的审判权,包括伊拉克的反美组织。但在美国的压力下,他们最终让步。

阁。这些世界性或普世性法则通常被运用于政治冲突中的失败方或是非常羸弱的民族国家（例如波斯尼亚、塞尔维亚和卢旺达）。基于正义的缘由、预防的原则、合理的权威等正当性原则，赫尔德重新界定了正义战争与武装干涉，并呼吁改革联合国安理会以发挥更强势的作用（Held，2004：144—152）。然而最重要的是，赫尔德坚持认为：

> 国家仍然是为公民提供安全和福利的最重要主体。在自由的国际主权体系中，不是国际法与民族国家内部管理之间的冲突，而是相互重叠的司法能力、制度和机构——这些机构以保护和培育人权提供必要的行政支持作为旨趣——之间的冲突。
>
> （Held，2003：132）

在他看来，由一个国际政权（international state）来实施权利是既不"可欲"（desirable）也不"可行"（feasible）的（Held，2003：132），国际制裁应当建立在民族国家或者多民族国家（有时处于争端中）对于包括联合国和特定国际 NGO 等组织的一致认可的基础上。

第四，世界主义需要更加具有解释性以弥补其规范性和伦理理论方面的不足。在以社会科学的方式来解释"世界主义化"的过程时，世界主义理论常常以一种功能主义的方式来使用"全球化"术语。解释的方法也就是世界及其组成部分（为避免语义上的纠纷，这里不使用"民族国家"或者"社会"等概念）如何回应全球化需要所达成的一致。个别关于国家的文章（British Journal of Sociology，2010，关于世界主义与亚洲的专刊）可能提及其他因素，但是这些超越国际公民社会的因素似乎是特设的而不是世界主义理论的真正部分（例如马切尔关于政治党派的文章）。这导致世界主义成为一种旨在避免冲突的解释性理论。虽然我非常肯定世界主义理论者会反对这种避免冲突的立场，但其对于全球公民社会和"全球性需求"的过分依赖使之将全球治理置于一种非冲突导向的位置，或者说使之成为一种避免冲突的理论。在这方面，必须认识到存在两种关于公民权利（citizenship rights）兴起和持续发展的路径。

一方面，全球公民权利是作为对两次世界性冲突的修正而兴起的。两次世界大战后，试图建立国际联盟的努力宣告失败，由战胜国领导以及其他西方领袖（伍德罗·威尔逊、富兰克林·罗斯福、温斯顿·丘吉尔、约瑟夫·斯大林）呼吁成立的联合国尽管取得了最初的成功，但仍有很长的路要走（Hunt，2007；Evans，et al.，1998；Bennett，2006；Black，2009）。国际公民社会和特定人物［例如弗里乔夫·南森（Fritzhof Nansen）和埃莉诺·罗斯福（Eleanor Roosevelt）］可能会带来某些影响（见附录表 1 第一部分）。但这种国际影响是间断性的或周期性的，在战后达到高峰后便日渐式微。

　　另一方面,国家公民身份脱胎于一个涉及党派政治权力冲突、社会运动、公民社会、文化价值等组成的解释模型(见附录表 1 第二部分),这些因素使政府将公民权利制度化。这些因此多见于有关福利国家的权力资源和国家中心主义的理论或者其他相关文献中(Turner,1986;Huber & Stephens,2001;Janoski,1998,2010;Cole,2005)。世界主义理论在作有关全球公民身份发展的解释时必须将这些内在过程纳入思考的范围,这不仅关乎理解民族国家和多元民族国家内部正在发生的变化,而且关乎建构一个整体性的全球理论,尤其是在那些内在过程可能趋于衰落的地方。因此,我们需要一个能够解释全球公民身份发展、并将这些政治力量纳入其中的世界主义理论。附录表 1 第三部分的因果图示在这一方面进行了初步尝试。

　　这一路径将全球公民身份看作对经济全球化和金融全球化的矫正(而不仅是追赶)。这是公民身份理论的基本原则,即公民身份权利是应对市场不公和失灵的机制(Janoski,1998;Marshall,1964)。这一矫正受到资本和商业的抵制,但却为那些未在市场分配中得益的人所支持。这种马歇尔式的以阶级为基础的公民身份理论也被性别和种族/族群关注者用来追求更大范围的权利。伊夫林·哈勃和约翰·斯蒂芬斯(Huber & Stephens,2007)的权力集群理论(Power Constellation Theory)有助于形构这一过程。因此,世界主义理论天然地被那些试图推动重要变革的边缘群体所需要,但它万万不可因此而忘乎所以 (Hafner-Burton & Montgomery,2005;Donnelly,2007,2006,2003)。

四、世界主义的方法论主张

　　世界主义理论主张一个全新的分析单元(Beck & Sznaider,2006)。从各个方面来说,方法论是该理论最弱的部分,仅仅停留在很初步的阶段。它的主要观点是,因为所有关涉全球化、公民身份和人权的理论都排他性地以民族国家为分析单元,所以需要一个新的分析单位。常见的例子是保罗·吉尔罗伊(Paul Gilroy)对奴隶贸易时代大西洋的分析(Beck & Grande,2010:428—29;Engle,2008;Sloane,2009;Gilroy,1993)。他们隐晦地指出,在全球化的条件下,太平洋可算作一个新的分析单元。在这个意义而言,分析单元的选择实际上也是一个全球化的过程,或者说是一个不仅包括民族国家在内的各种主体之间相对位置的关系次序。尽管一个明确的分析单位有助于更好地理解全球贸易,但它仍然是一个悬而未决的问题。

　　这一过分强调分析单元的方法论主张是有缺陷的。首先,认为社会科学必须以民族国家为单位是不正确的。例如大量研究以问卷调查和定性研究的方式关注个体;许多研究关注不同主体间的互动关系,例如人口生态学;还有一些研究关注农村、统一人口普查区、城市、亚国家层次的网络和超国家地区等。

其次,世界主义理论批评世界政体理论(world polity theory)仍然着眼于民族国家,但是实际上,约翰·迈耶(John Meyer)的世界政体群(world-polity group)所关注的恰好与世界主义理论不谋而合(Meyer,2010,1980;Meyer et al. ,1997;Meyer et al. ,1992;Boli,2005;Boli et al. ,1999;Boli & Thomas,1997,1999;Bradley & Ramirez,1996;Ramirez et al. ,1997)。他们发现,跨国 NGO 和跨国政府组织在世界范围内产生诸多政治影响,而且他们还运用扩散理论来论证民族国家之间是如何相互影响的(Strang & Meyer,1993)。因而,世界主义者对待世界政体理论显得过于苛刻,忽视了它们对自身许多观点的证明。

再次,世界主义理论也因此批评世界体系理论(world systems theory)。然而,世界体系理论一直声称他们关注的是世界体系本身。所以,这一关注点实际上与世界主义理论所希冀的关注点不谋而合,即世界体系本身是一个社会网络过程,网络在这一过程中能够发挥重要的作用。世界体系研究接下来将分析建立在"物品供应链"上,关注公司与承包商在生产特定类型产品过程中的国际关系(Gereffi & Christian,2009;Gereffi & Korzeniewicz,1994;Bair,2009)。这似乎是对大西洋奴隶贸易的绝妙地操作化。世界主义理论可能因为持有马克思主义的价值立场和对世界资本体系的悲观预测而拒绝世界体系理论,但是却很难拒绝他们关于网络的方法论路径(Arrighi,2007;Arrighi et al. ,2005;Hall,2002;Silver,2003;Wallerstein,1974;Boswell & Chase-Dunn,2000)。

最后,当世界主义理论口口声声地呼吁建立新的分析单元时,民族国家又悄悄重现在他们的分析中。在 2010 年《英国社会学刊》上,克雷格·卡尔霍恩(Craig Calhoun)在其论文的最后一页说道:

> 尽管已经存在诸多有关国家主义的方法论批判,然而,民族国家在一系列研究中的显著地位还是不禁使我们反思它们在何种程度上仍然重要。

(Calhoun,2010:617)

世界体系理论也面临同样的问题。当沃勒斯坦(Wallerstein,1989)考察英法战争时,他借用了密尔的方法来比较这两个民族国家。尽管他和他的同僚们声称他们关注的是世界体系本身,并且将其运用到世界资本体系的网络中,但我们仍然要问:为什么那些不屑于关注民族国家(或者多民族国家)的人却不得不又回到民族国家的分析中去?[1]

虽然世界主义理论主要是在理论层面被关注,但它也需要尝试比较研究和借鉴各种更具有全球色彩的方法论(global methologies)。与其主张向一种新的分析单位转移,不如通过多种分析单位来解释各种复杂现象。方法论对于世界主义理论来说是陌生的,对于分析单元和其他方法论问题至少可以有四种解决之道。

一是分解。研究者可以超越民族国家的视野,去关注亚民族国家(例如美国的"州"、法国的"大区"、加拿大的"省"、德国的"联邦州"等),村庄,教区或者选区等。进而分析民族国家是否具有重要的影响,还是以城市/农村地区的分析更具有解释力,抑或首都和边境城市比内陆城市更具有世界性等。民族国家作为一个变量则可能具有或不具有显著性。例如,在谈论福利国家时,是否较之于以民族国家为单位的美国和瑞典的比较,比斯堪的纳维亚与威斯康星/明尼苏达州等不同区域之间更具有可比性。

二是社会网络。世界体系理论因为关注世界体系本身,而将多种经济单元放置于社会网络的框架中。国家所拥有的影响力取决于它在这个框架中的位置:核心的、半边缘的还是边缘的。另一方面,为了完全避免国家的作用,对于它的分析可以聚焦在人口流动和世界不同地区的合作投资上。

三是多层或等级分析。统计分析方法同时将不同的分析单位纳入考虑的范围(个人、农村、州/省、民族国家、地区、大洋等)。这样的层级分析方法有助于通过不同的分析单元来对不同的变量作出多样化的解释。

四是布尔和模糊聚类分析(Boolean and Fuzzy Analysis):布尔和模糊聚类分析代表了与统计学中反特殊主义相对立的一种分析方式。它采用能够对特殊的案例反映敏感的"多并列因果关系"(Multiple conjunctural causation),因而十分有效(Ragin,1987,2000;Mahoney & Rueschemeyer,2003)。[2]

这里,理论家或许会提出实证主义的问题。在世界体系的分析中,定性的数据并不十分有力,而有限的因果变量则难以验证当时提出的理论。然而,理论和经验研究应协力开发数据、建构理论,使之能够被检验。毕竟,这不就是社会科学要做的事情吗?

---

[1]　这里可能存在对于"解释单位"和分析单位的混淆。

[2]　多并列因果关系通过不同理论来提供解释,在由不同案例所构成的集合中,变量之间甚至可以发挥完全相反的作用。这使得这些案例与情境高度相关,一个变量在某种情境中可能产生正相关关系,但在另一种情境中则可能产生负相关关系(见 Ragin,1987,2000)。因此,多并列因果关系与多元回归分析完全不同。

五、世界主义理论的发展:多元民族国家、治理、法律与身份

在理论和方法论之外,世界主义理论还可以充分发挥其理论优势,在其他许多方面进一步加强。我在这一部分将具体阐明它的五种理论优势以及对它的批判性思考:(1)民族和多元民族—国家的角色;(2)国际公民社会与治理结构;(3)公民权利(citizenship rights)的司法应用;(4)世界主义的群体代表性;(5)西方价值与价值中立。[1]

(一)民族国家的角色已经发生变化

历史的注脚总是习惯性地根据"大人物"(有时候也是"女强人",例如伊丽莎白一世,或者凯瑟琳大帝)来书写。尽管跳出这一视角必须花费些工夫,但不如此社会科学恐怕难辞其咎:"主权民族国家"的视角亦是这般。与其他有些理论类似,世界主义理论也试图超越民族国家来搭建其理论框架,但这绝不意味着从此认为民族国家无关紧要(Beck & Sznaider,2006;Beck & Grande,2010;Newton,2009);这好比将"公民身份的婴孩连同民族国家的洗澡水一同倒掉"(Calhoun,2008:445)一样。民族国家势必要在世界主义理论框架中占据重要一席。[2]

---

[1] 由于时间和空间的局限,在此无法详述第六点关于身份的议题;但这是非常重要的一点,因为世界主义本身便是作为一种自反性新型成员身份而诞生的。当然,它在多大程度上能够超越所谓"世界旅行家的阶级意识"(Calhoun,2003:869;Procacci,2010:16—17;Archer,2010),仍有待观察。赖纳·鲍伯克(Rainer Bauböck,2009,1994)和黄爱华(Aihwa Ong,2006,1999)曾试图建构一种可称做跨国公民身份的理论,这一公民身份理论更加灵活,从而能够给试图回应全球不平等的身份群体提供相应的理论资源。这种以全球为导向的公民身份理论通过一种"积极的国家间相互利益"和"积极构建公平世界秩序的承诺"的方式,要求其公民检视本国的公共政策是否损害他国公民的权益(Parekh,2003:12—13)。乔帕克(Joppke,2010:10—11)认为,当公民身份仅仅意味拥有陪审的义务时,它在美国便无甚实质性意义,例如所谓"公民身份无可避免的缩减"(inevitable lightening of citizenship)。然而,仅意识到这一层是远远不够的,公民身份还意味着生活的巨大变迁。

[2] 如作者(Janoski 2010:255,n. 5)在其他地方所指出的那样,民族国家是一个麻烦不断的概念。在拉丁语中,natio 意指人们或者民族群体,与某种程度的外来移民联系在一起(更不要说每一个国家都体验到或高或低的侵略或者移民浪潮)。一个纯粹的民族概念在现实中根本就不存在。我倾向于使用"多元民族国家"(multi-nation state)概念,因为它更反映了大部分国家的现实。对于那些已经超越单纯人口学意义上的民族国家而转变成为政治学意义上的民族国家而言,情况基本上是各个国家的政府都被一个主流民族群体所支配。这种情况对许多国家来说尽管如此,各少数民族或者亚群体在国家中不拥有权力的情况已越来越少。大部分欧洲和盎格鲁国家都是形态各异的多元民族国家,很久以来,盎格鲁—撒克逊民族就丧失了在美国的支配地位而让位于德国人、爱尔兰人、意大利人、中国人、日本人、波兰人以及其他群体。它现在拥有一位非裔美籍总统。日本由于拥有最低的移民和归化率而最接近于纯粹的民族国家(其朝鲜族在政治上非常弱)。与之类似,中国处于汉族的统治之下(其向南部和西藏的移民有点类似于美国盎格鲁—撒克逊的西进运动),因此大致可以算得上是一个民族国家。

民族国家的这一角色对发展中国家来说更加重要。例如,当世界主义思想伴随全球化渗透进整个西方世界时,中国政府仍然牢牢地掌控着经济、政治的全球化过程,而这正是其实现独立发展与增长的关键因素。中国政府能够根据西方公司(Western corporations)来调整其经济发展方向,以避免受其制约或者操控。这通常以中外合资的方式进行,而不会允许外资公司独占较大的市场份额;即便如此,发展中国家也清楚地意识到,经济世界主义所带来的弊端也在逐步逼近。再者,中国毕竟是21世纪最有潜力的市场主体——这不是所有民族国家都能企及的。

民族国家不仅是重要的决策者,也是一系列数据与信息的生产者:(1)民族国家进行的人口统计是国际人口数据的基础;(2)除了审计,民族国家通过税收、政治档案(political filings)以及其他档案等政府文件来汇总本国的社会、经济和政治数据;(3)为了获得资源,民族国家(及其亚单位)对内征税,然后制定能够对其地理疆界产生重要影响的开支决定,当然,在制定这些决定的过程中也依赖于其他国家和世界;(4)民族国家对其边界的控制依然拥有巨大的影响力(见本页脚注1有关欧盟作为一个多元民族国家体的解释);(5)无论民族国家还是地方政府都是其疆域内唯一拥有合法使用武力的行政单位,因而使得任何国家的居民都对武力和警察行为高度敏感。但是,不论是否合法抑或垄断了暴力,强国都可以超越其边界而在世界范围使用武力。

联合国以及其他志愿团体(例如OECD、欧盟统计局等)会使用(1)至(5)的数据,也会在不得已的情况下自行收集数据。联合国也会参与到维护和平和军事行动中,但是这一过程中强国的介入决定着联合国能否发挥实质性的作用。换句话说,没有独立的全球维和力量。通常说来,联合国的行动能够得到那些希望采取军事行动的民族国家的赞许(例如美军驻扎在韩国、巴尔干半岛,阿富汗战争等)。更重要的是,民族国家在政治行动(3)和军事冲突(5)中采取的象征性或实质性行动,能够引起人们、NGO组织、联合国和其他民族国家的关注。因此,世界主义者和世界体系分析家们不得不重新回到民族国家层面。

但是,或许因为民族国家是进行决策和收集数据的重要单位,它作为相关行动者的重要性被高估了。这带来了两个重要问题:一是社会本身不应自动地与民族国家相等同,有些时候社会的概念大于民族国家(例如欧盟),另一些时候则要更窄(例如比利时的瓦隆尼亚和弗兰德斯)。[1]然

---

[1] 欧盟可被视作尝试成为新型的多民族共同体。它比联合国具有更多的民族国家的色彩,象征和谐、一致的欧元则不是联合国所能做到的。

而,对于它的正确使用则应当注意。二是批评民族国家已丧失其权力或主权在很多方面都有问题。威斯特伐利亚民族国家模式将国家假定为全能的,然而自 17 世纪欧洲条约后,民族国家享有的主权被削弱,出现了弱民族国家。例如丹麦作为一个主权国家在 19 世纪负有对英国和德国尽忠的义务,仅拥有很少的自主权,并且在 1917 年为换取现金而将维京群岛卖给美国。玻利维亚和约旦也是如此。民族国家过去的“主权”在全球化和世界主义理论的语境中被过分强化了。

　　同样,中国也是当今全球化进程中的重要主体。中国是否在此过程中失去了其主权? 我们自然可以说,比起 1839 年鸦片战争至 1945 年第二次世界大战结束的中国,现在的中国更像是一个民族国家。中国对经济增长的蓝图经由合资和技术转移得到了很好的实现。这使中国得以“逃脱资源的诅咒”并加以控制,使之成为世界体系方式的核心(Humphreys,Sachs & Stiglitz,2007)。这样一种对于资本主义和民主的控制模式也成为一种竞争性世界模式,新加坡则是这一模式的先锋。中国则在任何意义上说都全然没有丧失其主权。

　　民族国家衰落的论调还认为民族国家已无力解决诸如环境退化、人口稳定、经济增长、世界和平、国际犯罪和全球恐怖主义等问题(Zolo,2007:48;Held,1999)。也就是说,处在威斯特伐利亚体系顶峰的民族国家同样无法给世界难题提供答案,例如,著名的康德式世界和平(Kantian world peace)。然而,另一方面,当下的全球体制与所面临的困难也不匹配。所以这也不能完全作为民族国家权力和存在意义已经衰落的标识。[1]最后,民族国家本身也是联合国、世界贸易组织、国际货币基金组织和其他国际组织进行全球治理的一部分。当民族国家还未成为全球治理机构时,例如,如果中国和美国拒绝承认联合国宣言或加入国际世界法庭,后者所遭遇的损失要比那两个民族国家本身还要多(Quigley,2009)。

(二)全球公民社会和治理结构

　　世界主义理论呼吁一个包含全球公民社会以及检视国际治理结构的复杂理论。第一,国际 NGO 和跨国社会运动对全球治理结构带来巨大的影响(Beck & Sznaider,2006;Hunter,2008;Kaldor,1999;Smith &

---

　　[1]　将欧盟视作像联合国一样的超国家结构体常常会得出主权正在衰落的结论。哈维说,贝克和哈贝马斯“试图把欧盟看作一种康德式的世界主义结构”(Harvey,2009:83)。另一方面,还可以把欧盟看作一个新兴的民族国家。虽然单一制国家可能不太容易接受这个视角,但是联邦制国家本身就具有多层次的公民身份传统(例如美国的城市、乡村、州、国家等)。因而与其说是主权的衰落,不如说是主权的分享。

Wiest,2005;Brysk,2005;Procacci,2010)。这也包括国际NGO在治理结构中发挥功能性作用。下文有关兑现公民权利的建议中,1/3的方案将直接涉及全球公民社会中的NGO。但实际上,世界主义理论几乎要求NGO在全球公民社会中发挥决定性作用(Carter,2001:77—98;Wilkinson,2005)。例如在世界银行、世界贸易组织、国际货币基金组织等治理机构中,将有NGO作为代表并要求治理变革。与要求治理结构变革等理论不同,世界主义理论将其要求整合进一个以NGO为核心的整全性的理论框架中。在一些情况下,政治也被整合进NGO和社会运动中,有时这成为政治党派的开端。

然而,这些不那么正式的组织能够担负起代议式治理(representative governance)的职能吗?一些知名度较高的NGO有大赦国际、人权观察和国际红十字会等(Hopgood,2006;Bennett,2006)。这两个人权组织有效地进行监督并向政府施压,国际红十字会则提供直接帮助。公民社会组织虽然不甘心仅仅做一个监督者或者救火队员,但它们到底能够在保障公民权利方面做多少呢?就一般情况而言,人们所希冀的是原本由这些组织提供的额外服务变成由永久的、实在的类似于民族国家的组织所保障的公民权。它们的影响力水平因组织的不同而存在区别,先进工业国家(AIC)更有民族国家特色,而新兴工业国家(LDC)则包含更多国际公民社会的活动,民族国家仅在其中发挥微弱的作用(比如受困于缺乏资源或者预算),又或者由于内部局势混乱而无法提供这些公民权利(比如处在战争中)。国际NGO自然可以充当触媒或者临时介入的角色,但是使之成为保障公民日常全部权利的主体则是另一码事。[1]威尔金森(Wilkinson,2005:164)认为,从目前的WTO来看,NGO的内涵实质上非常有限。[2]

第二,世界主义理论能够为提升直接治理提供借鉴。对于这一点的研究较少解释过去的治理状况,而是将重心集中在对于治理机制未来发展的规范性论述上。戴维·赫尔德(David Held)提出了五种适应于经济发展的政治机制安排,分别是:(1)联合国大会应具有"紧急情况下减缓危机的动议权"(Held,2003:477);(2)区域性议会应对区域经济和其他政策具有决策权(例如欧盟);(3)功能性国际组织(FIO),如世界贸易组织、

---

[1] 有人倾向于将国际组织看作美国民权同盟(ACLU)。国际公民自由联盟(ICLU)以违反公民权为由向法庭施压。大赦国际与之类似,但它更注重揭露人权状况、共享人权信息,而不是直接采取行动。

[2] 有关NGO的讨论一直停留在泛泛而谈的层面。NGO可以包括志愿组织团体乃至微软或者沃尔玛公司等。即便在志愿团体(VA)内部也有志愿成员组织和利益团体组织的区别。并且这些NGO或者志愿团体(VA)或许会发展成为政治性的党派,然而这一般发生在国家层面。

国际货币基金组织和世界银行等，应向公众开放监督权，并且通过增加民选代表参与议程设置；[1]（4）全民公决应超越国家的边界而应用于地区和全球层面，以推广"世界主义关怀"的核心思想（Held，2003：477）；（5）应成立一个世界范围的法律实施组织以维护和平，并监督以上（1）—（4）条建议的实施。

通过这样一种世界主义的单边主义，以上建议能够将政治提升到比经济更高的高度（Held，2003；2004：94—114）。[2]上述观点（1）的 100%、观点（2）的 75%、观点（3）的 50%、观点（4）和观点（5）的 100% 都是反事实论证。

奥拉夫·科里（Corry，2010；Shaw，2000）提出了一个稍微不同的全球政体模型，类似于一个拥有共同治理目标、统一而不是层级式的中央组织、去中心化的身份认同，以及集中度低但是密度高的权力分布的世界国家形式。这样一种介于科层制和无政府状态下的国家形态将 NGO 视作世界治理的重要途径。然而，以上这些建议不是对全球政治经济领域毫无影响的解释性社会科学，而是力图形塑一种不同的世界主义理论视角下的未来世界政治形态。[3]全球治理可以在其中起到许多不容忽视的重要作用（例如邦联制、联邦制或者集中制）。

最后，我将对 NGO 在全球治理中的不足展开讨论，这常常是被忽视的一点。迈克尔·邦德（Bond，2004）指出，"NGO 就如其他政治团体一样，需依赖于成员的捐款和回应他们的政策诉求"，它们"喜欢哗众取宠，毫不掩饰的勾心斗角亦是常态"，尤其是在为争得媒体关注时（Bond，2004：279）。西达·斯考切波（Skocpol，1999）也指出，存在如下的特例，一些倡议团体可能除了一个富有的赞助人及其助手外便没有更多的成员。其他一些案例表明，NGO 可能并不是如筹款时所宣称的慈善组织。在许多国家，这样的慈善组织完全由国家资助，在另一些国家则附属于私人的基金会或者慈善机构（Reimann，2006）。况且，假定 NGO 都有相互

---

[1]　功能性国际组织偏爱职业性和代表性团体，对此埃米尔·涂尔干在《社会分工论》中有详细论述（Durkheim，1893，1997；Turner，2006；Martell，2008）。涂尔干的"社会分工的异化形式"即类似于贝克的消费主义或者蜕化的世界主义理论（derogatory cosmopolitanism）（Calhoun，2003：889）。

[2]　赫尔德还论及两个重要的元原则：其一是自主权（MPA），意指人们有能力自决和进行某种程度的自治；其二是无偏倚性推理（MPIR），与罗尔斯的原始状态、哈贝马斯的理想对话情境和巴利的无偏倚性推理相近似（Held，2003：471—472；以及参考 Fine and Smith，2003）。

[3]　世界政体理论还支持"超国家无政府联盟的视角"，强调国际 NGO 在自治系统中的作用（Meyer，2010：6—10）。

冲突的补充性目标是不可思议的。[1]特别是在近期,由于NGO正逐步体现出较大的影响力,人们得以观察具有多重目标和方式的NGO是如何影响政治系统的。

(三)世界公民权利的司法落实

世界公民权利的存在对世界治理和法律机制提出了前提要求。在过去,公民权利的执行权掌握在民族国家手中,而在将来这则是一个暂无定论的议题。公民权利的履行至少可以有以下五种方式:(1)国际行政管理;(2)跨国网络及合作;(3)行政权分配;(4)政府间—私人混合行政管理;(5)私人部门(Kingsbury et al.,2005:20—23)。这些实施机制在实践中将更多地作为独立的行政和刑法机构。

第一,全球政府可以直接进行国际行政管理。金斯伯里等(Kingsbury et al.,2005:21)举了联合国安理会制定约束性判决的例子,约束性判决大多采取制裁和直接军事行动等形式,与民族国家相关。这些决定由安理会作出,安理会成员则主要由西方核心国家所组成。国际法庭自1998年诞生以来采取了与之同样的模式。由国际法庭审理的案件大多比较特殊,例如战争罪和种族屠杀。温和一点的司法介入则发生在欧洲和北美地区,北美自由贸易协定(NAFTA)的司法介入尽管"比通常所认为的更加高级",其影响力仍然非常微弱(Westbrook,2008:350)。据全球政策论坛(Global Policy Forum)介绍(Paul,2010),NGO将会对联合国安理会和国际法庭带来更深远的影响,但这种影响在很大程度上仍然是非正式的。[2]

第二,跨国网络可以协同民族国家,在全球决策结构的框架下以非强制性的方式合作。金斯伯里举了巴塞尔委员会与其他中央银行合作的例子。他们制定政策,中央银行相互配合执行。类似的合作形式也存在于WTO法律和其他协定中,这些合作都较少或者完全不使用制裁这一形式,而都通过公民社会进行。那么,这一类似的形式能否推广到全球范围,通过全球公民社会来维护多种公民权利呢?巴塞尔委员会的例子中,中央银行只有少量而且相似的目标,而公民权利则常常要更加复杂。

第三,当民族国家的管理机构与国际NGO协作制定政策时,便涉及行政权的分配问题,反过来又牵涉到这些管理机构与更多民族国家进行

---

[1]　2009年底的WTO日内瓦会议授权来自超过60个国家的450家NGO参会。来自加拿大的猪肉、食糖以及五家食品供应商协会,与来自法国、阿根廷、德国、多哥等国的课征金融交易税以协助公民组织(ATTAC)如何达成一致?又将走向何处?(WTO,2009)

[2]　我们应当认识到,NGO组织可能感到其全部力量主要基于道德和政治方面的理由。然而,当政府机构在众多NGO中进行挑选时,它有可能选择那些对其自身目标影响最小的NGO及其领导者。我这里不是有意挑起事端,而是想弄清楚选择的依据何在。

行政权力再分配的问题。WTO 的上诉机关便是如此(Alvarez-Jimenez，2009)，但是 NGO 并不能对 WTO 施加很强的影响力(Reimann，2006)。这与国际人权组织(international human rights regime)对庇护和难民事宜的处理相似。莉迪亚·莫里斯(Morris，2009，2010)以庇护和难民问题为例，提供了一个介于世界主义与更加自私的国家之间的范式。尽管联合国难民署(UNHCR)拥有较少的执行权，但他们可以督促民族国家对庇护寻求者采取一种更加宽广的世界主义视角，通过大赦国际和人权观察对各国人权状况的评估，国际公民社会实际上使民族国家及其公民置于一个更加开放的移民政策当中。在一定程度上讲，正是因为 UNHCR 在许多国家都成功地做到了这点，因而也不幸招致了对难民政策的抵制(例如德国在 1990 年早期对难民法的修正)。然而这仅仅是将世界主义的方法应用于人权问题的例子；尽管如此，也反映了行政权分配的另一条路径：由 NGO 充当监督者、以非正式的方式针对庇护寻求者实施可欲的政策，而不是通过执行权强制执行。这些是 NGO 与民族国家仅保持松散联系的绝佳例证，联合国的制裁权威则使其对单个民族国家政府保障公民权拥有足够的压力。

第四，所谓混合的政府间—私人行政权是指：NGO 向联邦政府传达和反馈信息，联邦政府形成政策，然后将其扩散到更高层级的全球政府。反过来，政府组织再对 NGO 成员发布具体标准。这反映了 NGO 与全球政府在人道主义服务上最普遍的互动关系。

第五，由 NGO 形成的私营政府(private government)合作常常被世界主义理论者所引用，但这一形式该如何组织则是一个问题。金斯伯里等人(Kingsbury et al.，2005)列举了进行食品安全规制的国际食品法典委员会以及对互联网进行管理的互联网名称与数字地址分配机构的例子。关于各种 NGO 如何能够合作的国家性例子是美国的律师协会，以及英的寺庙协会。二者都是全国性的协会，以私人组织的身份参与两个国家司法方面的专业事务。他们遵从清晰的职业规定，并对违规分子(违规行为)进行自我管制。因而总体而言，大部分专业性职业团体都是私人协会出于公共目的进行活动的(例如美国和英国的医药协会)。假以时日，未来全球性的职业协会或许也能够如此。[1]

第六种形式是许多欧洲国家通过雇主协会、劳工联盟与政府在福利国家以及产业关系方面进行新法团主义谈判。这一形式也存在于全球层面，它实际上绕开了民族国家的政府。新法团主义的确能够直接通过

---

　　[1]　这类似于"新乌托邦"计划所提出的一个联盟理论(Wright，2010；Fung & Wright，2003)。亨特(Hunter，2008：456)发现一个包含"纵向和谐、横向博爱"的关于"监督与执行"的议程。

NGO 来执行政策,例如德国政府的补贴系统便是通过政府向天主教堂、新教堂和社会民主党(针对穆斯林)等来代理健康服务的。

落实全球公民权利需考虑以下两个关键性问题。一是 NGO 被提升为主要和重要的行动者。但是,如戴维·赫尔德所说的"从城市到全球协会的一系列论坛"(Held,2003:115)是否有足够的能力和凝聚力来履行这一角色呢?"命运交迭的社团"(Held,2003:x)能否处理这原本需要国家强制权力才能完成的艰难任务?尽管所有事情在理论上都是可能的,但是要实现这种与组织和国家多元连接的强大网络则是困难的。就目前而言,国际公民社会中还没出现这样的组织网络。相反,大多数组织都是各种形式的利益团体(例如大赦国际)或者是无代表性、半独立性的由超强国家提供财政支持的官僚机构(例如世界银行和国际货币基金组织)。因此,国际公民社会组织通过通行标准来施行的"多层次和多维度"的公民身份(Held,2003:114)似乎还面临着很大的挑战,并且这一做法只是发生在困难情形下确保权利和履行义务的早期。在 NGO 与全球政府之间还有许多问题以及判决准则的内部矛盾等有待解决(Ginsburg,2009;Leinhard,2009)。即便在欧盟内部,法官也几乎不引用周边国家关于赦免的法律条文以进行本国的判决(Lambert,2009:542)。而且民族国家可以在国际组织作出对其不利的判决时宣布退出(Quigley,2009)。这不意味着像大赦国际这样的组织无法发挥实质性作用,他们尽管有一定的影响力,但无法在一个或多个民族国家中强制执行,并且许多民族国家也不愿交出其境内的这些控制权。

另一方面,一个完全掌控暴力(或者对合法暴力的有限掌握)的世界政府是能够做到这些的,但这种类型的世界政府会制造大量的反对势力,并且似乎并不存在于当前的现实中(Miller,2002,2007)。在美国,反对联合国的呼声在大多数保守主义圈子中已是相当高涨,他们的基本想法是,除了安理会,分量无足轻重的诸多加勒比国家就可以在票数上胜过美国(Preuβ,2008)。

二是为确保公民权利的落实,还需要 NGO 以外的执行机构。但就目前来看,以上六种执行机构的形式仅为我们提供了关于公民身份政策的少数选择。在国际法庭中,直接的政府行为仅有种族屠杀罪和战争罪。其他五种模型则主要是关于经济法的行政权。仅有很少一部分涉及公民权问题,最重要的即是联合国难民事务高级专员和难民政策。在这个意义上讲,世界主义视角下的公民权落实(与经济或其他形式的制裁相区别)仅占 25%,而民族国家则填满了剩下的四分之三。更可能的情形是,在敦促履行公民权利与义务方面,对于发达国家来说,全球政府补充而不是取代了民族国家的作用,其对于发展中国家则更像一个确认公民权利与义务的最高法庭,自身并不直接提供公民权保护。NGO 的出现可以弥补这个缺漏，但仅作为倡导者或服务的提供者，而不是法律意义上的担保者或执行者（第四、五项的私人政府和混合执行系统除外）。

为了使世界主义理论更加完备，还需考虑建立一个包括由全球执行、司法原则、多元法律文化和民族国家组成的、有效履行其职能的解释性的落实模型，这一模型有助于公民权利在全球层面的落实。同时，在公民权利得到全球落实之前，这一理论还需要处理全球法律原则与民族国家所坚持的文化之间的矛盾。一种完备的社会科学理论应能够解释这些过程和引领未来的趋势。

（四）世界主义理论的群体代表

在公民社会、劳工及其他社会运动的群体代表（group representation）之间存在着一种令人费解的分离现象（Webster, Lambert & Bezuidenhout, 2008）。许多全球公民社会组织是由具有西方背景的人组织的，他们缺乏直接代表欠发达国家成员的能力，而在发展中国家，这些公民团体往往又非常脆弱。发展中国家的公民权由本国的非民主或者有限民主政府所代表。其中有两点被忽视了：一是基层参与和 NGO 以及其他团体的领导权发展程度很弱，或者它们实际上由西方组织的雇员所组成。特别是当这些组织大放异彩的时候，劳工组织却好似被忽视了。在一些发展中国家，劳工组织是被禁止的；而在另一些国家，劳工组织则是被限制发展或者直接由国家掌控（例如，有关中国的国际劳工关系文献就表明了这一点）。有一些劳工组织统一由工会代表，例如印度。另一方面，经济全球主义者和世界资本家为了追逐更低廉的劳工成本而很少依赖劳工组织。

国际劳工组织（ILO）声称：

> 工作是人们生活的中心。无论生活在何处抑或从事何种工作；男性和女性都将工作看作检验全球化成功或失败的"试纸"。工作是尊严、稳定、和平、政府以及经济系统公信力的来源。
>
> （ILO, 2004:6）

许多组织与国际劳工组织（ILO）有着类似的发展史，还有一些组织则在先进工业国家（AIC）和新兴工业化国家（LDC）中被边缘化。无论在何种视野中都很少有全球层面的联合会，但南半球全球化和工会权利促进会（SIGTUR）是一个例外（Webster, Lambert & Bezuidenhout, 2008）。该协会已经成立 16 年，由国际自由工会联盟（International Confederation of Free Trade Unions）的年度会议发展而来，至今已成为南半球国家民主联合网络（Herod, 2001; Tarrow, 2005; Silver, 2003）。韦伯斯特（Webster）等人发现，应将全球化植根在全球范围数以亿计劳工群体的日常生活和成员身份中。如果对由西方精英们主导的世界主义公民社会抱以太多的信心,势必带来恶果——无论他们的意图有多么冠冕堂皇。更讽刺的是,全球的跨国公司仅在西方国家设立工会,而不顾南半球发展中国家更穷苦工人的诉求。这其中也包括中国,中国的情形是工会由国家控制并且压制自由工会的发展。2010 年前后南海本田和富士康公司的劳资冲突事件表明公民权问题的严重性(US Congress,2010)。因此,由西方精英来间接代表不是问题的出路,世界主义理论在这方面似乎更有前途。

跨国公司的表现也从反面推翻了民族国家已丧失其重要性的论断。公司的界限并没有消退,反而在保护财产权,尤其是精英财产权方面(相比于医疗卫生,与贸易有关的知识产权和精英财产权利更多地在全球层面被提及)正逐步发挥着更加重要的作用。21 世纪的新型间谍是那些窃取其他公司商业情报以增加本公司利益的商业间谍。但与此同时,公司的权利也由此得到增强,尤其近期美国最高法院决定,公司将具有独立自由的法人地位,拥有言论自由权以及拥有不受限制的参与政治竞选的资格(Citizens United v. Federal Election Commission,No. 08—205)。[1]

(五)规范理论中的西方价值观

现代意义上的规范与实证之争发端于马克思主义,后经新马克思主义和女性主义的观点进一步发展。对韦伯"价值无涉"原则的讨论众说纷纭,几经起落。然而我这里仍想就世界主义理论发表一些看法。首先,世界主义理论被指责成代表西方或核心国家的利益,更有甚者直言其为资本主义利益(后一种论点显然会遭到他们的强烈反对)。然而,从七国集团到世界贸易组织、国际货币基金组织,这些新的国际组织无一不是参照西方现代化国家,依照自由主义政治理论进行运作的。[2]

其次,世界主义理论更倾向于根据全球社会民主的视角来运行,并不是所有西方国家都被囊括其中。多数保守主义者和许多政党中心论者对于世界主义理论的兴趣并不如他们对全球民主或公民社会理论那么强,这种情形仍将持续。例如福克斯传媒帝国、鲁伯特·默多克和拉什·林博显然不能代表世界主义的关注。实际上,共和党的新保守主义运动,尤其是在乔治·W. 布什任期内的新保守主义的发展,清晰地表明了一种反世界主义的倾向。对他们来说,更大的联合国权力好比是一种诅咒。

---

[1]　中国的情形有所不同,尽管中国政府有强大的职能和清晰的界限,但在中国的外资公司却因必须与中资企业联合经营,歪打正着地少了许多限制。其结果便是这些"联合"公司界限的消解或削弱,这将有利于中国工商业的长期发展。然而,公司的界限并不会因为全球化而消失,相反,它们会变得更加明显。

[2]　霍克(Falk,1995)称其为"自上而下的全球化"和"自下而上的全球化"。

第三,世界主义实际上是西方政治意识形态的反映,因而无法为亚洲、非洲国家所共享,而更有可能成为一种新的强制。例如,世界主义的民主论调与世界上众多穆斯林国家的实际情形并不一致(Dannreuther,1999;Falk,2007)。在回答"世界主义是否与伊斯兰教相匹配"时,拉贾·巴鲁(Raja Bahlul)说道:

> 因为多数伊斯兰教信徒都坚定地反对世俗主义,因而问题实际上是:如何在一种声音中既讲伊斯兰教,又讲世界主义,还讲民主呢?
> (Bahlul,2007:536)

另一方面,西方对于人权问题的关注向来在中国和新加坡等国遭到不友好的回应或冷漠的忽视(Feng,2007;Shu-Chen,2007;Zhenmin & Zehnghui,2007)。但自"2008年金融危机"后,许多亚洲国家开始质疑"以市场为导向"的自由主义及其民主价值,提出"国家主导"的经济增长以及有限扩张的民主价值。[1]许多亚洲的有识之士将政治民主加上"完全自由市场"的经济个人主义视作一种有缺陷的发展模式。

因而,无论从其内部还是外部来讲,规范意义上的世界主义都面临着强大的反对声音。尽管这些声音背后存在诸多变化无常的力量,但是其中的强音至关重要,需要更多的反思。

(五)世界主义理论对公民身份的影响

世界主义在理论上对公民身份理论提出了挑战:世界主义理论要求公民身份超越民族国家的界限,而相对封闭的、需要国家或政府强制履行权利和义务等观点恰是公民身份理论的基石。假如缺少一个具有惩治权利的机构,权利便仅仅取决于公民美德,因而易遭到严重侵蚀。这一判断建立在马克斯·韦伯"开放和封闭关系"的概念之上,后在罗杰斯·布鲁贝克关于法德公民身份的开创性研究中得到进一步加强(Brubaker,1994;Janoski,1998)。

但是,世界主义理论在要求公民身份理论放弃民族国家的同时,又出现了新的问题:谁来落实公民的权利与义务?因为民族国家是暴力的唯一合法垄断者,因而在履行公民身份的规范和行为方面处在强势地位。下述地方的权利和义务将来自何方:谁将承担或支付在喀麦隆或阿富汗的社会保障和医疗保障开销?本国政府已经指望不上,而国际NGO对

---

[1] 这便是所谓"亚洲价值"(Asian values)的争论,即以国家主导或威权方式实现经济发展和有限发展的民主模式。关于这场争论的不同观点,详见 Zakaria(2003),Falk(2007),de Barry(2000),Sen(1997),Huntington(1998),以及 Park and Shin(2004)等文献。

此又闪烁其词。除了其政府，谁又能在专制的民族国家内部执行法律和
政治权利呢？国际舆论或许对其有些影响，但也无法阻止他们停止暗杀
或者捏造罪名等行径。简言之，世界主义理论在缺乏民主基础的国家将
面临"执行赤字"的困境。

取代民族国家的不可能是世界政府的出路。联合国不可能在世界各
个国家拥有行使武力的权力，也不可能拥有确保公民权利和义务得到落
实的法庭或其他司法机构。地区性议会则主要在协商或咨询阶段发挥作
用。尽管世界主义理论或许会声称这些机构将在日后得到逐步发展，但
有一点是清楚的，即它们不可能成为一个拥有"武装部队"或"司法或行政
机构"的世界政府，成为在地化的"服务供给"者。[1]最好的情形是世界政
府组织以独立的身份存在，能够：(1)当民族国家无力维持本国和平的任
务时，提供特殊的军事维和任务；(2)提供关于政府治理的全方面指导，或
通过政府及 NGO 在资金使用方面提供帮助；(3)针对整体性的法律原则
发布具有最高法院效力的法律指导意见，对违反人权的犯罪行为具有起
诉和定罪的权力；(4)为基础设施建设或者示范性工厂和服务提供专项
资助。

与此类似，国际 NGO 也应为提高全球居民的福祉提供特殊帮助，它
们同样不可能做世界范围的在地供给主体。

世界主义理论的问题是，它没有为自己找到公民权利与义务的全面
合法性基础。事实上，作为世界主义机构的法律、社会保护以及政治组织
等并不以保障公民生活为目标。然而，世界主义的政府、政体或者公民团
体等能够对公民身份产生重大影响，尤其是在其创设或将其推广到边缘
组织时的合法性论证过程中。至于在提供服务和相关帮助方面，世界主
义机构主要负责"开具社会保障支票"(print a social security check)、"开
出令人激动的目录"(operate on an inflamed appendix)、"允许其他组织
竞争职位"、"提供基本教育"，等等。在执行公民义务和责任方面，世界主
义组织则主要对社区暴力提供法律援助，为支持个人权利提供法律诉讼，
并为切实保障公民权利而采取政治行动。世界主义组织越是抽象，便越
少触及实质性的服务，而具有更多的合法性。

这不意味着联合国和其他 NGO 不重要。实际上，世界主义组织是
许多志愿组织权利和义务的重要基准。但是对于具体的公民权利落实而
言，它们显得太过泛泛。正如特纳(Turner)所说，公民身份"建立在付出
以及责任与权利的相互关系上"，服务于它们的机构需要以积极支持或消
极规制的方式提供支持。他继续论证道，人权"并没有清晰的责任"

---

[1]　见莱恩(Lane,2006:71—74)对打击国际犯罪的论述，包括国际刑警组织在打击洗钱、
有组织犯罪和恐怖主义活动等方面的努力。他认为以上活动的效果有限。

（Turner,2006:146），并且明晰这些责任的可能性非常渺茫。如果这些执行机构能够在全球层次上运作，它们会在具体的微观共同体层次上面临难以解决的困难。因而，总而言之，世界主义理论需要民族国家、多元民族国家、地方政府、NGO 以及其他利益团体的共同协助。

　　但是，一旦世界主义组织的有限作用得到承认，它们将显得更加具有宝贵的价值。世界主义、世界政府、国际公民社会等需要与民族国家以及处于半途发展的全国公民社会一起，满足公民身份的要求。当世界政府真正建立却不能发挥世界主义理论所担保的崇高作用时，民族国家需要为此放弃部分主权。这不是民族国家的"衰败"，恰恰相反，这正是"世界"（kosmos）与"国家"（nations）之间富有效力的折衷。最终，多元民族国家仍然是公民权利的提供者和保护者，为实现公民权利而存在；而全球世界主义机构则是调试公民权利迈向新高度的有力机制，并纠正多民族国家偏离保障人权的轨道。与此类似，世界主义机构能够处理关乎每个个体或所有公民的全球性难题，例如全球气候变暖、国际经济争端、全球疫情等。此类"世界危机"在上一个世纪尽管陡增，但它们并没有限制公民身份的发展（Beck,2005,2006）。公民身份应成为多元民族国家追求与世界性问题的平衡点。[1]

六、结论

　　戴维·赫尔德的著作（Held,2010）讨论了世界主义的理想与现实，他为塑造和发展新的人权体制和全球法律政治体系提供了一个理论和实践上的全球政治解决方案。然而，这些法律和制度的现实却缺乏世界主义的视角。他的改进方案则进行了超越。通过分析"2008 年金融危机"、气候变化进程和阿富汗以及伊拉克战争，他声称，"现实主义的政治已经完结"，"世界主义则是新的现实主义"。罗伯特·吉尔平（Robert Gilpin）将他的路径称作"新中世纪精神"（ncw medievalism），其中最有势力的NGO 要数俄罗斯黑手党和美国步枪协会（Gilpin,2001:398；还可参见Held,1995,"为新中世纪秩序"所写的文章）。赫尔德的方案需要一种新的世界主义法律与多层级的公民身份和民主。回顾世界的金融、安全和环境等方面，我们发现世界主义理论似乎曾寄希望于经济组织能够粘合其他组织，事实证明，这只能是妄想。

　　本文无意预测目前享有强大权力的机构日后是否将逐渐枯萎，但最有可能的结果是，世界主义的治理和公民社会将与其他多元民族国家和

---

　　[1]　这可被看作与"宏观世界主义理论"相对的"有限世界主义理论"，但我认为其中包含了更多因素的综合，而不是简单的化约或简化。

重要民族国家共存（Delanty，2006：61）。单一民族或种族的国家目前已非常罕见，特别是在全球移民盛行的欧洲（英国、法国和德国），但是在世界的重要地区（如中国和日本）仍然存在。世界主义组织将成为保障全球公民权利的重要机制，但多元民族国家和民族国家仍然肩负着落实和保障公民权利与义务的重要责任（类似的分析请见 Webster et al.，2008）。与各种不同的宗教、种族或者哲学立场一样，自然权利理论当前（或许不可避免）是世界主义理论有力的理论基础。但法律实证主义和现实主义具有更坚实的法律过程主张。以上两种路径各有其优劣。世界主义或其他以自然权利为基础的理论容易面临理论上的模糊性和操作上的随意性等问题，因而增加了公民权利实现的难度和不确定性。相比而言，寻求世界主义组织与多元民族国家权力安排上的平衡，或许才是应对全球化世界的可行之道。

最后，我还要再一次强调，世界公民身份中最重要的关注点是它的落实。国际政府（例如联合国、国际法庭、联合国难民署、世界贸易组织、国际货币基金组织等）履行了小部分公民权利落实的职能。国际 NGO 直接提供服务、制造压力，并参与到前述六种模式中的两种中来以协助公民权利的落实。国际组织需要进一步扩展，但与此同时，民族国家仍旧在全球公民权利落实方面扮演着重要的角色。

参 考 文 献

Alvarez-Jimenez, Alberto. 2009. "The WTO Appellate Body's Decision-Making Process: A Perfect Model for International Adjudication." *Journal of International Economics Law*, 12(2): 289—331.

Appiah, Anthony. 2006. *Cosmopolitanism*, NY: Norton.

Archer, Margaret (ed.). 2010. *Conversations about Reflexivity*, Milton Park, UK: Routledge.

Archibugi, Daniele. 2008. *The Global Commonwealth of Citizens: Toward Cosmopolitan Democracy*, Princeton, NJ: Princeton University Press.

Arrighi, Giovanni. 2007. *Adam Smith in Beijing: Lineages of the Twenty-first Century*, London: Verso Books.

Arrighi, Giovanni, Beverly Silver and Benjamin Brewer. 2005. "Industrial Convergence and the Persistence of the North-South Income Divide." *Studies in Comparative International Development*, 40(1): 83—88.

Bahlul, Raja. 2007. "Is Constitutionalism Compatible with Islam." in Pietro Costa and Danilo Zolo (eds.), *The Rule of Law: History, Theory, and Criticism*, Dordrecht: Springer.

Baily, Martin and Robert Z. Lawrence. 2004. "What Happened to the Great US Job Machine? The Role of Trade and Electronic Offshoring." *Brookings Papers on*

Economic Activity,2;2004;211—284.

Bair, Jennifer, (ed.). 2009. *Frontiers of Commodity Chain Research*, Palo Alto;
  Stanford University Press.

Bassiouni, M. Cherif. 2003. *Introduction to International Criminal Law*, Ardsley, NY;
  Transnational Publishers.

Bauböck, Rainer. 1994. *Transnational Citizenship*, Aldershot, UK; Edward Elgar.

Bauböck, Rainer. 2009. "Global Justice, Freedom of Movement and Democratic
  Citizenship. "*Archives of European Sociology*, 50(1); 1—31.

Beck, Ulrich. 2005. *Power in the Global Age*, Cambridge, UK; Polity Press.

Beck, Ulrich. 2006. *Cosmopolitan Vision*, Cambridge, UK; Polity.

Beck, Ulrich and Edgar Grande. 2010. "Varieties of Second Modernity; The
  Cosmopolitan Turn in Social and Political Theory and Research. "*British Journal
  of Sociology*, 61; 409—443.

Beck, Ulrich and Edgar Grande. 2007. *Cosmopolitan Europe*, Cambridge, UK; Polity
  Press.

Beck, Ulrich and Natan Sznaider. 2006. "Unpacking Cosmopolitanism for the Social
  Sciences; A Research Agenda. "*British Journal of Sociology*, 57(1); 1—23.

Bennett, Angela. 2006. *The Geneva Convention; The Hidden Origins of the Red
  Cross*, Charleston, SC; History Press.

Black, Jan K. . 2009. *The Politics of Human Rights Protection*, Lanham, MD;
  Rowman and Littlefield.

Boli, John and George M. Thomas. 1997. "World Culture in the World Polity. "
  American Sociological Review, 62(2); 171—190.

Boli, John. 2005. "Contemporary Developments in World Culture. " *International
  Journal of Comparative Sociology*, 46; 383—404.

Boli, John, Thomas A. Loya and Teresa Loftin. 1999. "National Participation in World-
  Polity Organization. "pp. 50—77. In J. Boli and G. M. Thomas (eds.), *Constru-
  cting World Culture; International Nongovernmental Organizations Since 1875*,
  Stanford, CA; Stanford University Press.

Boli, John and George M. Thomas. 1997. "World Culture in the World Polity; A
  Century of International Non-Governmental Organization. " *American Socio-
  logical Review*, 62; 171—190.

Boli, John and George M. Thomas(Eds). 1999. *Constructing World Culture; International
  Nongovernmental Organizations Since 1875*, Stanford, CA; Stanford University
  Press.

Bond, Michael. 2004. "The Backlash against NGOs. "pp. 277—282. In Frank Lechner
  and John Boli. (eds.), *The Globalization Reader*, Malden, MA; Blackwell.

Boswell, Terry and Christopher Chase-Dunn. 2000. *The Spiral of Capitalism and
  Socialism; Toward Global Democracy*, Boulder, CO; Lynne Rienner.

Bradley, Karen and Francisco O. Ramirez. 1996. "World Polity and Gender Parity;

Women's Share of Higher Education, 1965—1985. "*Research in Sociology of Education and Socialization*,11:63—91.

Brown, Chris. 1999. "Universal Human Rights: A Critique. " pp. 103—127. In Tim Dunne and Nicholas Wheeler *Human Rights in Global Politics*, NY: Cambridge University Press.

Brown, Garrett Wallace. 2009. *Grounding Cosmopolitanism*. Edinburgh: Edinburgh University Press.

Brubaker, W. Rogers. 1994. *Citizenship and Nationhood in France and Germany*, Cambridge, MA: Harvard University Press.

Brysk, Alison(ed.). 2002. *Globalization and Human Rights*, Berkeley: University of California Press.

Brysk, Alison(ed.). 2005. *Human Rights and Private Wrongs: Constructing Global Civil Society*, NY: Routledge.

Buttel, Frederick H. . 2000. "World Society, the Nation-State, and Environmental Protection. "*American Sociological Review*,65:117—21.

Calhoun, Craig. 2003. "The Class Consciousness of Frequent Travelers: Toward a Critique of Actually Existing Cosmopolitanism. "*South Atlantic Quarterly*, 101 (4):869—897.

Calhoun, Craig. 2008. "Cosmopolitanism and Nationalism. " *Nations and Nationalism*, 14(3):427—448.

Calhoun, Craig. 2010. "Beck, Asia and Second Modernity. " *British Journal of Sociology*,61(3):597—619.

Carter, April. 2001. *The Political Theory of Global* Citizenship. NY: Routledge.

Chandler, David. 2005. "New Rights for Old: Cosmopolitan Citizenship and the Critique of State Sovereignty. "*Political Studies*,51(2):332—349.

Cole, Wade M. . 2005. "Sovereignty Relinquished? Explaining Commitment to the International Human Rights Covenants, 1966—1999. " *American Sociological Review*,70:472—495.

Corry, Olaf. 2010. "What is a(Global) Polity?"*Review of International Studies*, 13 September,36(4):1—24(internet publication)

Dannreuther, Roland. 1999. "Cosmopolitan Citizenship and the Middle East. " pp. 143— 170. In Kimberly Hutchings and Roland Dannreuther (eds.), *Cosmopolitan Citizenship*, NY: St. Martins Press.

Davis-Blake, Alison and Joseph Borschak. 2009. "Outsourcing and the Changing Nature of Work. "*Annual Review of Sociology*,35:321—340.

Deflem, Mathieu. 2002. "Technology and the Internationalization of Policing: A Comparative-Historical Perspective. "*Justice Quarterly*,19(3):453—475.

Deflem, Mathieu. 2006. "Global Rule of Law or Global Rule of Law Enforcement? International Police Cooperation and Counter-Terrorism. " *The Annals of the American Academy of Political and Social Science*,603:240—251.

Delanty, Gerard. 2000. *Citizenship in a Global Age: Society, Culture, Politics,* Buckingham: Open University Press.

Delanty, Gerard. 2006. "The Cosmopolitan Imagination: Critical Cosmopolitanism and Social Theory." *British Journal of Sociology,* 57(1): 25—47.

Donnelly, Jack. 2007. "The Relative Universality of Human Rights. " *Human Rights Quarterly,* 29: 281—306.

Donnelly, Jack. 2006. *International Human Rights,* 3rd *Edition,* Boulder, CO: Westview Press.

Donnelly, Jack. 2003. *Universal Human Rights in Theory and Practice,* 2nd *Edition,* Ithaca: Cornell University Press.

Doubt, Keith. 2000. *Sociology after Bosnia and Kosovo,* Rowan and Littlefield.

Durkheim, Emile. 1893. *The Division of Labor in Society.* New York: Free Press.

Eckersley, Robyn. 2007. "From Cosmopolitan Nationalism to Cosmopolitan Democracy." *Review of International Studies,* 33: 765692.

Engle, Eric. 2008. "Beyond Sovereignty? The State after the Failure of Sovereignty. " *Harvard International Law Journal,* 11(1): 5—41.

Evans, Tony(ed.). 1998. *Human Rights Fifty years On: A Reappraisal,* Manchester: Manchester University Press.

Falk, Richard. 1995. *On Humane Governance,* Oxford: Polity.

Falk, Richard. 2007. "Forward", pp. xi-xviii. In Zehra Kabaskai Arat and Richard Falk (eds.), *Human Rights in Turkey,* Philadelphia, PA: University of Pennsylvania Press.

Fine, Robert. 2007. *Cosmopolitanism.* London: Routledge.

Fine, Robert and Will Smith. 2003. "Jürgen Habermas's Theory of Cosmopolitanism. " *Constellations,* 10(4): 469—487.

Fligstein, Neil and Frederic Merand. 2002. "Globalization or Europeanization? Evidence on the European Economy Since 1980. " *Acta Sociologica,* 45: 7—22.

Fourcade-Gourinchas, Marion and Sarah Babb. 2002. "The Rebirth of the Liberal Creed: Paths to Neoliberalism in Four Countries. " *American Journal of Sociology,* 108: 533—579.

Friedman, Thomas. 2005. *The World is Flat: A Brief History of the Twenty-First Century,* NY: Farrar, Straus and Giroux.

Fung, Archon and Erik Olin Wright. 2003. *Deepening Democracy,* London: Verso.

Garcia-Vellegas, Mauricio. 2006. "Comparative Sociology of Law: Legal Fields, Legal Scholarships, and Social Sciences in Europe and the United States. " *Law and Social Inquiry,* 31(2): 343—382.

Gereffi, Gary and Miguel Korzeniewicz(eds.). 1994. *Commodity Chains and Global Capitalism,* Westport, CT: Greenwood.

Gereffi, Gary and Michelle Christian. 2009. "The Impacts of Wal-mart: The Rise and Consequences of the World's Dominant Retailer. " *Annual Review of Sociology,*

35:573—591.

Gessner, Volkmar. 1995. "Global Approaches in the Sociology of Law: Problems and Challenges."*Journal of Law and Society*, 22(1):85—96.

Gilpin, Robert. 2001. *Global Political Economy*, Princeton: Princeton University Press.

Gilroy, Paul. 2005. *After Empire: Multiculture or Postcolonial Melancholia*, NY: Columbia University Press.

Gilroy, Paul. 1993. *The Black Atlantic: Modernity and Double-Consciousness*, Cambridge, MA: Harvard University Press.

Ginsburg, Tom. 2009. "The Clash of Commitments at the International Criminal Court."*Chicago Journal of International Law*, 9(2):499—514.

Gouldner, A. W.. 1957. "Cosmopolitans and locals: toward an analysis of latent social roles-I."*Administrative Science Quarterly*, 2, 281—306

Grande, Edgar. 2006. "Cosmopolitan Political Science."*British Journal of Sociology*, 67(1):87—111.

Guillén, Mauro F.. 2001. *The Limits of Convergence: Globalization and Organizational Change in Argentina, South Korea and Spain*, Princeton, NJ: Princeton University Press.

Hafner-Burton, Emilie and Alexander Montgomery. 2006. "Power Positions: International Organ-izations, Social Networks, and Conflict."*Journal of Conflict Resolution*, 50(1):3—27

Hafner-Burton, Emilie N. and Kiyoteru Tsutsui. 2005. "Human Rights in a Globalizing World: The Paradox of Empty Promises."*American Journal of Sociology*, 110: 1373—1411.

Hagan, John. 2003. *Justice in the Balkans: Prosecuting War Crimes in the Hague*, Chicago: University of Chicago Press.

Hagan, John and Ron Levi. 2005. "Crimes of War and the Force of Law."*Social Forces*, 83(4):1499—1534.

Hagan, John and Sanja Kutnjak. 2006. "War Crimes, Democracy, and the Rule of Law in Belgrade, the Former Yugoslavia, and Beyond."*The Annals of the American Academy of Political and Social Science*, 605:130—151.

Hagelund, Anniken and Grete Brochmann. 2010. "From Rights to Duties? Welfare and Citizenship for Immigrants and Refugees in Scandinavia." pp. 141—160. In P. Bert, S. Koniordos, G. Procacci and C. Ruzza(eds.), *Conflict, Citizenship and Civil Society*, London: Routledge.

Halliday, Terence C. and Pavel Osinsky. 2006. "Globalization of Law."*Annual Review of Sociology*, 32:447—470.

Hall, Thomas D.. 2002. "World-Systems Analysis and Globalization Directions for the Twenty-First Century."*Research in Political Sociology*, Vol. 11.

Han, Sang-Jin and Young-Hee Shim. 2010. "Redefining Second Modernity for East

Asia：A Critical Assessment."*British Journal of Sociology*，61(3)：465—488.

Hardt, Michael and Antonio Negri. 2009. *Commonwealth*, Cambridge, MA：Belknap Press of Harvard University Press.

Harvey, David. 2009. *Cosmopolitanism and the Geographies of Freedom*, NY：Columbia University Press.

Heater, Derek. 2000. "Does Cosmopolitan Thinking have a Future?" *Review of International Studies*，26：179—197.

Held, David. 2010. *Cosmopolitanism：Ideals, Realities and Deficits*, Cambridge, UK：Polity Press.

Held, David. 2004. *Global Covenant*. Malden, MA：Polity Press.

Held, David. 2003. "Cosmopolitanism：Globalisation Tamed?" *Review of International Studies*，29：465—480.

Held, David. 2002. "Cosmopolitanism：Ideas, Realities and Deficits." pp. 305—324. In David Held and Anthony McGrew *Governing Globalization*, Cambridge, UK：Polity Press.

Held, David. 1995. *Democracy and the Global Order*, Oxford：Polity Press.

Held, David, Anthony McGrew, David Goldblatt and Jonathan Perraton. 1999. *Global Transformations：Politics, Economics, and Culture*, Stanford, CA：Stanford University Press.

Heller, Laurence R.. 1997. "Toward a Theory of Supranational Adjudication." *Yale Law Journal*，107：273—392.

Heller, Laurence R.. 1999. "Forum Shopping for Human Rights." *University of Pennsylvania Law Review*，148：285—400.

Henkin, Louis. 1990. *The Age of Rights*, NY：Columbia University Press.

Hirsch, Moshe. 2005. "The Sociology of International Law：Invitation to Study International Rules in Their Social Context." *University of Toronto Law Journal*，55(4)：891—939.

Hopgood, Stephen. 2006. *Keepers of the Flame：Understanding Amnesty International*, Ithaca：Cornell University Press.

Huber, Evelyn and John Stephens. 2001. *Development and Crisis of the Welfare State*, Chicago：University of Chicago Press.

Humphreys, Macartan, Jeffrey Sachs and Joseph Stiglitz. 2007. *Escaping the Resource Curse*, NY：Columbia University Press.

Hunt, Lynn. 2007. *Inventing Human Rights：A History*, NY：Norton.

Hunter, David. 2008. "Civil society Networks and the Development of Environmental Standards." *Chicago Journal of International Law*，8(2)：437—478.

Huntington, Samuel. 1991. *The Third Wave：Democratization in the Late Twentieth Century*, Norman, OK：University of Oklahoma Press.

Huntington, Samuel. 1998. *The Clash of Civilizations and the Remaking of World Order*, NYL：Simon and Schuster.

Hurrell, Andrew. 1999. "Power, Principles and Prudence: Protecting Human Rights in a Deeply Divided World. " pp. 277—302. In Tim Dunne and Nicholas Wheeler (eds.), *Human Rights in Global Politics*, Cambridge: Cambridge University Press.

Hutchings, Kimberly. 1999. " Feminist Politics and Cosmopolitan Citizenship. " pp. 120—142. In Kimberly Hutchings and Roland Dannreuther (eds.), *Cosmopolitan Citizenship*, NY: St. Martins Press.

ILO. 2004. *A Fair Globalisation: The Role of the ILO: Report to the Director General on the World Commission on the Social Dimension of Globalisation*, Geneva: : ILO.

Inglis, David. 2009. "Cosmopolitan Sociology and the Classical Canon: Ferdinand Tönnies and the Emergence of Global Gesellschaft. " *British Journal of Sociology*, 60(4): 813—832.

Inglis, David and Gerard Delanty(eds.). 2010. *Cosmopolitanism*, London: Routledge.

Ishay, Micheline R. . 2005, *The History of Human Rights*, Berkeley: University of California Press.

Jacobson, Harold K. , William M. Reisinger and Todd Mathers. 1986. " National Entanglements in International Governmental Organizations. " *American Political Science Review*, 80: 141—159.

Janoski, Thomas. 1998. *Citizenship and Civil Society*, NY: Cambridge University Press.

Janoski, Thomas. 2010. *The Ironies of Citizenship*, NY: Cambridge University Press.

Jones, Adam. 2006. *Genocide: A Comprehensive Introduction*, London: Routledge.

Kahler, Miles. 2006. "Territoriality and Conflict in an Era of Globalization. " pp. 1—24. In Miles Kahler and Barbara Walter(eds.), *Territoriality and Conflict in an Era of Globalization*, NY: Cambridge University Press.

Kaldor, Mary. 1999. "Transnational Civil Society. " pp. 195—213. In Tim Dunne & Nicholas Wheeler, *Human Rights in Global Politics*, Cambridge: Cambridge University Press.

Joppke, Christian. 2010. " The Inevitable Lightening of Citizenship. " *Archives européenes de sociologie*, 51(1): 9—31

Keohane, Robert O. . 2002. *Governance in a Partially Globalized World*, London: Rutledge.

Kien, Grant and Martina Levina. 2010. *Post-Global Networks and Everyday Life*, London: Peter Lang.

Kingsbury, Benedict, Nico Krisch and Richard Stewart. 2005. "The Emergence of Global Administrative Law. " *Law and Contemporary Problems*, 68 (Summer/Autumn): 15—61.

Koenig, Mattias and Paul de Guchteneire(eds.). 2003. *Democracy and Human Rights in Multicultural Societies*, Aldershot, UK: Ashgate.

Kyung-Sup, Chang. 2010. "The Second Modern Condition? Compressed Modernity as

Internalized Reflexive Cosmpolitization. "*British Journal of Sociology*, 61(3):444—464.

Kyung-Sup, Chang and Song Min-Young. 2010. "The Stranded Individualizer under Compressed Modernity: South Korean Women in Individualization without Individualism. "*British Journal of Sociology*, 61(3):539—564.

Lambert, Helene. 2009. "Transnational Judicial Harmonization and the Common European Asylum System. "*International Comparative Law Quarterly*, 58(30):419—443.

Lane, Jan-Erik. 2006. *Globalization and Politics: Promises and Dangers*, Burlington, VT.

Leamer, Edward. 2007. "A Flat World, A Level Playing Field, a Small World After All, or None of the Above?" *Journal of Economic Literature*, 155 (March):83—126.

Leamer, Edward and Michael Storper. 2001. "The Economic Geography of the Internet Age. "*Journal of International Business Studies*, 32(4):641—655.

Leinwand, Jessica. 2009. "Punishing the Horrific Crime: Reconciling International Prosecution with National Sentencing Practices. "*Columbia Human Rights Law Review*, 40(3):798—852.

Levy, Daniel. 2010. "Recursive Cosmopolitization: Argentina and the Global Human Rights Regime. "*British Journal of Sociology*, 61(3):579—596.

Levy, Daniel and Natan Sznaider. 2006. "Sovereignty Transformed: A Sociology of Human Rights. "*British Journal of Sociology*, 57(4):657—676.

Levy, Frank and Ari Goelman. 2005. "Offshoring and Radiology. " pp. 411—23, In S. Collins and L. Brainard (eds.) *Brookings Trade Forum: 2005: Offshoring White-collar Work*, Washington, DC: Brookings Institutions Press.

Linklater, Andrew. 2000. "Cosmopolitan Citizenship. " pp. 35—59. In Kimberly Hutchings and Roland Dannreuther (eds.), *Cosmopolitan Citizenship*, NY: St. Martins Press.

Maharaj, Sarat. 2010. "'Small Change of the Universal': Beyond Modernity. "*British Journal of Sociology*, 61(3):565—578.

Mahoney, James and Diretrich Rueschemeyer (eds.). 2003. *Comparative Historical Analysis in the Social Sciences*, NY: Cambridge University Press.

Marks, Susan. 2008. *International Law on the Left: Re-examining Marxist Legacies*, NY: Cambridge University Press.

Marshall, T. H. . 1964. *Class, Citizenship and Social Development*, Chicago: University of Chicago Press.

Martell, Luke. 2008. "Beck's Cosmopolitan Politics. "*Contemporary Politics*, 14(2):129—143.

Martin, Rex. 1993. *A System of Rights*, Oxford: Clarendon Press.

Merle, Aurore. 2004. "Towards a Chinese Sociology for 'Communist Civilisation'. " *China Perspectives*, 52: March/April. pp. 2—15. Translated by Philip Liddell.

Merriam Webster. 1993. *Merriam Webster's Collegiate Dictionary*, 10th *Edition*. Springfield,MA:Merriam-Weberster,Inc.

Meyer,John W. 2010. "World Society, Institutional theories and the Actor. "*Annual Review of Sociology*,35:1—20.

Meyer,John W. . 1980. "The World Polity and the Authority of the Nation-State. " pp. 109—137. In A. Bergesen(ed.), *Studies of the Modern World-System*, New York:Academic Press.

Meyer, John W. , John Boli. George M. Thomas and Francisco O. Ramirez. 1997. "World Society and the Nation-State. "*American Journal of Sociology*,103(1): 144—181.

Meyer,John,Francisco Ramirez and Yasemin Soysal. 1992. "World Expansion of Mass Education,1870—1980. "*Sociology of Education*,65:128—149.

Miller,David. 2002. "Cosmopolitanism: A Critique. "*Critical Review of International Social and Political Philosophy*,5(3):80—85.

Miller, David. 2007. *National Responsibility and Global Justice*, Oxford: Oxford University Press.

Morris, Lydia. 2009. "An Emergent Cosmopolitan Paradigm? Asylum, Welfare and Human Rights. "*British Journal of Sociology*,60(2):215—235.

Morris, Lydia. 2010. *Asylum, Welfare and the Cosmopolitan Ideal*, London: Rout-ledge-Cavendish.

Monshipouri,Mahmood,Neil Englehart, Andrew Nathan and Kavita Philip(eds.). 2003. *Constructing Human Rights in the Age of Globalization*, Armonk, NY: Sharpe.

Morris, Lydia. 2009. "An Emergent Cosmopolitan Paradigm? Asylum, Welfare and Human Rights. "*British Journal of Sociology*,60(2):215—235.

Neff, Stephen. 1999. " International Law and the Critique of Cosmopolitan Citizenship. " pp. 105—119. In Kimberly Hutchings and Roland Dannreuther (eds.),*Cosmpolitan Citizenship*,NY:St. Martins Press.

Newton, Jeffrey. 2009. " Taking the Nation out of International Law Reform: Considering a Purely Academic International Law Institute. "*Columbia Journal of Transnational Law*,47(3):607—647.

Nierop, Tom. 1989. "Macro-Regions and the Global Institutional Network, 1950— 1980. "*Political Geography Quarterly*,8:43—65.

Nussbaum, Margaret. 2006. *Frontiers of Justice: Disability, Nationality, Species Membership*,Cambridge,MA:Belknap Press.

Ohmae,Kenichi. 1990. *The Borderless World*,New York:Harper Business.

O' Laughlin, John and Herman van der Wusten. 1990. " Political Geography of Panregions. "*Geographical Review*,80:1—20.

O'Neill. Onora. 2000. "Bounded and Cosmopolitan Justice. "*Review of International Studies*,26:45—60.

Ong，Aihwa. 2006. *Neoliberalism as Exception：Mutations in Citizenship and Sovereignty*，Durham：Duke University Press.

Ong，Aihwa. 1999. *Flexible Citizenship：The Cultural Logics of Transnationality*，Durham：Duke University Press.

Parekh，Bhikhu. 2003. "Cosmopolitanism and Global Citizenship." *Review of International Studies*，29：3—17.

Park，Chong-Min and Doh Chul Shin. 2004. "Do Asian Values Deter Popular Support for Democracy? The Case of South Korea." Asian Barometer Project Office，National Taiwan University and Academia Sinica. Working Paper Number 26.

Paul，James A. 2010. "A Short History of the NGO Working Group." pp. 1—4. http：//www. globalpolicy. org/security-council/ngo-working-group-on-the-security-council.

Pepper，Stephen. 1942. *World Hypotheses Theory*，Berkeley：University of California Press.

Pogge，Thomas. 2002. "Cosmopolitanism：A Defense." *Critical Review of International Social and Political Philosophy*，5(3)：86—91.

Polanyi，Karl. 1944. *The Great Transformation*. Boston：Beacon Press.

Preuß，Ulrich. 2008. "Equality of States—Its Meaning in a Constitutional Global Order." *Chicago Journal of International Law*，9(2)：17—49.

Procacci，Giovanna. 2010. "New Challenges to Citizenship." pp. 13—21. In Patrick Baert，Sokratis Koniordos，Giovanna Procacci & Carlo Ruzza(eds.)，*Conflict，Citizenship and Civil Society*，London：Routledge.

Pubantz，Jerry. 2005. "Constructing Reason：Human Rights and the Democratization of the United Nations." *Social Forces*，84：1291—1302.

Quigley，John. 2009. "The US withdrawal from the ICJ Jurisdiction in Consular Cases：Reasons and Consequences." *Duke Journal of Comparative and International Law*，19(2)：263—305.

Ragin，Charles. 1987. *The Comparative Method：Moving Beyond Qualitative and Quantitative Strategies*，Chicago：University of Chicago Press.

Ragin，Charles. 2000. *Fuzzy Set Social Science* Chicago：University of Chicago Press.

Ramirez，Francisco，Yasemin Soysal and Suzanne Shanahan. 1997. "The Changing Logic of Political Citizenship：Cross-National Acquisition of Women's Suffrage Rights，1890 to 1990." *American Sociological Review*，62：735—745.

Reiman，Kim K. 2006. "A View from the Top：International Politics，Norms and the Worldwide Growth of NGOs." *International Studies* Quarterly，50：45—67.

Russell，Greg. 2006. "Theodore Roosevelt，Geopolitics，and Cosmopolitan Ideas." *Review of International Studies*，32：541—559.

Sands，Philippe (ed.) . 2003. *From Nuremberg to the Hague*，NY：Cambridge University Press.

Sassen，Saskia. 1996. *Losing Control：Sovereignty in an Age of Globalization*，New

York:Columbia University Press.

Schafer,Mark. 1999. "International Nongovernmental Organizations and Third World Education in 1990: A Cross-National Study. " *Sociology of Education*, 72: 69—88.

Sen,Amartya. 1997. "Human Rights and Asian Values: What Kee Kuan Yew and Le Peng don't Understand about Asia. " *New Republic*,217(2—3):33(8).

Shanks,Cheryl,Harold K. Jacobson and Jeffrey H. Kaplan. 1996. "Inertia and Change in the Constellation of International Governmental Organizations, 1981—1992. " *International Organization*,50:593—627.

Shapcott, Richard. 2008. "Anti-cosmopolitanism, Pluralism and the Cosmopolitan Harm Principle. "*Review of International Studies*,34:185—205.

Shaw,Martin. 2000. *Theory of a Global State*,Cambridge:Cambridge University Press.

Silver,Beverly. 2003. *Forces of Labor:Workers' Movements and Globalization since 1870*,NY:Cambridge.

Sjoberg,Gideon, Elizabeth Gill and Normal Williams. 2001. "A Sociology of Human Rights. "*Social Problems*,48(1):11—47.

Skocpol,Theda. 1999. "Advocates without Members: The Recent Transformation of American Civilc Life. " in Theda Skopol and Morris Fiorina (eds.), *Civic Engagement in American Democracy*,Washington,D. C. :Brookings Institution.

Sloane,Robert. 2009. "Breaking the Genuine Link: The Contemporary International Legal Regulation of Nationality. "*Harvard International Law Journal*,50(1): 1—60.

Smith,Jackie. 2005. "Building Bridges or Building Walls? Explaining Regionalization among Transnational Social Movement Organizations. "*Mobilization*, 10: 251— 269.

Smith,Jackie and Dawn Wiest. 2005. "The Uneven Geography of Global Civil Society: National and Global Influences on Transnational Association. "*Social Forces*, 84(2):621—652.

Song,Sarah. 2009. "What does it mean to be an American?" *Daedalus*, 138 (2): 31—40.

Strang, David and Patricia Mei Yin Chang. 1993. "The International Labor Organization and the Welfare State: Institutional Effects on National Welfare Spending,1960—1980. "*International Organization*,47:235—262.

Strang,David and John W. Meyer. 1993. "Institutional Conditions for Diffusion. " *Theory and Society*,22:487—511.

Suzuki, Munenori, Midori Ito, Mitsunori Ishida, Norihiro Nihei and Masao Maru-yama. 2010. "Individualizing Japan:Searching for its Origin in First Modernity. " *British Journal of Sociology*,61(3):513—538.

Symonides,Janusz(ed.). 2000. *Human Rights:Concept and Standards*, Aldershot, UK:Ashgate.

Tyfield,David and John Urry. 2009. "Cosmopolitan China? Lessons from International Collaboration in Low-Carbon Innovation."*British Journal of Sociology*,60(4): 793—812.

Turner,Brian S. . 1986. *Citizenship and Capitalism*,London:Allen Unwin.

Turner,Brian S. . 2006. "Classical Sociology and Cosmopolitanism:A Critical Defence of the Social."*British Journal of Sociology*,57(1):133—151.

Turner,Brian S. . 2002. "Cosmopolitan Virtue,Globalization and Patriotism."*Theory, Culture and Society*,19(1—2):45—64.

US Congress. 2010. *Congressional-Executive Commission on China:Annual Report— 2010*,111th Congress,2nd Session,October 10,2010,Washington:D. C. :US GPO.

Van der Wusten, Herman and Tom Nierop. 1990. "Functions, Roles and Form in International Politics."*Political GeographyQuarterly*,9:213—231.

Wade, Robert. 1996. "Globalization and Its Limits: Reports of the Death of the National Economy Are Greatly Exaggerated."pp. 60—88. In *National Diversity and Global Capitalism*, edited by Suzanne Berger & Robert Dore, Ithaca, NY: Cornell University Press.

Wallace,Michael and J. David Singer. 1970. "Intergovernmental Organizations in the Global System,1815—1964:A Quantitative Description."*International Organization* 24:239—287.

Wallerstein, Immanuel. 1974. *The Modern World System*, *Volume I*. NY: Academic Press.

Wallerstein,Immanuel. 1989. *The Modern World System*,*Volume III*,San Diego,CA: Academic Press.

Webster, Edward, Rob Lambert and Andries Bezuidenhout, 2008, *Grounding Globalization:Labour in the Age of Insecurity*,Malden,MA:Blackwell.

Westbrook, Jay. 2008. " Legal Integration of NAFTA through Supranational Adjudication."*Texas International Law Journal*,43(3):349—358.

Wilkinson,Rorden. 2005. "Managing Global Civil Society:The WTO's Engagement with NGOs."pp. 156—174. In Randall Germain and Michael Kenney(eds.) *The Idea of Global Civil* Society,Milton Park,UK:Routledge.

World Trade Organization(WTO). 2009. "Non-Governmental Organizations accredited to Attend the Seventh WTO Ministerial Conference, Geneva, 30 November—2 December 2009",WT/MIN(09)/INF/10 25 November 2009(09—5934). http:// www. wto. org/english/forums_e/ngo_e/ngo_e. htm.

Wright,Erik Olin. 2010. *Envisioning Real Utopias*,London:Verso.

Zakaria, Fareed. 2003. *The Future of Freedom:Illiberal Democracy at Home and Abroad*,NY:W. W. Norton.

Zolo,Danilo. 2007. "The Rule of Law:A Critical Reappraisal."pp. 3—71. In Piero Costa and Danilo Zolo(eds.) *The Rule of Law:History, Theory and Criticism*, Dordrecht,Net. ;Springer.

附　　录

表 1　法哲学与政治社会学

特征	(1) 法律现实主义 (Legal realism)	(2) 法律实证主义 (Legal positivism)	(3) 自然法
a－触发原则	情感、非理性、使用现有权力、处于易受政治和媒体风潮影响群体中的非理性个体	有关何谓法律以及构成法律的组织和职业的各种传统制度。尽管认为法律的本质存在于悠远的过去,但试图对这些传统进行理性化	人性的本质预先决定了制度的诞生和权力的混乱。它们来自于上帝、人性以及对公平和秩序的人文关怀
b－操作化过程	态度、价值、信仰、文化价值观。它们可以为个体或群体所操纵	将历史性价值镶嵌在制度中,是一种对于法律和法律思想的认知结构。程序性规范	某种程度的过程中立,通常回到第一原则。可能是激进的左派或右派
C-案例	非理性的陪审团、非理性的法官、选择性法官、报复性回应、非专业性法官(与普通法更相符?)	更多依赖于对复杂性的理解和对现实法律结构的认知。随着法律中立法的改变而调整。对于"是什么"的另一种认知(或许与民法更契合?)	倾向无视现实法律或者尝试强调被忽视的法律。上诉到"自然状态"(对这一状态有许多争议)。或许与突发状况或反事实法律更匹配?
d－政治指向性	机会主义、克里斯马、腐败、适于媒体宣传。短期的保守主义,但不会带来太多的质变	更加理性地依赖于制度。维持长时期的稳定或呈渐进变化。以改革为导向	求助于吁吁。激进的保守主义或者左派。革命、社会革命、反革命、游行等
e－政治性策略	**机会主义。**因机会的产生或短期情绪的变化而形成。摇摆于左与右之间,机会主义小团体	**立场坚定。**调和中坚力量。推行有计划的、缓慢的改革,持之以恒。依靠专业人士以及精英	**反对。**认为最被压迫者被最具特权者所代表。寻求向左或向右的重大变革

1. 世界主义公民权利体制的建立（尤其是 1947 年联合国公约前后形成）

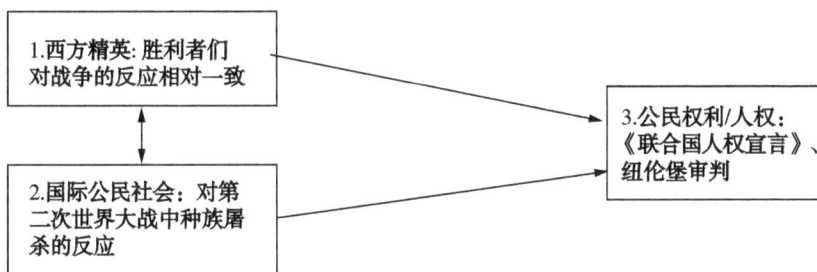

2. 国家内部公民权利的创设

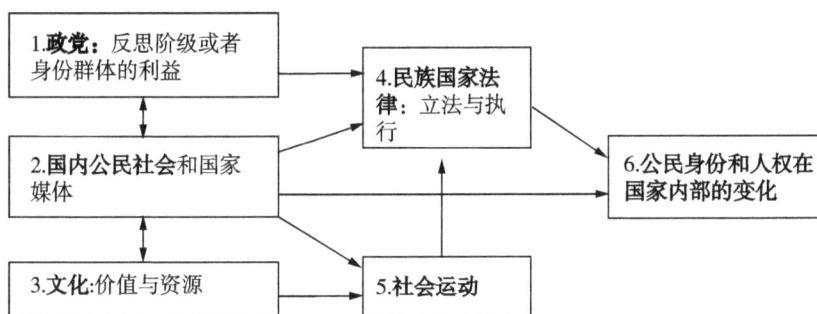

3. 世界主义公民权在国家内部的发展（大约 1990—2010 年）

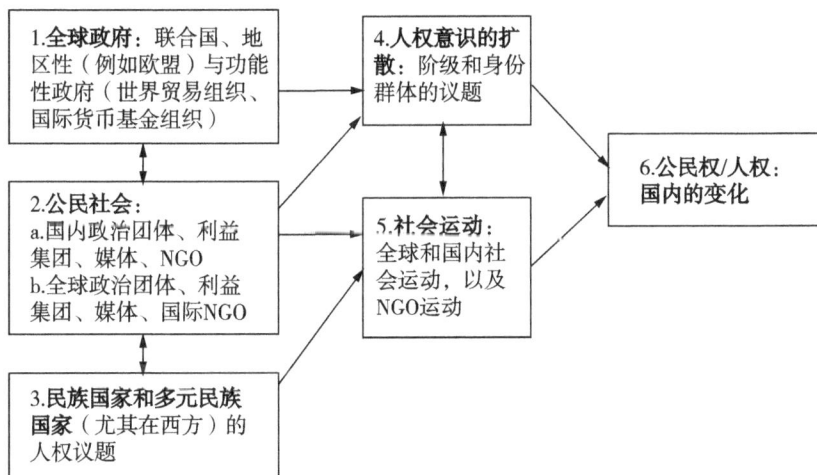

图 1　公民权利的三个政治社会学模型

附:《公民身份研究》稿件体例

一、格式要求

1. 全文采用 Microsoft Office 软件编排；如打印，请用 A4 纸输出。正文内容以小四号宋体、单倍行距编排，页边距上、下、左、右均不小于 2.54 厘米。

2. 稿件首页包括：中文标题、作者有关信息（包括姓名、所在单位、通讯地址、邮政编码、联系电话、电子邮件，多人合作可以明确"通讯作者"可署多个单位和支持项目。）。

3. 稿件次页包括：中文标题、英文标题、中文摘要（300 字以内）及中文关键词（3—5 个）、英文摘要（300 字以内）及英文关键词（3—5 个）。稿件获基金、项目资助，须注明（包括项目编号）。

4. 正文内各级标题处理如下：一级标题为"一、二、三……"，二级标题为"（一）（二）（三）……"，三级标题为"1. 2. 3. ……"，四级标题为"（1）（2）（3）……"。一、二、三级标题各独占一行，其中一级标题居中，二、三级标题缩进两个字符左对齐；四级及以下标题后加句号且与正文连排。

5. 统计表、统计图或其他示意图等，均用阿拉伯数字连续编号，并注明图、表名称；表号及表名须标注于表的上方，图号及图名须标注于图的下方，末尾不加标点符号。例："表 1……"、"图 1……"等；如图（表）下有标注补充说明或资料来源，格式为先标注补充说明，再另起一段标注资料来源（每一张图表均须标注资料来源，如果为作者自制也需标明），具体为："注"须标注于图表的下方，以句号结尾；"资料来源"须标注于"注"的下方，并按"正文引用"格式标注文献。

例 1：

表 3 自变量与因变量的统计分析结果

	模型一	模型二
（常数）	−0.553***	1.912*
	(0.098)	(0.123)
自变量		
……	……	……
F 统计值		
R^2		
调整后的 R^2		
	N=298	N=298

注：回归系数为标准回归系数。括号内数字为标准误。***、**和*分别表示相关系数通过 0.01、0.05 和 0.10 水平的显著性检验。

资料来源：中华人民共和国国家统计局（2007）。

6. 所有统计表,统计图或其他示意图等均以中文表达,以黑白颜色呈现。

二、注释体例

基本做法是:稿件中凡采用他人研究成果或引述,应在正文中采用括号注与文末列参考文献形式予以说明。以下将按照正文引用、正文注释、文末参考文献三部分加以具体说明。

(一)正文引用

1. 在引文后以圆括号注明作者名(中文名字标注名与姓,外文名字只标注姓)、出版年份。如引文之前已出现作者名,则在名字后直接用圆括号注明出版年份,如为直接引用,需标明页码。

例1:×××……(Huntington,1968)。

例2:"×××……。"(Waldo,1948:25—27)

例3:夏书章(2003:3)认为"×××……"。

2. 正文中括号注的具体规范为:被引用著作作者超过3位(包括3位),只列第一作者,中文文献后加"等",英文文献后加"et al.";引用相同作者同一年份内不同文献,则按照文中出现先后顺序,在年份后标出小写英文字母顺序;引用论文集文献,直接注明作者姓名。

例4:×××……(Wellman et al.,2001)。

例5:×××……(张文宏,2010a)。……×××……(张文宏,2010b)。

3. 引用原文文字过长(一般为三行以上)时,须将整个引文单独成段,并左缩进两个字符。段落字体为5号楷体,不加引号。

(二)注释

不宜在正文中出现但需要进一步澄清、引申的文字,采用当页脚注,用[1]、[2]、[3]……标注,每页重新编号。

(三)参考文献

1. 列于正文后,并与正文中出现的括号注一致,同时按照中文、英文依次排列。

2. 中文、英文文献都按照作者姓名拼音从A到Z排列。与正文括号注不同,文末参考文献中所有作者必须全部列出。英文文献姓在前,名的首字母大写,著作与期刊名用斜体字。

例6:夏书章主编:《行政管理学》,中山大学出版社2003年版。

例7:周雪光:《逆向软预算约束:一个政府行为的组织分析》,《中国社会科学》(第25卷),2005年第2期,第132—143页。

例8:杨瑞龙:《"中间扩散"的制度变迁方式与地方政府的创新行为——江苏昆山自费经济技术开发区案例分析》,载张曙光主编《中国制度变迁的案例研究》(第二集),中国财政经济出版社1999年版。

例 9：Wildavsky，A. . 1980. *How to Limit Government Spending*. Los Angeles：University of California Press.

例 10：O'Brien，K. J. and Luehrmann，L. M. . 1998. "Institutionalizing Chinese Legislatures：Trade-offs between Autonomy and Capacity. "*Legislative Studies Quarterly*，Vol. 23，No. 1，pp：420—430.

例 11：O'Donnell，G. . 1999. "Horizontal Accountability in New Democracies. "in Schedler，A. Diamond，L. and Plattner，M. (eds.)，*The Self-restraining State：Power and Accountability in New Democracies*，Boulder：Lynne Rienner Publishers.

3. 网络文献按照作者、题名、访问网站名称、访问路径和访问时间顺序标注；报刊文献按照作者、题名、报纸名、日期标注。

例 12：张康之，"超越官僚制：行政改革的方向"，人民网：

http：//theory. people. com. cn/GB/40764/55942/55945/4054675. html. 2010 年 8 月 20 日访问。

例 13：申宁、贺迎春：《"十三五"高校如何发力》，《人民日报》，2015 年 12 月 15 日 12 版。

4. 其他未公开发表文献按照作者、年份、题名、出处顺序标注。学位论文类文献按照作者、年份、题名、毕业大学顺序标注，并注明为学位论文。

例 14：周子康：《中国地方政府编制管理定量分析的研究(会议论文)》，东部地区公共行政组织第十四届大会，1991 年。

例 15：邵春霞：《革命化控制中的运动——改革开放前的当代中国政治研究》，复旦大学博士学位论文，2000 年。

稿　约

　　一、《公民身份研究》(以下简称《研究》)是中山大学政治科学系、中山大学政治学研究所主办的一本专题性学术辑刊,它以展示国内外公民身份、公民社会研究的前沿成果为目标,以启迪思想、繁荣学术、促进交流为己任。本刊主要刊登与公民身份和公民社会专题相关的专论、译文、书评和对话,力图将自身打造成反映公民身份和公民社会研究的专业平台。《研究》编委会由一批在国内外公民身份研究领域具有广泛影响的学者组成,冀以专业化的眼光、国际化的视野来保证《研究》的学术质量。

　　二、本刊诚邀国内外学者投稿。本刊可以刊登长文,来稿要求在1万字以上,篇幅可以长至3万字以内。本刊也欢迎相关领域专家作为特邀嘉宾主持专刊。凡有此意愿者,请先将专刊方案(包括专刊主题、论文摘要、作者简介、编辑进度等)发至本刊,待编委会讨论决定后再依程序进行稿件组织。

　　三、本刊发表的所有文章均为作者的研究成果,不代表本刊编辑部和编者的观点。译稿请附原作者或有关出版社的同意证明。稿件凡涉及国内外版权问题,遵照《中华人民共和国著作权法》及相关国际惯例执行。

　　四、本刊尊重作者的观点,但有权对稿件进行技术处理。凡不愿被修改者,请事先声明。

　　五、来稿请勿一稿多投。稿件寄出三个月内未收到录用通知者,作者可另行处理。来稿一经采用,可获赠两册样刊。

　　六、稿件格式请参照本刊已出刊物,并于文后附上作者简介(包括作者真实姓名、性别、年龄、职称、工作单位、联系方式)。

　　七、来稿请寄:广州市新港西路 135 号,中山大学政治与公共事务管理学院(邮编:510275),收件人:郭忠华、夏瑛,或者将稿件发至电子邮箱:gmsgzhh@mail.sysu.edu.cn,xiay3@mail.sysu.cn。

中山大学政治科学系
中山大学政治学研究所

图书在版编目(CIP)数据

公民身份研究. 第1卷 / 肖滨,郭忠华主编.
—上海:格致出版社:上海人民出版社,2015
ISBN 978 - 7 - 5432 - 2586 - 2

Ⅰ. ①公… Ⅱ. ①肖… ②郭… Ⅲ. ①公民-身份-
研究 Ⅳ. ①D911

中国版本图书馆 CIP 数据核字（2015）第 279880 号

责任编辑 王亚丽
装帧设计 人马艺术设计·储平

公民身份研究(第1卷)

肖 滨 郭忠华 主编

出 版 世纪出版股份有限公司 格致出版社
世纪出版集团 上海人民出版社
发 行 中国图书进出口上海公司
版 次 2015 年 12 月第 1 版
ISBN 978-7-5432-2586-2/C·138

www.ingramcontent.com/pod-product-compliance
Lightning Source LLC
Chambersburg PA
CBHW081149270326
41930CB00014B/3088